Über dieses Buch Die Verantwortung für den Therapieplan ausschließlich an die Mediziner zu delegieren ist nicht Sache der an Krebs erkrankten Autorin. Sie merkt sehr schnell, daß dem ärztlichen Können dort Grenzen gesetzt sind, wo es an die persönliche Lebenskonstellation stößt. Die Erkenntnis, daß in der schonungslosen Offenheit vor sich selber ihre Chance liegt, ist der nächste Schritt. Sie geht den mühsamen Weg der bitteren Selbsterkenntnis, räumt auf mit ihren Lebenslügen und gewinnt neuen Lebensmut. So befreit sie sich von zwei Knoten (oder war es vielleicht nur einer?): von ihrem Krebsknoten und dem Konfliktknoten, zu dem sich ihre Vergangenheit geballt hatte.
Diesen Prozeß der Einsicht mitzuerleben ist heilsam für jeden. Der Bericht über das Auflehnen gegen ein überliefertes Rollenverhalten und gegen gedankenlosen Egoismus, über das Suchen nach Liebe und Verstandenwerden auf diesem Weg aus der Krankheit ist nicht auf den individuellen Fall zu beschränken: Tödliche Lebensangst und lähmenden Vertrauensverlust haben wir alle schon erfahren. Hier wird eine Möglichkeit des Überlebens gezeigt.

Die Autorin Anemone Sandkorn wurde 1932 in Italien geboren und lebte dort viele Jahre. Sie ist Dolmetscherin.

Anemone Sandkorn

Das Signal oder Die Entfernung eines Knotens

Mit einem Vorwort
von Horst-Eberhard Richter

und einem Nachwort
von Helm Stierlin

Fischer
Taschenbuch
Verlag

Lektorat: Anke Rasch

Originalausgabe
Veröffentlicht im Fischer Taschenbuch Verlag GmbH,
Frankfurt am Main, September 1986

Umschlaggestaltung: Jan Buchholz/Reni Hinsch
Gesamtherstellung: Clausen & Bosse, Leck
Printed in Germany
980-ISBN-3-596-23298-8

Persönliche Erfahrungen mit Krisen

Unter dieser Überschrift legt der Fischer Taschenbuch Verlag Titel vor, deren Autoren aus eigenem Erleben oder auch aus der Betroffenheit über das Schicksal eines anderen versuchen, Ereignisse und Empfindungen zu reflektieren.
Ob die Ursache der Krise psychische oder physische Erkrankung, das Scheitern einer Partnerschaft oder sonst ein tief berührendes Erleben war – es gab Anlaß, das Leben zu überdenken.

Legende

In diesem Buch werden drei verschiedene Schrifttypen benutzt: Helvetica für den »roten Faden«, der durch den eher knapp gehaltenen, konkreten Tatsachenteil führt, die aktuellen Ereignisse im Verlauf meines letzten Krankenhausaufenthaltes.
Wenn die Ereignisse hinter meine Gedanken und Gefühle zurücktreten, wenn die konkrete Realität in die abstrakte der Seele, der inneren Vorgänge überwechselt, zeigt das der Schrifttyp TIMES an; auch das Eintauchen in Assoziationen, die Wiedergabe von Eingebungen der Erinnerung – wobei ich die erinnerten Erlebnisse dann eingefügt habe, wenn ich sie fühlte, nicht dann, als sie sich ereigneten: Chronologie der Empfindung, der Erinnerung und nicht des äußeren Erlebens.
Alle Zitate, auch die Abschrift von Briefen oder anderen Schriftstücken, erscheinen *kursiv*.

Inhalt

Vorwort

Längere Zeit herrschte die Erwartung, der naturwissenschaftlich-technische Fortschritt werde in der Medizin die Probleme der großen Krankheiten irgendwann automatisch lösen. Schrankenlose Expertengläubigkeit ließ die Skepsis wachsen, daß Laien, etwa die Patienten selbst, noch Nennenswertes zum Wissen über Krankheitsentstehung oder -heilung beisteuern könnten. Aber nun zweifeln immer mehr Menschen an der Omnipotenz der Labormedizin, und viele sensible Patienten nehmen sich eigene Gedanken darüber heraus, wovon Gesundheit oder Krankheit abhängen. Zugleich wehren sie sich dagegen, daß man ihre Krankheiten bloß wie Defekte an einer Maschine einschätzt und sie ihnen damit praktisch enteignet. Sie sagen: Krankheiten gehören wie der Tod zu meinem Selbst. Aber neben denen, die ich als Schicksal erfahre, muß ich andere als Signal zu begreifen lernen, daß ich falsch lebe und etwas Wesentliches, vielleicht mich selbst, verändern muß.

In dieser Stimmung sprießt eine alternative Medizin, vereinigen sich die Träger vieler chronischer Krankheiten zu Selbsthilfegruppen. Und Patienten schreiben Bücher über die andere Seite der Medizin: über das, wie sie ihre Krankheiten erfahren und wie sie damit umgehen. Sie äußern Empfindungen und Ideen, über welche die moderne technische 5-Minuten-Medizin wie über gänzlich Belangloses hinweggeht. Aber dabei entstehen Bücher wie das von Fritz Zorn oder dieses von Anemone Sandkorn, deren Lektüre den Medizinstudenten mindestens so dienlich wäre wie manches Fachbuch.

So könnten Medizinstudenten wie viele andere Leser aus dem vorliegenden Buch von Anemone Sandkorn lernen, daß, was z. B. aus einer Krebskrankheit wird, erst von dem Menschen abhängt, der sie in sein Leben einordnet – entweder als Umtriebe eines feindseligen Ungeheuers oder etwa als Ausdruck unbewußter Selbstzerstörungstendenzen. Anemone Sandkorn läßt uns ihre plausible Entscheidung verfolgen: Für sie ist ihr Brustkrebs sinnvoll im Zusammenhang ihrer frühen Einschüchterungen als Kind, ihrer geradezu systematisch antrainierten Selbstverneinung und Aufopferungstendenz. So hat sie eine Zeitlang innerlich den pessimistischen Aspekt der Krankheit übernommen, die ihren Ehepartner befiel – und verlor diesen damit wie zwangsläufig an eine Konkurrentin. So kann sie ihren Krebs nicht anders verstehen als einen Aufruf, ihr gescheitertes masochistisches Konzept radikal zu verwerfen und auf ihrem Recht auf Lebensfreude und Liebe zu bestehen. Indem sie gegen den als ausbeuterisch erlebten Partner rebelliert, kämpft sie in Wahrheit für das Leben, das sie in sich selbst seit ihrer Kindheit unterdrückt hat.

So ist ein eindrückliches Buch entstanden, das einen mühseligen, bewunderungswürdigen Kampf zur Selbstbefreiung beschreibt. Aber daraus ist nicht nur ein instruktiver autobiographischer Beitrag zur Krebs-Psychosomatik geworden. Zugleich dokumentiert das Buch beispielhaft die Gefühle der Verlorenheit und Infantilisierung vieler Patienten in einer hochtechnisierten, weitgehend sprachlosen Medizin.

Wo die Medizin scheinbar aufhört, entwickelt die Verfasserin selbst, zum Teil mit psychoanalytischer Hilfe, wichtige Bezüge ihrer Krankheit zur Dynamik der Zweierbeziehung, zum Eltern-Kind-Verhältnis, schließlich zur modernen gesellschaftlichen Situation der Frau – zusätzliche Argumente, dem Buch einen breiten Leserkreis zu wünschen.

Horst-Eberhard Richter

An meine Leserinnen und Leser!

Oblgeich an nicht wenigen Orten dem Krebs mit dem »totalen Krieg« (Stahl+Strahl+Chemie) begegnet wird, steigt die Zahl der Krebstoten unaufhaltsam an.

Wie kaum eine andere lebensbedrohliche Krankheit hat sich bislang der Krebs der Erklärung durch die Naturwissenschaften entzogen. In bezug auf die Ursachenforschung befinden wir uns in einer desolaten Situation: Wir wissen noch immer so gut wie nichts Genaues.

Unterschiedliche Faktoren werden als »kanzerogen« angesehen, aber ihr Vorkommen hat verwirrenderweise nicht immer Krebs zur Folge, sondern nur manchmal. Als einigermaßen gesichert gilt, daß Asbestarbeiter gehäuft unter Lungenkrebs leiden: Die Asbestnadeln setzen sich beim Einatmen in der Lunge fest und durch den ständigen Reiz, den sie dort ausüben, kommt es zur Krebsbildung.

Ein chronischer Reiz also führt hier zu Krebs. Der Reiz ist für den Asbestarbeiter der Asbest; Reizfaktoren können aber auch ein ungeliebter Beruf sein, ein tyrannischer Chef, ein schwieriges Familienmitglied, vielleicht der Ehepartner – um nur einige Beispiele zu nennen.

Jeder Krebsbetroffene scheint seinen ganz persönlichen »chronischen Reiz« im Leben zu haben – dem er unter gewissen Umständen schließlich erlegen ist.

Diese Umstände zeigen allmählich deutliche Konturen: Der amerikanische Krebsforscher, Prof. Carl Simonton, Texas, hat zu der Erkenntnis gefunden, Krebs sei *das Ergebnis von Unfreundlichkeit sich selbst gegenüber*; für Prof. Helm Stierlin, Universität Heidelberg, ist Krebs *das letzte Element einer langen Kette belastender Ereignisse.*

Für die wissenschaftliche Untermauerung dieser Theorie sorgte eine Arbeitsgruppe der Universität Heidelberg unter Leitung von Prof. Maria Blohmke:

Länger andauernde Phasen von Angst, Verzweiflung und Ausweglosigkeit können als chronischer Streß angesehen werden und bewirken die gleichen biochemischen Reaktionen wie dieser. Dadurch kann beispielsweise die körpereigene Immunabwehr gegen Krankheiten derart herabgesetzt werden, daß sich die bösartigen Krebszellen ungehindert ausbreiten können. Man kann sagen, daß anhaltender psychosozialer Streß der Grundveranlagung eines Menschen zum Krebs zum Durchbruch verhilft.

Wenn nun aber seelische Belastungen Beihilfe zum karzinogenen Prozeß leisten – warum sollten dann nicht auch seelische Einflüsse Beihilfe zur Heilung leisten können?

Sehr optimistisch äußert sich zu genau diesem Gedankengang der Präsident der Amerikanischen Krebsforschungsgesellschaft, Dr. Eugene Dergrass: *Es ist meine feste Überzeugung, daß es in der Psyche des Menschen Kräfte gibt, die das Fortschreiten und die Bekämpfung der Krebskrankheit gleichermaßen beeinflussen können.*

Mit dem vorliegenden Buch möchte ich diese Ansicht bestätigen.

Dem Leser dieses Buches eröffnet sich eine sehr persönliche Auseinandersetzung mit dem, was man »Schicksal« zu nennen pflegt. Dabei habe ich mir größtmögliche Ehrlichkeit abverlangt, zumal dies für mich gleichzeitig die Funktion hatte, Wahrheit zu üben, nachdem ich in einer Welt der Verlogenheiten steckengeblieben war – langsam ahnend, daß alle Falschheit karzinogen war/ist und das spezifische Gegenmittel Wahrheit ist.

Doch Wahrheit ist nicht ein Synonym für Objektivität. Die kann es im Bereich der Emotionen nicht geben: Erfahrenes bleibt stets subjektiv. Auf der Suche nach der Wahrheit in mir, also nach MEINER Wahrheit, bin ich den Weg abgeschritten, den MEINE Empfindungen zurückgelegt haben, bis sie ihren Niederschlag in der Ehekrise fanden, bis sie sich schließlich im Karzinom konkretisieren mußten. Und so ist für mich klar geworden, daß mein Brustkrebs ein zu Materie gewordener Konfliktknoten war. War! Denn es wurde die körperliche Zellwucherung mit dem Skalpell entfernt UND der seelische Konfliktknoten analytisch entwirrt.

Dieses Buch will ein Beitrag zur »holistic health«-Bewegung sein, die den Menschen als körperlich – seelische Einheit sieht und Krankheit als eine besonders drastische Form der Körpersprache versteht, die es gilt, außen UND innen zu behandeln. Gesundheit ist ein Gleichgewichtsverhältnis von Körper und Seele, zwischen materiellem und geistigem Stoffwechsel, ist ein

ausgewogenes Kommunikationsniveau zwischen dem Außen und dem Innen.
Jede Situation, jeder Aspekt des Lebens hat eine äußere UND eine innere Realität. Nicht immer stimmt die innere Qualität mit der äußeren überein. Liegt eine Diskrepanz vor, meldet sie sich in Form eines diffusen, meist unerklärlichen Unbehagens: Negative Assoziationen drängen an die freundlich anmutende Oberfläche; Wahrnehmungen von Ängsten oder Verlogenheiten tasten sich ins Bewußtsein – aber wir schieben sie normalerweise beiseite, weil sie uns stören.
Verdrängte Störfaktoren rumoren jedoch so lange in der Tiefe, bis sie aus ihrem Verließ befreit werden.
Meinen letzten Klinikaufenthalt habe ich genutzt, um die Eingekerkerten anzuhören, anzusehen, und ich denke, das hat sie aufgelöst, ungefährlich gemacht.
So hatte das Schreiben der vorliegenden Seiten die Wirksamkeit einer Eigen- oder Selbsttherapie – und daher zeichne ich heute im Vollbesitz wiedererlangter Lebensfreude

Anemone Sandkorn

Teilstrecke
(Anreise)

Da stehe ich nun – und dieses Mal ohne Begleitung. Neben mir auf dem Bahnsteig ein kleines Köfferchen, darin Nachtzeug und ein paar Bücher; keine Garderobe, denn ich fahre nicht in Urlaub und werde außerdem in gut einer Woche wieder zu Hause sein. Dort wird die Großmutter derweil alle und alles versorgen: Ich kann in Ruhe gehen – auch, weil ich selbst in Ruhe gelassen werde.

Möglich, daß letzteres ein Bedürfnis ist, das nicht alle Menschen haben. Vielleicht ist es auch nur unmodern. Scheinbar verdächtig: Als ich darum bat, mich in Ruhe und allein abreisen zu lassen, mußte ich feststellen, daß dies selbst die allernächsten Mitmenschen, oder überhaupt gerade die allernächsten, irritiert und sie beleidigt reagieren. Doch während ich früher sehr schnell bereit war, nachzugeben, wollte ich heute gegen alle Widerstände tun, was ich für mich als richtig erkannt habe: Für mich ist kaum etwas so beklemmend, wie das Warten auf den Zug, wenn die bevorstehende Reise nicht dem Vergnügen dient. Bemüht sich der Gesprächspartner, die Sache leichtzunehmen und locker-fröhlich Unverfängliches von sich zu geben, ist die Stimmung unehrlich und kann kaum anders als kränken. Geht er aber auf den Anlaß der Reise ein, besteht die Gefahr, daß er ihr einen zu traurigen Anstrich verleiht. Das aber würde mein seelisches Gleichgewicht – in diesem Moment ohnehin ein eher labiles – in arge Bedrängnis, ja vielleicht sogar zu Fall bringen, womit hier und jetzt keinem gedient wäre. Und dann ist da noch etwas: Die trübe Abschiedsstimmung enthält nicht nur die beklagenswerte Situation der Abreisenden, sondern auch die der Zuhausebleibenden. So gilt zwar deren Weh und Ach vordergründig mir, aber zugleich fühle ich mich erpreßt, umgekehrt ihnen Trostvolles zu spenden: ihr Armen! Die entgegengesetzte Version jedoch macht mich auch nicht glücklich, die Beteuerung nämlich, alles werde bestens gehen trotz meiner Abwesenheit: Könnte ich dann nicht ebensogut ganz wegbleiben? Wie man sieht, ist es nicht einfach, zwischen

»Scylla und Charybdis« hindurchzugelangen, ohne irgendwo anzuecken. Gewiß mag das dem einfühlsamen Könner gelingen, dem liebenden Ehepartner – aber da stehen meine Chancen derzeit nicht so gut...

Der Zug ist da. Ich steige ein und setze mich in ein leeres Abteil. Kein Winkewinke. Keine Tränen. Kein Schmerz. Heute.

Ich zelebriere das Heute. Die Schmerzlosigkeit zum Beispiel: Wieviele Stunden körperlicher Schmerzlosigkeit hat es in meinem Leben gegeben? Ich kann sie nicht zählen. Das sollte ich aber tun: eine Sammlung schmerzfreier Stunden anlegen, sie in Flaschen abfüllen und mit einem himmelblauen Etikett versehen, auf dem Ort und Datum stehen müßten, so daß ich jederzeit vor Augen hätte, wo, wann, wie lange meine körperliche Behausung ohne Beschwerden war. Kilometerlange Regale wären in meinem Fall notwendig, um all die tausend und abertausend Flaschen voll körperlichen Wohlbefindens ordentlich aufstellen zu können. Zwischen dem hellblauen Wald würden die wenigen grellroten Schmerzetiketten kaum zu finden sein: ein paar vereinzelte Flaschen Jahrgang 79, 78, 77, 76

> 3. Mai 1976
> ablatio mammae, links

danach wieder eine Zeit fast völliger Schmerzfreiheit, bis zum

> 23. März 1977
> Knoten – Operation

War aber kein Krebs. Aufatmen. Erneute Schmerzfreiheit bis

> 19. Juni 1978
> Wiederaufbau der Brust

Rund 9500 Stunden ohne körperliche Schmerzen hat mir das Schicksal geschenkt zwischen der konstruktiv erlebten Operation des Wiederaufbaus und der natürlich destruktiv erlebten zweiten Amputation

> 27. August 1979
> ablatio mammae, rechts

Dann gab es wieder etwa 13100 Stunden sine dolore. Jetzt tut mir nirgendwo etwas weh. Ich genieße das Jetzt. Auch der Krebs kennt Atempausen. Ich genieße diese Atempause. Ich nutze sie, um ihn anzusehen, aus sicherer Entfernung zu taxieren: Ich bin eine Catcherin nach zwei Niederlagen – mein Trainer trocknet mir den Schweiß vom Leib – und ich schiele nach dem Gegner am anderen Ende der Matte: EIN KOLOSS, hämisch grinsend wippt er auf seinen elastischen Fußsohlen vor und zurück, vor und zurück – jeden Augenblick zum Sprung nach vorn bereit, bereit anzugreifen, erneut anzugreifen...
EIN GIGANT, dem ein furchterregender Leumund vorausgeht, der alle schlottern macht, noch bevor er zum großen Schlag ausholt, dem wir uns ergeben, weil Angst und Panik uns an die Hoffnungslosigkeit der Auseinandersetzung glauben machen...
EIN UNGEHEUER, dessen Würgegriff zuallererst unserem Lebensmut gilt. Der Würgegriff geht von der Phantasie aus, die beim Wort KREBS lebendig wird: Ich sehe das böse Tier in mir; an den Beinen Sägeblätter, mit denen es alles durchtrennt, was den Vormarsch bremst; mit seinen Scheren zerreißt und zermalmt es alles, was seinen Appetit stillen kann; und seine Freßgier ist die einer hundertköpfigen Hydra – eine, die sich anschickt, meinen Körper zu verschlingen. Ich sehe das Tier, wie es langsam, aber scheinbar unaufhaltsam von einem Organ zum nächsten kriecht. Mit jedem Tag nimmt sein Gewicht zu und es wird größer und g r ö ß e r und GRÖSSER und G R Ö S S E R... todbringendes Wachstum in meinem Leib! Dämonische Schwangerschaft! Abnormer Fötus! Horror! Tod.
Krebs ist gleich Tod. Diese knappe Formel bestimmt das Verhalten derer, die mit dem Krebs konfrontiert werden. Die Ärzte etwa, die mir die Krebsnachricht gaben, stellten ihre Stimme um einige Phon leiser, um dem tödlichen Ernst der Lage gerecht zu werden; nahmen eine ungewohnt demütig gebeugte Körperhaltung ein; im Geist hörte ich sie murmeln: »Herzliches Beileid.« Friedhofstimmung auch in dem Wartezimmer des Onkologen: aschfahle Trauergestalten, die sich innerlich damit zu beschäftigen schienen, ihr Leichentuch zu weben. Unwillkürlich mußte ich an das Buch ›Krankheit als Metapher‹ von Susan Sontag denken. Ein paar Worte daraus paßten genau hierher:
Von Krebs nimmt man an, daß er die Vitalität verkrüppelt, das Essen zu einer Strafe macht und die Begierde tötet...
Selbstverständlich weiß auch ich, daß es den unerträglichen

Krebsschmerz gibt, das lange Krebsmartyrium – aber ich weiß auch, daß es das lebenswerte Interregnum gibt. Und das kann Stunden, Monate oder auch Jahre lang sein. Und in dieser Zeit muß man nicht neben seinem Sarg sitzenbleiben.
Drei Jahre dauerte mein erstes Interregnum. In diesen drei Jahren habe ich dichter und intensiver gelebt als je zuvor. Die wunderbarste Reise meines Lebens habe ich damals gemacht. Inzwischen ist einer meiner Chirurgen gestorben und eine Bekannte bei einem Verkehrsunfall ums Leben gekommen. Beide glaubte ich, würden mich sicher überleben. Nun habe ich sie überlebt. Das ist nicht ein gemeiner Trost. Es ist nüchterne Tatsache. Sie liefert den Zement für das Fundament, auf dem meine realistische Lebenserwartung steht: Der Tod ist nämlich für alle da – nicht nur für Krebspatienten – und er kann, aber muß nicht diese vorziehen.
Daß das passiert, hängt einmal damit zusammen, daß die Medizin noch immer nicht hinter das Wesen des Krebses gekommen ist, und zum anderen, daß sich der Krebspatient aufgibt. Zu Punkt eins kann ich nichts tun. Also muß ich alle Valenzen auf Punkt zwei konzentrieren. Material sammeln, das mir die Kraft gibt, dem Würgegriff zu entgehen, der meinen Lebensmut drosseln will. Es gibt solches Material: Da habe ich neulich in einer seriösen Zeitung gelesen, daß es in den USA heute »etwa zwei Millionen geheilte Krebspatienten« gibt und daß »eine weitere Million demnächst die Fünfjahresmarke« erreicht. Sollte ich da nicht die Chance haben, in die Million zu rutschen, die in vier Jahren die »Fünfjahresmarke« erreichen wird? Natürlich habe ich diese Chance! Die Chance habe ich natürlich. Aber ich werde nicht passiv auf sie warten dürfen, sondern ihr aktiv entgegengehen müssen. Und ich lasse mich dabei von Carl Simonton führen: Dieser amerikanische Krebsforscher bereichert die orthodoxe Medizin dadurch, daß er behauptet, die Krankheit im allgemeinen und der Krebs im besonderen sei das Ergebnis von *Unfreundlichkeit sich selbst gegenüber.*
Wenn wir also glauben, stets und ausschließlich für andere dasein zu müssen, eigene negative Gefühle stumm in uns versenken – gewissermaßen die Psychohygiene »im eigenen Haus« vernachlässigen –, ist es eigentlich nicht verwunderlich, daß es zu einer »Revolution alles Unterdrückten« in uns kommt, das nun umgekehrt die Gesundheit des Körpers beeinträchtigen oder zerstören will. Warum gerade selbstlose Menschen, die aufgrund ihrer ethischen und moralischen Vorstellungen auf

jede Form von Aggression verzichten und ihre vitalen Bedürfnisse hinter diejenigen ihrer Mitmenschen zu stellen gewohnt sind, besonders krebsanfällig sind, hat für Simonton etwas mit dem Immunsystem zu tun: Wenn das Immunsystem intakt ist, vernichtet es die abnormen Zellen, die jeder Körper ständig produziert; ist es nicht intakt, werden die abnormen Zellen nicht mehr abgebaut, so daß sie sich beliebig vermehren können. Diesem anarchischen Vorgang hat man den Namen »Krebs« gegeben. Der Grund dafür, daß das Abwehrsystem versagt, ist nach Simonton *chronische Selbstverleugnung und Hoffnungslosigkeit.*

Simonton ist ein Vertreter der »holistic health«, zu deutsch »ganzheitliche Gesundheit«. Da wird der Mensch als körperlich-seelische Einheit gesehen und nicht als Summe seiner Organe. Da wird angenommen, daß seelische Erfahrungen immer auch körperlich ausgedrückt werden und Krankheiten rückgängig zu machen sind mit Hilfe von *Hoffnung und Selbsterkenntnis*.

Wenn die Schulmedizin kein sicheres Mittel gegen den Krebs parat hat, dann muß eben jeder selbst mit anpacken! Als in Kriegszeiten Nahrungsmittel und Brennmaterial fehlten, haben wir auch nicht tatenlos abgewartet, daß wir verhungern und erfrieren würden: Wir haben Ähren von den Feldern einzeln eingesammelt und Tannenzapfen im Wald gesucht. Genauso will ich nun Material zur Selbstheilung zusammentragen, will auf die Suche nach der verlorenen Gesundheit gehen, fragen, warum mußte ich sie verlieren? Einen wichtigen Hinweis fand ich in einer Veröffentlichung von Prof. Helm Stierlin, dessen Beobachtungen dahin gehen, daß wir Brustkrebspatientinnen *in den Merkmalen Opferbereitschaft und Konfliktvermeidung in extremer Weise dem sozialen Rollenverhalten der Frau (entsprechen).* Wir leben in einer eher verspannten familiären Atmosphäre, weil wir alles, was konfliktverdächtig ist, zu meiden bemüht sind. *Das Symptom Krebskrankheit hat sowohl in der Gesellschaft als auch in der Familie die Funktion... scheinbar unlösbare Konflikte zu lösen... Es geht um die Frage: Hat die Familie andere Möglichkeiten, ihre Probleme zu lösen, als eines ihrer Mitglieder an Krebs sterben zu lassen?*

Diese »anderen Möglichkeiten« finde ich! Was habe ich neulich bei Susan Sontag gelesen? *Die Leidenschaft, die nach Ansicht vieler krebsverursachend ist, wenn sie sich nicht entlädt, ist die Wut.*

Hier und sofort werde ich beginnen, sie zu entladen! Erst ein-

mal auf weiße Papierbögen ausschütten, so wie das vor mir Fritz Zorn gemacht hat.
Sein Buch ›Mars‹ nehme ich jetzt aus dem Koffer, um es ein zweites Mal zu lesen.
Inzwischen hat der Zug die erste Station erreicht. Ein älterer Mann tritt ein. Geübt verstaut er sein Gepäck über dem Platz mir gegenüber: zwei Krücken. Dann setzt er sich. Mein Blick verfängt sich im umgeklappten Hosenbein.
»Ist in Stalingrad passiert«, höre ich, während ich den optischen Kontakt abbreche, dann aber doch wieder herstelle, was offenbar als Aufforderung angesehen wird, fortzufahren: »Stalingrad – die Schlinge, in der wir machtlos herumzappelten – bis sie ganz zugezogen war – da ist das Bein erfroren und amputiert worden, in Gefangenschaft. Bestimmt wäre die Wunde besser geheilt, wenn sie den Dank des Vaterlandes gespürt hätte. Ich hatte ihm die besten Jahre meines Lebens geopfert – doch dann, als ich kaputt nach Hause kam, war die neue Geliebte da: seine Wirtschaft – das Wunder, von dem es sich die Befriedigung aller Bedürfnisse und Wünsche versprach. Der Un-Dank, dem ich begegnete, war die vernichtende Entwertung meiner Lebensleistung. Der Heldentod wäre besser gewesen. Aber ich blieb am Leben, zwang mich durch die Turbulenzen von Schmerz und Enttäuschung und Zorn, genau wie eine betrogene Gattin. Und fast schadenfroh erlebe ich heute, wie die Volks-Geliebte ihre Zauberkraft verliert, mancherorts ›Betrügerin‹ geschimpft wird. Aber warum erzähle ich das alles? Irgend etwas an Ihnen hat mich sprechen gemacht –«
»Vielleicht haben Sie gespürt, daß wir innerlich mehr miteinander gemein haben, als man äußerlich sehen kann. Krieg. Mein Feind hieß Hodgkin, die unheilbare Krankheit meines Mannes. Kriegserklärung 1962. Erbitterte Kämpfe. Stalingradsituationen. Nach acht Jahren wurden die Gefechtspausen zunehmend größer. Ich glaubte an den großen Sieg, an Befreiung – und merkte überhaupt nicht, jedenfalls nicht sofort, daß ich in Wirklichkeit in Gefangenschaft geraten war. Die Gefängnismauern, hinter denen ich mich habe widerstandslos festsetzen lassen, waren der Zeitgeist, aus dem das Rollenverhalten der Frau hervorgegangen ist: Bedürfnislos hatte ich Rücksicht zu nehmen auf den kranken Mann, das kleine Kind, die alten Eltern, die verwitwete Schwägerin, die verwaisten Nichten, die jüngere Schwester. Ich war unfähig, mich aus diesem Rück-

sichtskäfig zu befreien. Welch ein Aufruhr, wenn eine brave Frau ihre totale Opferbereitschaft zurücknehmen will, immer unnachgiebiger an den Gittern der Gefangenschaft rüttelt! Da wird das Klima der Interkommunikation kalt und kälter – der russische Winter kommt in die geheizte Stube – die Atmosphäre wird eisig. Da erfror ein Stück meines Körpers und mußte amputiert werden. Und als ich dann nach Hause kam, kaputt und um die besten Jahre meines Lebens gebracht, war die neue Geliebte da. Nur eines ist anders in meiner Geschichte: Die Nebenbuhlerin hat ihre lockenden Reize bis jetzt nicht eingebüßt.«
»Man sollte nicht direkt darauf warten. Man sollte leben, wenn man am Leben geblieben ist, so wie Sie und ich. Ja – erfrieren kann man auch in der warmen Stube – und auch Friedenszeiten sind zuweilen lebensfeindlich, wenn sie in den Belagerungszustand einer unheilbaren Krankheit geraten...«
»Die unheilbare Krankheit hat zum ewigen Ausnahmezustand geführt, zur totalen Un-Gleichberechtigung, zur höllischen Zerreißprobe. Schließlich entwickelte sich eine gleichberechtigende, austarierende Gegenwaffe in mir selber: Krebs.«
»Höllische Zerreißprobe als Krebsursache?«
»So sieht es Fritz Zorn. Er ist der Ansicht, daß Krebs in erster Linie eine seelische Krankheit sei, nämlich das Unvermögen eines Menschen, mit Leid anders umzugehen, als es in sich hineinzufressen. Das geht eine Weile gut, aber dann, wenn immer neues Leid hinzukommt, wird ein Punkt erreicht, wo es sich nicht länger komprimieren läßt: Es explodiert und zerreißt die Gruft, in die es gestoßen worden war, es frißt nun seinerseits den Körper auf, der es in sich hineingefressen hat. Fritz Zorn ist selbst an Krebs gestorben. Die medizinische Behandlung hat ihm nicht geholfen, weil er ja – wie er schreibt – ›sich selbst zerstört‹ hat. Hier ein paar Zeilen aus seinem ›Mars‹:
Was der Krebs eines Individuums aller Wahrscheinlichkeit nach IST*: ein Protest gegen die objektiv herrschenden Bedingungen des Unlebens; ein Signal zum Tode, das sich der so verkürzte Organismus selber gibt, indem er, für sich allein und am Ende gegen sich, ein* KOMPENSIERENDES *Wachstum ausbildet... Der Krebs ist ein Urteil über die Gesellschaft, die Unterdrückung nötig hat und Gefühlslosigkeit nötig macht... Im Krebskranken ist schuldig gesprochen, was uns* ALLE *am Leben hindert...*
Für mein Verständnis ist der Krebs ein Schuß vor den Bug, die

Warnung: ›Wenn du so weitermachst, wie bisher, dann bringe ich dich um!‹ Also habe ich beschlossen, nicht so weiterzumachen. Vielleicht kam das ›Signal zum Tode‹ doch noch so rechtzeitig, daß es ein Signal zum Leben sein kann.«

Der Mensch macht seine Krankheiten selbst.
(Georg Groddeck)

Die Faszination des Lebens mag trotz des
Bewußtseins der Vergänglichkeit
... in dem Mut zum ich,
... in der Kraft, Leid zu überstehen,
begründet sein.
(Margot Bickel)

Teilstrecke 2
(Taxifahrt)

»Zum Klinikum, bitte«, sage ich dem Taxichauffeur, und er fährt los. Zunächst tangieren wir den »Sündenpfuhl« dieser Stadt.

Die Prostitution hat einen anderen Stellenwert für mich bekommen, seit ich im Status der »betrogenen Gattin« lebe: Ich versuche zu verstehen, was den verheirateten Mann in die Arme einer Dirne treiben kann.

Auch heute ist es vielerorts so, daß der Mann die eigene Ehefrau und Mutter seiner Kinder auf ein Podest »sexueller Würde« stellt; der Koitus wird im Dunkeln vollzogen und dient der Zeugung der Nachkommenschaft. Ein keuscher Beischlaf, nicht anders als es von der Kirche gewünscht wird. Die ehrbare Gattin gehorcht dem Aufruf der Bibel: »Mehret euch!«. Da nicht dabeisteht: »und vergnüget euch!«, bleibt das Vergnügen dem Ehebett fern. Dieses holt sich der Mann im Bordell.

Doch seitdem die strenge Sexualmoral gelockert ist, die Sexuallust schon fast gesellschaftsfähig, seitdem sich also die Sexualität emanzipiert hat, könnte sie doch – so dachte ich, ungehindert in alle Ehebetten Einzug halten. Es könnte doch im eigenen Schlafzimmer die Freude am Schauen und der Wunsch, zu zeigen, befriedigt werden. Es könnte doch mein Mann, ohne sündig zu werden, meine Schamlippen betrachten und den dunklen Mund zwischen meinen Beinen küssen. Aber die hemmungsfreie Sinnenseligkeit wird eher außerhalb der Ehe realisiert. Und so kommt es, daß die Prostitutierte gebraucht wird, wie eh und je.

Ist die menschliche Sexualität im Verlauf der Vergangenheit so tief in den Schmutz getaucht worden, daß man noch viel mehr Zeit braucht, um sie zu reinigen? Sitzt uns die Angst vor ihr so tief in den Knochen, daß wir uns nicht an sie herantrauen, trotz aller Nacktheit an den Stränden, in Filmen, in Zeitschriften? Unbehagen trotz Pille? Scham trotz Liberalisierung?

Im Bereich bewußten Nachdenkens scheint es keine einleuchtende Erklärung dafür zu geben. Aber es fallen mir Gedanken

aus einer psychoanalytischen Arbeit von G. Barag ein: Da wird die Motivierung für Scham und Ängste in unserem Unterbewußtsein gefunden und gezeigt, daß es unverarbeitete Konflikte aus unserer Kindheit sind, die uns blockieren.
Die Kindheit des Mannes zum Beispiel: Jahre, in denen er vergebens um die erste und wesentlichste Bezugsperson seines Lebens, die Mutter, kämpft, der Vater der »Stärkere« ist und bleibt, der Sohn folglich immer unterliegen muß. Eine bittere Erfahrung, die er nicht adäquat »verarbeiten« kann, die sich in sein Unterbewußtsein zurückziehen muß, aber von dort aus immer wieder und ein ganzes Leben lang »Reaktionen« fordert. Eine davon ist dann etwa die, zu einer Dirne zu gehen, meint G. Barag, denn deren *leichte Eroberung* tröstet etwas *über die alte, nie ganz verwundene Kränkung*, als die er die Niederlage im Kampf um die Mutter hatte erleben müssen. Bei der Dirne, dieser »Mutter« so vieler Kinder, kann der Mann dann zu guter Letzt den Vater doch noch austricksen, symbolisch. Hinzukommt, daß man bei dieser »Mutter« tun darf, was sonst verboten ist. Eine begreifliche Verlockung für den Mann, der sich *an die von ihm verachtete Dirne wendet, um uneingeschränkt genießen zu können,* weil er, laut S. Freud, *durch den Respekt vor seinem gesitteten Weibe am Ausleben der in seine Sexualziele eingehenden perversen Komponenten gehindert wird.* Zwar »verachtet« er die Dirne, weil sie käuflich zu haben ist, aber umgekehrt ist es ihm wichtig, daß er zur Kasse gebeten wird, schreibt Barag, denn mit diesem *Geldgeschenk* ist es dem Klienten möglich, sich loszukaufen von der gegenüber der Mutter bestehenden Verpflichtung, Liebe durch Liebe zu vergelten. Auch der Umstand, daß so viele Dirnen den Geschlechtsverkehr mit dem Klienten ganz ohne eigene genußvolle Beteiligung »abzuwickeln« pflegen, ist ihm – so Barag – gerade recht, denn die Frigidität mag *zur Exkulpierung der Mutter dienen, der so bescheinigt würde, daß sie genußlos dem Vater angehört hätte.* Was der Mann an unbewußtem Zorn auf die eigene Mutter und auf den eigenen Vater mit in das Erwachsenendasein hinübergenommen hat, reagiert er, laut Barag, scheinbar an der Dirne ab: daß deren Reize und deren Notlage so oft rücksichtslos ausgenutzt werden, ist vielleicht als Vergeltungsmaßnahme dafür zu verstehen, daß er *von der Mutter nicht genügend genährt worden* war, und es kommt der Dirne gegenüber *der ursprünglich orale Sadismus... zur Geltung.* Wunderbar an der Prostituierten ist, daß sie *ein Zusammentreffen mit der prägenitale Be-*

friedigung gewährenden, also die Rückgewinnung einer verloren gewähnten Mutter, aber auch einfach Kindheit ermöglicht: vielleicht soll das Spielen in Dreck und Schlamm nachge- oder wiederholt werden und das »schmutzige Milieu« des »Sündenpfuhls« ist der »richtige« Rahmen für die unbewußten Bubensehnsüchte. Und ist der Mann in emotioneller Hinsicht ein Kind geblieben, wird er den Mangel an maskulinen Charakterzügen durch verstärkte oder ausschließliche Betonung phallischer Aktivitäten ausgleichen. Der Don Juan fühlt sich genötigt, *im Geschlechtlichen seine Manneskraft zu beweisen, weil er seiner Männlichkeit in charakterlichem Sinn nicht sicher ist*, liest man in der ›Kunst des Liebens‹ von Erich Fromm.
Es ist also der männliche Drang zur Promiskuität nicht allein mit der ehelichen Langeweile zu erklären, der außereheliche Verkehr nicht immer nur Ersatz für den unbefriedigenden ehelichen, und die Dirne wird nicht nur gebraucht, um einen tatsächlichen sexuellen Notstand zu beheben. So gesehen können wir Sexualität liberalisieren, wie wir wollen: Sie wird sich nicht auf das Ehebett beschränken, so »fortschrittlich« dieses auch sein mag. Vielmehr werden wir lernen müssen, anders und besser auf die Bedürfnisse unserer Kinder einzugehen, damit Prostitution überflüssig wird und die Menschen ihre Sexualität fröhlich und schuldlos genießen können.
Genießen.
Bewußt genießen alles, was positive Empfindungen hervorzubringen vermag, das habe ich mir als ergänzende Krebstherapie vorgenommen. Ich genieße diesen Frühlingstag.
Frühling: das stürmische Ja zum Leben.
Immer wieder begeistert mich der innere Wille der Natur. Mit andächtigem Staunen beobachte ich das große Erwachen nach der frostigen Ruhepause, und ich bewundere diese phänomenale, alle menschliche Vorstellungskraft weit übersteigende Kraft, die das Zeichen gibt, die Arbeit des neuen Jahres in Angriff zu nehmen. Was für ein Produktionssoll wird da erfüllt! Allein schon der bloße Gedanke daran läßt mich demütig werden und winzig klein. Einerseits. Andererseits spüre ich das Pulsieren dieser gewaltigen Wirksamkeit in mir selbst: Jede Zelle lebt ja durch sie, und ich fühle mich aufgehoben in den Jubel des Daseins. Daß ich so unmittelbar integriert bin in das Wunder des Lebens gibt mir Mut und Zuversicht und Hoffnung.

Die animalische Seligkeit, das tierische Vergnügen an der Sonne, die Ekstase des Atmens: die lebenerhöhende genießen lernen...

(Prentice Mulford)

Teilstrecke 3
(Ankunft im Krankenhaus)

Der Taxichauffeur setzt mich am Eingang zur Klinik ab, wünscht mir noch »alles Gute« – ich gehe sieben Schritte – und hinter mir pendelt die Schwingtüre noch ein paarmal auf – zu – auf – zu – mehr zu – ganz zu – zu: Ich bin in der Krankenanstalt.

Wieder mal. Hier in diesem Haus werde ich morgen zum fünftenmal operiert. Das heißt also, daß ich selbst Patientin bin.

Wie oft ich als Nicht-Patientin, »nur« Angehörige des Patienten, im Krankenhaus war, in diversen Krankenhäusern, das kann ich nicht zählen. Die Gänge der Stationen, die Zimmer der Schwestern, Ärzte, Patienten waren mein zweites Zuhause. Vierzehn Jahre lang. Und fast immer war der Tod da, mal ganz dicht, mal nur in Sichtweite. Er hatte in unser Dasein den Stempel UNHEILBAREKRANKHEIT gedrückt – und das war deutlich lesbar – immer. Da der Genesungsprozeß nur sehr langsam und von vielen Rückfällen unterbrochen vor sich ging, blieb das Damoklesschwert UNHEILBAREKRANKHEIT hängen. Niemand wagte, es herunterzunehmen – und damit verwandelte es sich unmerklich in eine Waffe, von der der Unheilbarkranke auch dann Gebrauch zu machen begann, wenn sein körperliches Leiden nicht akut war; es wurde zum Kampfmittel, mit dem er den andauernden Ausnahmezustand rechtfertigte.

Niemand bemerkte, wie die UNHEILBAREKRANKHEIT allmählich in eine andere Dimension überwechselte. Der Vorgang erinnert mich an die skurril anmutenden Bilder von M. Escher, ›Luft und Wasser‹ zum Beispiel: In der oberen Hälfte fliegen schwarze Wildgänse durch die weiße Luft. Die Bildmitte ist der Bereich des Umbruchs: Das Schwarze ist nur mehr andeutungsweise ein Vogel, das Weiße ist noch nicht ein Fisch. Weiter unten erkennt man in den Zwischenräumen immer deutlicher die Fische im sie umgebenden schwarzen Wasser.

Die UNHEILBAREKRANKHEIT bestand und besteht aus

M. Escher, »Luft und Wasser«

zwei Teilen: einem Teil Psyche und einem Teil Soma – »Luft und Wasser«. Am Anfang hatten wir mit den schwarzen Hodgkin-Schüben zu ringen – dann wurden die immer undeutlicher – um allmählich immer besser sichtbar weiße Psyche-Schwärme zu sein. Es war eine unsagbar lange Übergangsphase, in der das Auge Mühe hatte, sich in dem abwechselnden Schwarz und Weiß zurechtzufinden. Unverändert blieb nur der Name des Geschehens: UNHEILBAREKRANKHEIT.

Jahrelang war ich ihr völlig schutzlos ausgeliefert. Tagtäglich war ich die lebende Klagemauer des Langzeitkranken an meiner Seite. Sein Leiden stand im Mittelpunkt aller Gedanken und aller Gespräche. Und ich nahm Rücksicht. Auch wenn er gerade nicht krank war, denn er mußte den durch die Krankheit verursachten Arbeitsausfall kompensieren. Und wenn er gerade nicht krank war und auch nicht arbeiten mußte, so mußte er sich aber doch erholen von beidem – und so war abermals

klar, daß ich auf ihn Rücksicht nahm, seinen Bedürfnissen gerecht wurde und nicht etwa gar meinen. Also das war alles ganz klar. Ebenso klar war, daß ich auf unseren kleinen Sohn Rücksicht nahm, denn er war ja nicht minder geschädigt durch die UNHEILBAREKRANKHEIT: In den Gängen der Krankenhäuser lernte er laufen – und wurde der kranke Vater entlassen, brachte er die onkologische Atmosphäre mit nach Hause. Weil ich gesund war, hielt ich es für meine Aufgabe, nun meinerseits die ewig strahlende Sonne zu sein. Ich würgte alle Konflikte, alle Ängste, alle Schmerzen, vor allem seelische, in mich hinein, legte einen dicken Panzer um mich, durch den nichts davon heraus konnte – durch den auch nicht mehr alles zu mir herein konnte und glaubte, das sei gut so. Denn ich brauchte den Panzer nicht nur im Umgang mit dem kranken Mann, sondern auch im Umgang mit seinen Ärzten: Seit sie verstärkt zur »Wahrheit« neigen, also den tatsächlichen Gesundheitszustand des Patienten nicht für sich behalten wollen, werden die Ehepartner »eingeweiht«. Von ihnen wird ganz unbesehen »Tragkraft« erwartet, desgleichen die Bereitschaft und die Fähigkeit, es dem Kranken zu gegebener Zeit »beizubringen« oder auch nicht – je nach eigenem Gutdünken. Mehrfach wurde ich auf das bevorstehende Ableben meines Mannes »vorbereitet« – und einer der weißen Götter tröstete mich: »Sie sind noch so jung und hübsch – sie werden auch mit dem Baby wieder einen Mann finden.« War das nun ein Kompliment oder nicht mehr überbietbare Taktlosigkeit?
Natürlich sind auch die Ärzte und Schwestern überfordert, wenn auf ihren Stationen nur Leid und Tod sich abwechseln – und so schützen auch sie sich mit dem dicken Panzer, der sie hart, mitleidlos und gefühlskalt erscheinen läßt.
Viele Jahre habe ich unter jener »Gefühlskälte« gelitten – und erst als ich meinen eigenen Panzer erkannte, erkannte ich auch den der anderen. Heute weiß ich, daß hinter dieser Betonwand meistens gerade nicht Härte, sondern ganz im Gegenteil Sensibilität und daher Verletzbarkeit liegt, und daß diese Menschen, die kein Schmerz dieser Welt zu bewegen scheint, in Wirklichkeit auch unter der scheinbaren Willkür des Schicksals leiden, die auf ihren Stationen tobt.
Heute wird mir nicht mehr schlecht aus Angst vor diesen undurchschaubaren medizinischen Robotern, für die der Patient »Krankengut« ist, ein »Fall« unter vielen. Dennoch muß ich mir

einen deutlichen Stoß geben, um in den Klinikbereich einzutreten, in diese Welt des Unbehagens, der Schmerzen, solcher und anderer, innerer und äußerer – trotz aller schmerzstillenden Mittel.
Ich hole zweimal tief Luft – und tauche ein.

In einem Meer von Schmerz
ertrinken die einen
die anderen lernen
darin schwimmen.
(Kyrilla Spiecker)

Teilstrecke 4
(Formulare)

Wiedersehen auf der Station. Dann die üblichen Formulare, mit denen ich mich zu dem kleinen Tisch in der Aufenthaltsecke begebe. In einem Sessel kauert eine weinende Frau. Immer wieder murmelt und schluchzt sie: »– das Gesicht verstümmelt! – – kaputt – sie werden es nie mehr glatt kriegen – nie –.« Leise versucht ihr Mann sie zu beruhigen: »Aber unsere Rosemie ist uns wenigstens erhalten geblieben – sie hat es überlebt.« Das tröstet die Mutter fast gar nicht: »Sie wird nicht leben wollen – mit diesem Gesicht –.« »Sie wird leben«, entgegnet mit fester Stimme der Vater. »Aber wie??! Wie? Nichts ist schlimmer als so ein entstelltes Gesicht! Kein Rock und keine Bluse kann sie drüberziehen! Nackt – verstümmelt –.« Der mütterliche Schmerz läßt sich nicht lindern. Die Stationsschwester sieht das: »Frau Schäfer, legen sie sich ein bißchen auf die Liege in meinem Zimmer. Ich gebe ihnen etwas zur Beruhigung. Das wird ihnen gut tun.«
Wie ich diese Mutter verstehen kann. Ich danke meinem gütigen Schicksal, daß ich kein verstümmeltes Gesicht habe – nur Brustkrebs – und morgen bekomme ich ein Implantat – deshalb muß ich jetzt die Formulare ausfüllen:
NAME: Sandkorn – VORNAME: Anemone – GEBURTSDATUM: *27. 6. 1932* Die zwischen dem 22. 6. und 22. 7. Geborenen sind »Krebse«. Die Volksastrologie weiß, daß sie zu den »Rücksichtsvollsten« im Sternenkreis gehören, daß sie »von Natur aus bescheiden sind, sehr höflich und den anderen stets den Vortritt lassen«. Richtig! So war das. Also Krebs für die »Krebse«?
GEBURTSORT – WOHNORT MIT POSTLEITZAHL – STRASSE MIT HAUSNUMMER – alles klar – BERUF: *Hausfrau* – Zügig und selbstbewußt schreibe ich das hin. Früher habe ich an solchen Stellen einen schamhaften, kleinen Strich gemacht, was andeuten sollte: Ich bin nichts. Nur Hausfrau. Wie konnte es dazu kommen, daß eine Fließbandarbeiterin ein höheres Ansehen genießt als eine nicht berufstätige Mutter? Ein

Mensch also, der wie kein anderer Weichen für die Zukunft unserer Gesellschaft stellt, die nächste Generation entscheidend mitprägt. Gewiß, für die Arbeit im Hause gibt es kein Salär (wieso führt man das eigentlich nicht ein?); aber eintönig ist sie nicht: Gattin, Mutter, Hausfrau zu sein, schließt das nicht alle Berufe ein? Ich bin Köchin, Lehrerin, Floristin, Sekretärin, Gesellschafterin, Reiseleiterin, Märchentante, Dekorateurin, Gärtnerin, Friseuse, Schiedsfrau, Ärztin, Schneiderin, Assistentin und Raumpflegerin. Ein weites Feld, um sich zu verwirklichen, meine ich. Schade, daß die Frauenbewegung z. T. bemüht ist, Elemente der Männerwelt bei den Frauen zu stärken, statt das Besondere des Weiblichen zu emanzipieren. Schade, daß mein Beruf etwas Diskriminierendes an sich hat. Trotzdem bin ich gern Hausfrau. – Nächstes Kästchen: RELIGION: Hier nun gibt es einen kleinen Gedankenstrich, denn die vorgesehene Aussparung ist für die Abkürzung der gängigen Religionen gedacht und also zu klein für »Pantheistischer Humanismus«. Ich glaube an die einander ergänzenden und bedingenden Urkräfte der Schöpfung: Yin und Yang. Ich glaube an die Glückseligkeit der Vereinigung dieser gegensätzlichen Prinzipien und an den gleichberechtigten Existenzanspruch beider. Wenn es den gibt, dann kann die zur Selbstaufgabe getriebene Opferbereitschaft des einen zugunsten des anderen Teils nicht gottgefällig sein. Auf mein kleines Dasein bezogen heißt das: Ich darf ich sein. Vielleicht soll ich es sogar. Und damit habe ich zu einer natürlichen, humanen Religion gefunden. Ich bin erleichtert. Viele Jahre meines Lebens habe ich gelitten unter dem Opferfanatismus des allmächtigen Christengottes, der es fertiggebracht hat, sein einziges Kind zu Tode foltern zu lassen, nur um die Menschheit – als sein Werk – zu retten. Und mit großem Unbehagen beobachte ich, daß dieser gütige Gottvater unendlich viele Nachahmer auf Erden gefunden hat. Immerhin werden allein bei uns hundert Kinder im Jahr zu Tode gequält, die, wie Jesus, als rechtmäßiger Besitz des Erwachsenen verstanden werden, mit dem man tun und lassen kann, was man will. Noch sehr viel größer ist die Zahl der Väter, die ihr Werk so sehr lieben, daß sie bereit sind, sogar ihre Söhne dafür zu opfern. Zwar nicht so spektakulär, wie ihr himmlisches Vorbild. Die Opferkinder, an die ich denke, erleiden ›nur‹ seelische Schmerzen und dürsten eine Kindheit lang nach der väterlichen Zuwendung. Mein Vater zum Beispiel lebte von seinem Werk, für sein Werk und in seinem Werk.

Nichts war wichtiger als sein Werk. In Ermangelung eines Sohnes opferte er seine Tochter.
NAME UND VORNAME DES HAUPTVERSICHERTEN – GEBURTSDATUM – ARBEITGEBER – NAME DES KOSTENTRÄGERS – VERSICHRUNGSNUMMER – fertig. Nein, noch was: die OPERATIONS-EINVERSTÄNDNISERKLÄRUNG: Wenn ich die unterschreibe, bin ich *einverstanden mit dem besprochenen Eingriff und mit jedem weiteren, sich während der Operation als erforderlich erweisenden zusätzlichen Eingriff.*
Ich nehme zur Kenntnis: *Der Erfolg der Operation wird nicht nur vom Können des operierenden Arztes bestimmt, sondern auch von der Konstitution des Patienten und von anderen Momenten, die vom behandelnden Arzt nicht voraussehbar sind.*
Zwar bin ich am Tatort gar nicht bei Bewußtsein und kann also nicht mitentscheiden, welche »zusätzlichen Eingriffe« erforderlich sind oder nicht – zwar habe ich überhaupt nicht die dafür notwendige Ausbildung – aber ich soll dennoch an der Verantwortung mitbeteiligt werden, kraft meiner Unterschrift. Jeder Handwerker ist ganz allein verantwortlich für seine Arbeit – der Chirurg scheinbar nicht. Gewiß, gewiß: Er soll nicht wegen »vorsätzlicher Körperverletzung« belangt werden können. So formuliert würde ich das selbstverständlich akzeptieren. Aber etwas richtet sich in mir gegen diese schier schamlose Selbstabsicherung auf: Wenn was schiefgeht, liegt es nicht am Arzt, sondern eben an der »Konstitution des Patienten« – und noch vager: an »anderen Momenten«... Empörung zieht auf, wie eine Wetterfront. Die ersten Blitze zucken aus dem Bauchraum herauf: Angst.
Und so gibt es, kaum recht hier, bereits den ersten massiven Adrenalinstoß in mir. Eigentlich vermeidbar. Auf jeden Fall das Wohlbefinden des Patienten beeinträchtigend, eintrübend. Aber das ist ein »ganz normales Phänomen«, das unbekümmert und selbstverständlich in der Klinik hingenommen wird. Sie begegnet ihm allenfalls – mit Valium.

> *Das psychische Drum und Dran reduziert sich scheinbar zu einer wissenschaftlich überflüssigen Privatsache.*
> (Horst-Eberhard Richter)

Teilstrecke 5
(Zimmer 312)

»Frau Sandkorn, diesmal sind Sie in Zimmer 312. Ihre Zimmergenossin heißt Walter. Eine sehr nette Dame.«
Das kenne ich: Ich soll positiv auf die andere eingestimmt werden. Einmal war es eine ältere Person, die sich für ihren viel jüngeren Geliebten hatte liften lassen. Schlimm für mich: ihre regelrechte Frischluftphobie. Ich, die Jüngere – und bekannt »Höfliche« – ließ ihr den Vorrang und drohte glatt zu erstikken.
Ein andermal war es eine etwa Gleichaltrige, die ungefähr bei jedem zehnten Atemzug ein rasselndes Geräusch von sich gab – ihr scheinbar unbewußt. Es durchbohrte selbst meine Ohropaxstöpsel, setzte aber sofort aus, wenn man sich mit ihr unterhielt. Also verzichtete ich auf meine Bücher.
Als ich zur ersten Brustamputation hier war, hatte man mich mit einer jungen, lebenssprudelnden Frau zusammengelegt. Sie war unverheiratet und von diversen Männern umschwärmt, die sie besuchten oder anriefen, um von ihr in jubelnden Formulierungen zu erfahren, daß ihr hübscher Busen erhalten geblieben sei: KEIN KREBS! Alle freuten sich mit ihr. Ich auch.
Während ich, nur wenige Jahre älter als sie, nun zwei UNHEILBAREKRANKHEITEN hatte: die meines Mannes und eine eigene. Und da mein böses Knötchen gar nicht genau in, sondern vielmehr im Einzugsbereich der Brust lag, war ich gar nicht davon überzeugt, daß es notwendig war, sie abzunehmen. Hinzu kam, daß ich »wußte«: Mein Krebs war keiner, der sich durch Stahl, Strahl oder Chemie beseitigen lassen würde. Aber ich hatte nicht die Kraft, mich gegen den Ehemann durchzusetzen, gegen die Familie und gegen die Ärzte. Sie hatten mir unterschiedliche »Angebote« gemacht. Die Methode der Wahl war dann schließlich: »Amputation plus Wiederaufbau«. Aber ich blieb von Zweifeln aller Art geschüttelt und war wütend über mich selbst, über mein Schicksal und über die Unfähigkeit der allernächsten Mitmenschen, eine ins Schleudern geratene

Frau zu halten. Heute entschuldige ich sie: Sie waren alle überfordert. Aber ich war es auch. Der Krebs hatte ein erstes Loch in den Mantel gebissen, in den die Ehe eingehüllt war. Durch dieses Loch wurde die innere Un-Ehe sichtbar: Statt der INNEREN Stütze, nach der ich verzweifelt suchte, bekam ich ÄUSSERE Geschäftigkeit: Wir reisten zusammen in Sachen Krebs und sammelten Meinungen zum Thema. Natürlich war das auch gut und wichtig – aber ich mußte wohl gefühlt haben, daß etwas fehlte. Und so kam es zu jenem Scherbengericht zwei Tage vor dem festgesetzten OP-Termin, als mein Mann noch einmal erwog, ob man nicht doch etwas unternehmen könne, bei dem die Brust erhalten bliebe. Statt meine ohnehin nicht sehr große Zuversicht zu stärken, nahm er mir das bißchen eigenes Entschlossensein. Statt einem gemeinsamen starken Ja zu der bevorstehenden Amputation bot er mir ein ungewisses, wankelmütiges Jein. Statt mit mir zu gehen, machte er allererste Rückzieher. Heute weiß ich, daß es innere Rückzieher waren. Damals war das nur ein unbewußtes Gespür, das meine Hände nahm, um sich zu äußeren. Die ergriffen Teller und Tassen und schmissen sie zu Boden. Scherben, die sicht- und hörbar machten, was innerlich geschehen war.

Heute kann ich jenes vielschichtige Geschehen verstehen: Es zeigte zum einen die Kraft in mir. Die Kraft, Teller zu zerschlagen, ist auch die Kraft, einen Kampf aufzunehmen. Natürlich diente die »Aktion« auch der Spannungsentladung. Vor allem aber wollte dieses (oder jedes?) Scherbengericht das unsichtbar Geschehene sichtbar machen, zu einem Zeitpunkt, wo es noch nicht verbalisierbar war. »Scherbengericht« ist eine Lehnübertragung: Im alten Athen konnten Bürger, die zu mächtig und damit gefährlich geworden waren, durch Volksabstimmung verbannt werden, wobei Scherben als Stimmzettel dienten.

Ich hatte keine Scherben vorrätig und habe also welche gemacht, um auf einen Bürger aufmerksam machen zu können, der »zu mächtig« und »gefährlich« geworden war – für mich. Nicht ich hatte das gemerkt, sondern das andere Ich, jenes, das im Unterbewußtsein angesiedelt ist, mächtig, wie jede »Graue Eminenz«; sie hatte den Impuls zum Scherbengericht gegeben, ein Signal. Und Signale sollte man niemals übersehen...

Erst wenn du weißt,
was du tust,
weshalb du es tust
oder läßt,
bist du mündig.
(Kyrilla Spiecker)

Teilstrecke 6
(Die Zimmergenossin)

»Ich bin Frau Sandkorn«, stelle ich mich vor und begrüße meine Bettnachbarin. Sie liegt hinter einem Schutzwall aus Fernsehgerät, Kassettenrecorder und einer Ansammlung von Blumensträußen. Ihre schwache Stimme kommt kaum gegen den ZDF-Lärm an: »Guten Tag Frau – wie war Ihr Name?« »Sandkorn.« »Ah ja. Sind Sie das erste Mal hier, Frau Sandkorn?« »Das sechste Mal.« »Oh...?« »Wie bitte?« »Sie waren schon öfter hier?!«, sagt sie jetzt lauter. »Ja.«
Während ich meine Schrankhälfte einräume, höre ich im Werbefunk, daß man mit dem »Underberg am besten übern Berg kommt«. Gerade sehe ich noch die Gruppe lachend eingehakter, strahlend junger Leute mit sportlich elastischem Schritt ihren »Berg« erstürmen – dann kommt die sonnenbraun-glückliche Schöne, die spielend leicht alles blitzblank kriegt – und jetzt erscheint die fröhliche Mollige, die die Wäsche porentief rein bekommt, ganz einfach mit dem richtigen Waschmittel! Wir anderen, die das richtige Waschmittel nicht finden, müssen uns entsetzlich abrackern, um die angefallene »schmutzige Wäsche« halbwegs brauchbar zu machen... wir müssen uns mies vorkommen, wenn es uns nicht gelingen will, spielend leicht mit dem Dreck dieser Welt fertig zu werden... und jämmerlich müssen wir uns fühlen, wenn wir sehen, wie andere ihre »Berge« bezwingen, während wir immer wieder zusammenbrechen und nur keuchend und schwitzend Stückchen für Stückchen »Berg« zu erkraxeln in der Lage sind... trotz Underberg! Schon jetzt rüttelt dieser Fernseher an meinen Nerven! Ich habe kein Radio mitgebracht, weil ich den Aufenthalt in der Klinik, wo ein äußerer Anlaß mich sowieso zu körperlicher Ruhestellung zwingt, verwenden will, um zu innerer Ruhe zu finden. Ich habe Bücher mitgenommen, die mir helfen sollen, zu einem Stückchen Selbstbesinnung zu gelangen. Zu Hause habe ich kaum die Möglichkeit zur Einkehr – hier hätte ich sie, wenn ich nicht immer wieder in den Bannkreis irgendeines Lärms geriete, in dem ein Großreinemachen im Seelenraum ausge-

schlossen ist. Und immer wieder lasse ich die anderen gewähren, stelle mein eigenes Bedürfnis zurück – »höflich«, wie mich die »Sterne« eben gemacht haben. Diese »Sterne«! Ich werde sie herunterholen! Und so versuche ich mich in einer neuen, mir noch ungewohnten Taktik: »Angriffskrieg«.

»Interessieren Sie sich für den Werbefunk?« »Ach, eigentlich nicht direkt, aber es lenkt ab, wissen Sie«, belehrt sie mich. »Meinen Sie, daß Ablenkung immer sinnvoll ist?« »Wenigstens solange noch alles so frisch ist. Danach wird man sich vielleicht irgendwie daran gewöhnen.« »Also, ich habe die Erfahrung gemacht, daß das nicht von allein so kommt. Ich habe schwer arbeiten müssen, um mich an den Brocken zu gewöhnen, der da plötzlich auf meinem Weg lag. Es war wie ein schwieriger Umzug: von dem Leben ohne Krebs in das Leben mit Krebs.« Frau Walter stellt das Fernsehgerät leiser. »Sie haben Krebs?« »Brustkrebs. Es ist ein Einschnitt – nicht nur in den Körper, sondern in das eigene Leben und in das der Familie. Es ist für alle schwierig, denn alle müssen Veränderungen und Einschränkungen in Kauf nehmen – und über die muß man sich Gedanken machen, fand ich, sie im Geist erproben, damit man sie dann zu Hause vorschlagen und durchsetzen kann. Ich jedenfalls brauchte die Zwangsevakuierung im Krankenhaus, um mich mit dem Feind in mir zu arrangieren; ich brauchte Ruhe, um Kräfte zu mobilisieren, um Energiequellen zu suchen; ich brauchte die Zeit des Alleinseins, um sehr sorgsam zu überprüfen, wo ich in meinem Leben unnötigerweise Energie verschwende und wie ich diesen Energieverlust eindämmen oder vermeiden könnte. Das waren harte, verzweifelte Auseinandersetzungen, durch die ich ganz allein hindurchmußte, denn sie betrafen ja mich persönlich. Ich mußte mit eigenen Beinen ›übern Berg‹ – und ich mußte sehr genau auf meinen Weg achten, um nicht zu stolpern –, da schienen mir Ablenkungen gefährlich.« »Ich habe auch Krebs«, sagt meine Zimmerpartnerin – und schaltet jetzt den Fernseher aus.

Greifen und festhalten
kann ich seit der Geburt
teilen und schenken
mußte ich lernen
jetzt übe ich das
Lassen.
(Kyrilla Spiecker)

Teilstrecke 7
(Im Krankenbett)

Ich habe meine Straßenkleidung abgelegt und damit ein Stück Identität in den Schrank gehängt. Nun liege ich in dem mir zugewiesenen Bett.

Das ist ein hierarchischer Abstieg. Jeder, von der Putzfrau bis zum Chefarzt kann, nein, muß auf mich herunterschauen! Unten liegen ist gleichbedeutend mit schwach sein – schwach an sich zunächst und hier rein körperlich, aber im übertragenen Sinn, unbewußt empfunden, auch im sozialen Sinn. Unten liegen heißt, ohnmächtig sein – keine Macht haben. Wer keine Macht hat, ist gefährdet, wird häufig unterdrückt und ist auch ohne Wert, minderwertig. Minderwertige sind Ausrangierte. Ausrangierte haben Angst, gestoßen, verletzt, verwundet, beleidigt, gekränkt zu werden. ›Was kränkt, macht krank‹, ist der Titel eines Buches von Robert Michael. Man kann den Satz auch in seiner Umkehrung verwenden: Kranksein ist kränkend: Kranke werden behandelt wie unmündige Kinder. Gesunde begegnen Kranken mit dieser herablassenden Mildtätigkeit, die vielen Erwachsenen im Gesicht steht, wenn sie sich zu einem Kinderwagen herunterbeugen. Kranke wecken im Gesunden den gleichen Instinkt wie kleine Kinder: Man spricht mit ihnen anders als mit Erwachsenen, man unterstellt ihnen, daß sie selbst nicht fähig sind, für sich allein Entscheidungen zu treffen, daß sie vieles nicht verstehen oder aufnehmen können. Man schont sie – und man tröstet sie: »Wenn du erst mal groß bist dann...«, so, wie man dem Kranken die Auseinandersetzung mit den Dingen in Aussicht stellt: »Wenn du erst mal wieder gesund bist, dann...« Der Kranke wird in einen Status der Abhängigkeit gesetzt: Er muß warten, bis der große Gesunde zu ihm kommt und ihm gnädiglich sein Ohr und seine Hilfestellung leiht. Der große Gesunde ist, vom Bett aus gesehen, oben. Oben ist gleichbedeutend mit Macht, mit herrschen, mit beherrschen. Beherrschen tut, wer von Geburt oder durch die bessere Ausbildung oder auch aufgrund unerwarteten Glücks auf der Wertigkeitsskala im Bereich »Erfolg« einen Platz gefunden hat. Erfolg ist »oben«. Erfolg ist mit Aktivität verknüpft. Wer ohne Aktivität ist, ist auch ohne Erfolg. Da der Kranke zu Passivität verurteilt ist, kann er auch keinen Erfolg haben. Matisse hat seine berühmten Scherenschnitte im Bett geschaffen. Das ist nicht jedem gegeben. Der Bettlägrige ist an das Bett gebunden, unfrei. Unfrei ist man in Gefangenschaft. Wer sich dem Gefangenen nähert, erweist ihm eine Gnade, beugt sich huldvoll zu dem in Ungnade gefallenen Elenden herunter, er schenkt ihm ein Stückchen Großherzigkeit. Und der andere nimmt es demütig dankend entgegen. Er hat keine andere Wahl, er kann nur nehmen, er kann sich nicht revanchieren. Er hat nichts, um sich revanchieren zu können – im Moment des Krankseins.

Um den geht es jetzt, wo ich »unten« bin, unten liege, unterlegen bin – im Machtnachteil. Jetzt, wo die anderen von »oben« zu mir heruntersehen, über mir sind, überlegen – im Machtvorteil. Ich spüre deutlich, wie ich ins Minus abdrifte – wenn ich auch annehmen kann, daß es vorübergehend sein wird.

Geben ist seliger denn nehmen.
(Apostelgeschichte 20, 35)

Geben bringt mehr Freude als empfangen, nicht weil es ein Opfer ist, sondern weil in der Handlung des Gebens der Ausdruck meiner Lebenskraft liegt. (Erich Fromm)

Teilstrecke 8
(Ungleiche Güterverteilung)

Ein üppiges Abendessen für die Nachbarin; Pfefferminztee für mich.

Am Abend vor der Operation ist das so, und mein Gehirn weiß, daß das gut für mich ist. Aber obgleich ich nicht direkt hungrig bin, drängeln Assoziationen aus der Tiefe herauf, die mit Hunger zu tun haben – körperlichem und seelischem.

Meine strenge Mutter schien nur eine Richtlinie für meine Erziehung zu haben: mich ja nicht zu verwöhnen. Ihre eigene Kindheit war »hart« – und da sie als ein so rechtschaffener Mensch daraus hervorgegangen ist und überall »ihren Mann« steht – neben ihrem Gatten, meinem Erzeuger – war also auch mir die »harte Kindheit« sicher. Sie begann am Tag nach meiner Geburt.

Eine »gute Mutter« handelt gemäß eines »natürlichen Instinkts« und der riet meiner Mutter: »Nicht verwöhnen!« So wurde ich auf keinen Fall öfter als ein genauer Fahrplan vorschrieb, an die Brust gelegt – und schrie ich außerfahrplanmäßig, so wurde ich – des störenden Lärms wegen – in eine ferne Kammer geschoben und erst geholt, wenn der Stundenplan dies vorsah. Dann aber war ich wohl zu geschwächt, um die spärlich fließende Milch herauszubekommen und schlief erschöpft schnell ein – das wurde als Zeichen des Sattseins mißdeutet – was wiederum dazu führte, daß ich nicht gestillt wurde, wenn ich nach kurzer Zeit vor Hunger erwacht aufs neue schrie. Diesen Circulus vitiosus durchbrach schließlich der Kinderarzt, der mehr Nahrung verordnete, körperliche.

Leider gab es in der Folge nicht noch einen Arzt, der die genauso schmerzlich entbehrte seelische Nahrung hätte verordnen können – und so wurde ich in spartanischer Strenge erzogen, immer nach der Devise: »Ja nicht verwöhnen!« Später kam noch eine weitere Leitlinie hinzu, die sich an dem orientierte, »was die Leute sagen könnten«.

Da »die Leute« das Spielen auf der Straße hätten mißbilligen können, wurde ich im Hause gehalten, bis zu meinem fünften

Lebensjahr. Da ich bis dahin keinerlei Umgang mit anderen Kindern gehabt hatte, war ich der Konfrontation mit ihnen dann im Kindergarten nicht gewachsen, was nicht etwa zur Folge hatte, daß die Kindergärtnerin sich meiner in besonderem Maße annahm – nein: Es wurde meine Mutter veranlaßt, mich von diesem Ort fernzuhalten. So war ich von neuem allein mit meinen Spielsachen: Die Welt war wieder in Ordnung.
Am Tag der Einschulung zeigte es sich, daß sie es nicht war. Die Schule war die gleiche Katastrophe wie der Kindergarten, nur mit dem Unterschied, daß es hier kein Entrinnen gab. Ein Trauma! Diese Kindermassen! Dieses Klassenzimmer mit den dunklen Schulbänken und deren schwarzen, gußeisernen Verstrebungen! Die Wände in der Farbe von faulem Spinat gestrichen! Daran schwarze, eiserne Kleiderhaken – und für mich viel zu hoch angebracht: Ich war mit Abstand die Kleinste in der Klasse. Ein Ort täglicher Niederlagen. Denn auch hier gab es nicht etwa einen Lehrer, der mein Unglück gesehen und aufgehoben hätte – im Gegenteil: Hier geriet ich zu allem Elend noch in das Räderwerk der Politik. Das Nazi-Regime hatte bereits Fuß gefaßt – aber mein Vater weigerte sich standhaft, Parteimitglied zu werden. Und so hatte der Nazi-Klassenlehrer sein schwarzes Schaf: mich.
Leider wollten oder konnten meine Eltern das nicht erkennen. Meine Kümmernisse, meine Klagen, meine Leiden, die ich anfangs noch zu Hause vorbrachte – wo sonst? – wurden nicht mit Trostworten gelindert, auch nicht mit sonstigen Streicheleinheiten – das wäre vielleicht einer »Verwöhnung« bedrohlich nahe gekommen – vielmehr gab es harsche Zurechtweisungen: »Der Lehrer wird schon recht haben!« oder »Du mußt dich eben mehr anstrengen!« oder ganz kategorisch »Stell dich nicht so zimperlich an!«. Also saß ich die Schulzeit mehr schlecht als recht eben ab – wie eine unverdiente Gefängnisstrafe.
Eltern und Grundschule stellen die Weichen für ein ganzes Menschenleben; sie haben mit jedem Kind frischen Ton in der Hand, der von ihnen geformt wird. Wieso wird für diesen verantwortungsvollen Posten nicht eine elitäre Ausbildung gefordert? Statt dessen ist mein Klassenlehrer in der Grundschule »hängengeblieben«, weil er es zu »mehr« nicht gebracht hat... Vater und Mutter werden kann man gänzlich ohne Ausbildung...
Meine Bettnachbarin hat inzwischen ihr Abendessen zu sich genommen. »Morgen um diese Zeit bekommen Sie auch wie-

der etwas besseres«, tröstet sie mich. »Ja! À la longue komme ich schon nicht zu kurz!«
Auch im Leben nicht. Was mir lange fehlte, war ein Geschwister. Diesem Wunsch hatte ich – entsprechend der Empfehlung meiner Eltern – Nachdruck dadurch verliehen, daß ich Zuckerwürfel auf das Fensterbrett legte – für den Storch. Ein doppelter Schwindel: weder mag der Storch Zuckerwürfel, noch – und was war mit dem Christkind, dem Nikolaus, dem Osterhasen? Ein merkwürdiges Vergnügen machte den Erwachsenen das Spielen mit den Rätseln dieser Welt. Sie bescherten mir eines Tages das ersehnte Schwesterchen. In einem Steckkissen aus hellblauer Seide (das nach der Niederkunft schnell mit einer rosafarbenen Schleife verziert worden war) wurde es mir vorgeführt. Mein Glück, daß es nicht auch noch das männliche Attribut hatte, das so dringend und so sicher erwartet worden war! Es war mir gegenüber das damals einzige Entgegenkommen des Schicksals.
Denn die um zehn Jahre jüngere Schwester durfte alles und bekam alles und hatte alles. Was mir an Entbehrung zugemutet worden war, bekam sie im Überfluß. Ich weiß nicht, ob dies nur die Folge der finanziellen Verbesserung in unserem Hause war oder vielleicht auch des Umstandes, daß meine Mutter bereits vierzig Jahre alt war, als dieses Wunder-Kind noch kam – oder ob einfach ich seinen Lebensweg freigeboxt hatte. Jedenfalls wurden ihr alle Wünsche erfüllt, die mir versagt geblieben waren. Sie bekam die Kleider und besuchte die Schule, die SIE wollte, sie tanzte auf allen Bällen und kam nach Hause, wann SIE wollte, sie bekam sofort mit achtzehn ein Auto – während ich vergebens um eine Vespa gerungen hatte.
Inzwischen sind viele Jahre vergangen. Die »ungleiche Güterverteilung« meiner Kindheit habe ich verschmerzt. Die Nachteile von damals sind mit beglückendem Vorzug austariert: Heute genieße ich die Zuneigung meiner Schwester.

Vorsatz:
mit roter Farbe
auf die große
Betonwand
sprühen:
Jede Kälte
hört einmal
auf! (Hans-Curt Flemming)

Teilstrecke 9
(Die Nacht vor der Operation)

Die Stationsschwester wünscht uns eine angenehme Nacht. Meine letzte Nacht vor dem Eingriff – vor dem Angriff.
DANKBARKEIT: Ich liege nicht auf einer Intensivstation – und auch morgen werde ich kaum dort hingebracht werden müssen – ich liege in einem guten, sauberen Bett, in der Obhut von Menschen, mit denen ich mich verständigen kann, zu denen ich Vertrauen habe, die mir wohlgesonnen sind. Ich liege nicht in einem Lazarett an der Front und nicht in der Fremde. – DANKBARKEIT. Es tut mir gar nichts weh. Jetzt. Ab und zu spüre ich die alten Narben, aber das sehe ich positiv, da finden Nerven wieder zueinander, die das Messer durchgeschnitten hat. Da ist dieser ungeheuren Kraft des Lebens einmal mehr geglückt, zu flicken, was zertrennt worden war; lebendiges Gefühl besiegt die totale Taubheit. Das erfüllt mich mit DANKBARKEIT. Ohne fremde Hilfe stehe ich nochmal auf – mühelos –, begebe mich in die Intimität der »Naßzelle« und schließe die Tür hinter mir: DANKBARKEIT. Jeder Handgriff, jede Bewegung – heute schmerzlos – erfüllt mich mit DANKBARKEIT.
Schließlich schwinge ich mich wieder auf das hohe Krankenbett und räkle mich – drehe mich rechts herum – linksherum – wunderbar: Das Jetzt ist wichtig. Nur das Jetzt!
An den Schmerz von morgen will ich jetzt nicht denken – einmal ganz abgesehen davon, daß man doch nie im voraus genau weiß, ob und in welcher Form er zuschlagen wird, vielleicht gar nicht. Dann hat man in der Phantasie umsonst gelitten, oder er kommt tatsächlich, dann wird er durch das Vornewegleiden auch nicht gemildert. Im Gegenteil: Ich kann mein Morgen eher positiv beeinflussen, wenn ich jetzt den Nicht-Schmerz bewußt erlebe. Das Bekenntnis zum Augenblick ist eine kleine List, die mich auf ein Ja einstimmt. Das Ja löst die Verkrampfung und verwandelt sie in eine »Laisser-faire-Haltung«.
So habe ich auch mein Kind geboren: ich habe die Wehen über

mich wegrollen, den Schöpfungsakt an mir vollziehen lassen – es geschah ganz von allein. Ich habe nur Ja gesagt, Ja gedacht, Ja gelebt. Dieses Ja machte mich ganz weich und widerstandslos – und so fand der Schmerz keine Angriffsfläche. Wäre Nein in mir gewesen, hätte ich mich gegen die Arbeit der Natur gestemmt, wäre der Schmerz auf mich losgegangen. Denn er gedeiht im Widerstand und verliert sich im Nicht-Widerstand. Es gibt ihn überhaupt nicht als konkrete Größe: Er existiert immer nur in einem funktionalen Zusammenhang mit der Lebenseinstellung des Betroffenen. Ist sie negativ, wird der Schmerz als unerträglich empfunden; ist sie positiv, wird er erträglich. Als ich in den Wehen lag, wußte ich, daß am Ende etwas dabei herauskommt, und ich freute mich darauf. Kommt denn aber nicht immer etwas dabei heraus, wenn wir Schmerzen haben? Zum mindesten doch eine Erweiterung des Erfahrungs- und Bewußtseinshorizonts. *»Dein Schmerz«*, sagt Kahlil Gibran, *»ist das Zerbrechen der Hülle, die dein Verständnis umschlossen hat.«*

Zu dem Schmerz von damals habe ich ja gesagt. Es war das Ja zum Leben. Wenn ich aber ja zum Leben sage, muß ich auch ja sagen zur Unbeständigkeit, zum Wechsel von Sonne UND Regen, Freude UND Leid, Nicht-Schmerz UND Schmerz. Das ist das Geheimnis glücklicher Menschen, daß sie ja zu sagen verstehen. Dieses Ja gibt die Kraft zum Leben und zum Sterben – weil es das Ja ist, das den Widerstand auflöst, das biegsam macht wie Schilfgras, über das der Sturm hinwegfegt, ohne es abbrechen zu können.

Ich will ja sagen.

Mit dem Gehirn sage ich ja. Ich will, daß das Ja auch nach innen geht. Selbstsuggestion: ICH SAGE JA.

Wie im Autogenen Training: Ich bin ganz ruhig.

Ruhe ist gut vor dem Eingriff –

Ruhe ist gut vor dem Angriff auf meinen Körper.

Ich bin ganz ruhig –

Ich – bin – ganz – ruhig –

Ich – – bin – – ganz – – ruhig – –

Gib mir die Gelassenheit,
Dinge hinzunehmen,
die ich nicht ändern kann.
Gib mir den Mut und die Kraft,
Dinge zu ändern,
die ich ändern kann.

Gib mir die Weisheit,
das eine vom anderen zu unterscheiden.

(Altes Pilgergebet)

Teilstrecke 10
(Die Eeewigkeit vor dem Angriff)

6.07 Uhr
Fiebermessen. »Alles okay«, sagt die Nachtschwester.

6.30 Uhr
Schichtwechsel. Die Tagesschwester vom Dienst stürmt die Zimmer und ruft ein fröhliches »Guten Morgen!« in die Betten. Eine junge Koreanerin kommt zu mir und rasiert die Achselhöhlen aus. Dann wird mir das Büßerhemd der Anstalt ausgehändigt, und ich werde zum Duschen abkommandiert. Brav gehe ich.
Ein paar Ameisen habe ich im Bauch. Nur ein paar. Die lassen sich von dem warmen Wasserstrahl nochmal vertreiben: Ein schönes Gefühl, wenn die unzähligen Sensoren, die über die Haut verteilt sind, das nasse Streicheln an die Meldezentrale weitergeben. Ein Punkt für meine Sammlung »Glückliche Aspekte des Daseins«. Einer? Eigentlich ist das nicht einzusehen. Einer für jeden Teil meines Körpers! Noch zu wenig: Einer für jeden Quadratzentimeter meiner Haut! Warum nicht einer für jedes einzelne Nervenende in jedem Quadratzentimeter Haut? Jetzt ist mir doch nochmal der Sprung in das Euphorie-Becken gelungen: Was ist das doch für ein herrlich ausgerüstetes Gefäß, in dem wir stecken! Von der Haarwurzel bis zu den Zehenspitzen ist unser Körper übersäht mit »Pick-ups«, die uns ein zärtliches Glücksgefühl übermitteln können, wenn eine liebende Hand sie berührt. Diese über die Haut verstreuten Druckaufnehmer sind nicht etwa Teil einer Sonderausstattung, sondern wurden serienmäßig mitgeliefert – zum gefälligen Gebrauch. Machen wir aber genug Gebrauch von dieser hochkompliziert funktionierenden, hochsensiblen Anlage? Viel zu wenig. Viel zu wenig sind wir uns bewußt, daß wir da mit einer permanent fließenden Quelle höchsten Wohlbefindens ausgerüstet sind. Und weinen müßte man ob der Tatsache, daß wir sie im Lauf der Jahre achtlos versiegen lassen. In meinem Poesiealbum steht:

Warum denn in die Ferne schweifen?
Sieh, das Gute liegt so nah:
Lerne nur das Glück ergreifen,
denn das Glück ist immer da!

Es gibt nichts, was uns näher wäre als die eigene Haut – und in ihr steckt so viel potentielles Glück: Man muß es nur ergreifen. Jawohl!

Ich drehe den Wasserhahn ab. Schluß mit der sanften Berieselung! OP-Hemd an! Ein bretthart gestärktes, aseptisch schneeweißes, porentief gereinigtes Kleidungsstück. Es fällt nicht von allein auseinander, ich muß es auseinanderziehen. Störrisch steht die Gespensterkostümierung dann um meinen Körper herum – und so trete ich auf, wie Charlie Rivel in die Zirkusmanege. Mein Publikum besteht aus meiner Zimmermitbewohnerin, der Stationsschwester, der koreanischen Schwesternschülerin, und in diesem Augenblick kommt gerade eine Narkoseassistentin herein – und alle müssen laut lachen: Mein OP-Hemd schleift auf dem Boden, die Ärmel sind zwanzig Zentimeter zu lang, und das Ganze ist so weit, daß ich gut zweimal hineinpassen würde. Also ein Anblick, der Heiterkeit auslöst, weil die Situation *in zwei sich gegenseitig ausschließenden Assoziationsrahmen* wahrgenommen wird. So vollzieht sich *eine abrupte Verlagerung des Bewußtseinsstroms in ein anderes Bett, das von einer anderen Logik oder »Spielregel« beherrscht wird. Dieser intellektuelle Sprung täuscht unsere Erwartungen; die Emotionen, die jene Erwartungen geweckt haben, sind plötzlich überflüssig und werden auf dem Weg des geringsten Widerstandes mit Lachen freigesetzt.*

Ein Vorgang, den uns Arthur Koestler erklärt in seinem Buch ›Der Mensch – Irrläufer der Evolution‹. Das OP-Hemd, eben noch Symbol für Lebensgefahr, ist – simsalabim! – Gegenstand der Travestie geworden, ein harmloser Spaß. Und ich selbst, eben noch eine zu bedauernde Krebspatientin, bin in dem großen Erwachsenen-Hemd – simsalabim! – zum kleinen komischen Fratz geschrumpft. Was für ein Ergötzen, wenn die aufgestauten, uneingestandenen Ängste eine unvermittelt geöffnete Schleuse finden und sich in lauten Kaskaden entladen können!

Aristoteles und Cicero meinten, Lachen sei eng mit Erniedrigung verbunden. In Hobbes' ›Leviathan‹ finden wir: *Die Leidenschaft des Lachens ist ein plötzliches Hochgefühl, das ent-*

steht, wenn wir unverhofft in uns selbst eine Überlegenheit gegenüber der Schwäche eines anderen oder einer eigenen früheren Schwäche entdecken. Und Sigmund Freud hält alles das für belustigend, was sich nicht schickt für den Erwachsenen, ist sich aber nicht ganz sicher, *ob alle Komik im Grunde auf einer Herabsetzung zum Kinde beruht.*

Jedenfalls erlebe ich fröhlich diese »Herabsetzung zum Kinde« und genieße die unerwartete Heiterkeit. Jetzt wird mir ein sogenanntes »kleines« Hemd angelegt, als gälte es, eine Braut für ihren großen Tag zu kleiden: Das Hemd ist immer noch zu groß, und jede Schwester krempelt einen Ärmel hoch. Amüsiert und befriedigt betrachten sie schließlich ihr Werk: »Na, aber so kann's gehn!« Und dann ist das lustige Intermezzo schlagartig zu Ende. Mit dem der Station angemessenen Ernst überreicht mir die Narkoseassistentin ein Formular: »Das habe ich gestern vergessen. Sie müssen es noch unterschreiben. Ich komme gleich wieder und hole es ab.« Noch'n Formular!:

...natürlich können im Zusammenhang mit einer Allgemeinnarkose gelegentlich Nebenwirkungen auftreten, wie Übelkeit oder Halsschmerzen, und auch moderne Betäubungsverfahren sind nicht ganz ohne Risiko.

Ungemein beruhigend, das zu wissen. Und obgleich ich ein derartiges Formular schon mehrmals unterschrieben habe, wirken die Worte jetzt, so unmittelbar vor der Operation, wie ein Schuß vor den Bug. Erschrecken! Plötzlich macht sich der Feind bemerkbar. Er schießt! Es geht um Leben oder Tod – Krieg – Alarm – nicht ohne RISIKO war das Einschlafen im Krieg! Ich mußte immer halb angezogen bleiben, um schnell genug fertig zu werden, wenn die Sirenen in der Nacht aufheulten. Nicht ohne RISIKO waren jene Nächte. Meine Mutter riß mein Schwesterchen an sich und eine immer bereitstehende große Tasche, ich einen kleinen Wertkoffer, und alles hastete in den Keller. Jeder hatte dort seinen festen Platz – und jeder seine Art, die Angst im Genick zu besänftigen, das Schicksal zu beeinflussen, die Bomben über Psychokinese schon in der Luft und nicht erst auf unserem Dach explodieren zu lassen oder sie kraft herbeigerufener außerirdischer Energie auf das Nachbarhaus zu lenken. Der Herrgott muß damals völlig verwirrt worden sein bei so vielen Gebeten, die sich alle überkreuzten: Jeder bat ihn doch, das eigene Haus, das eigene Leben, die Eigenen zu verschonen – hier war selbst der Allermächtigste an die Grenzen seiner Möglichkeiten gebracht –, und man konnte es ihm nicht verübeln, daß er sich da lieber ganz heraushielt. Ich fand das logisch. Wir beteten in der Kirche, daß UNSERE Soldaten überleben und siegen mögen – und die Feinde beteten genauso für ihre Soldaten. Gab es im feindlichen Lager nicht auch sehr fromme und sehr gute Menschen? Wie sollte da unser Vater im Himmel zu einer Entscheidung finden? Er mußte überfordert sein, fand ich – und wurde vom Bannfluch getroffen: Meine Mutter, aber auch die Tanten und Onkel hätten mich bestimmt gern auf dem Scheiterhaufen geopfert, um nur ja dem sicheren Zorn des »Herrn im Himmel« zu entgehen, der, erbost ob derlei Ketzerei, alle Qualen der Hölle auf mich, bliebe ich aber ungestraft, ganz sicher auf die Sippe herniedergehen lassen würde. Ich wurde also bestraft. Dennoch konnte es kaum anders als meine Schuld sein, daß mein Onkel sein Haus verlor und mit seinen sechs Kindern zu uns kam. Und auch meine Tante, die hilflos zusehen mußte, wie ein gemeiner Dieb das Durcheinander ihres brennenden Hauses wahrnahm, um mit ihrem tragbaren Tresor zu entkommen, meinte ebenfalls, daß diese Dinge nur passieren, wenn man »den Herrn erzürnt hat«. Ich hatte mit meinen Zweifeln »den Herrn erzürnt«. Dunkel und unausgesprochen haftete an mir die Schuld daran, daß das Leben in der Großstadt immer bedrohlicher wurde und wir eines Tages alle auf den Bauernhof meiner Großeltern zogen, wo nun in jeder Kammer drei bis fünf Menschen lebten, für die es ein einziges Plumpsklo gab; daß der Stoßtrupp der Besatzungsmächte alle Hühner und die beiden Kälbchen mitnahm; daß die Frauen »bedroht« wurden und ich mich versteckt halten mußte; daß wir nun eine Zeit des Hungers erlebten. Ganz im Stillen hielt ich es auch für denkbar, daß »der Herr« mich strafen wollte, indem er mich allein meiner strengen Mutter ausgeliefert hatte. Still betete ich und bat um die baldige Wiedervereinigung mit meinem Vater, der, je länger er von uns getrennt war, desto üppiger mit allen nur erdenklichen idealen Eigenschaften geschmückt wurde – wie ein prächtiger Christbaum. Ich versprach »dem Herrn« Pilgerreisen und anderes, wenn er nur die Tochter wieder zu ihrem so heiß und immer heißer geliebten Vater bringen würde. Und fast wäre ich zur glückseligen Christin geworden, als dieser brennende Wunsch in Erfülllung ging: Ich fiel meinem Vater um den Hals, umarmte ihn wild und stürmisch – so stürmisch, daß seine Brille dabei zerbrach. Die Brille wurde erneuert – aber auch mit der neuen

Brille konnte er meine Probleme, meine Ängste, meine Not nicht sehen. Und als ich das schließlich begriffen hatte, begann ich, ohne den irdischen Vater zurechtzukommen und auch ohne den himmlischen. Seither geht es mir kaum schlechter – eher besser.

Aber Sie dürfen gewiß sein, daß Sie von erfahrenen Ärzten und Schwestern betreut werden, die stets um Ihre größtmögliche Sicherheit bemüht sind.

Eben. Es kann mir (fast) gar nichts passieren.

ERKLÄRUNG: *Ich erkläre mich mit der Betäubung einverstanden, die der Anästhesist bei meinem Allgemeinzustand für den Eingriff als erforderlich ansieht.*

DATUM...... UNTERSCHRIFT......

Ich male ein – sagen wir – achtundneunzigprozentiges »A. Sandkorn« auf das Blatt und überreiche es der soeben wieder hereinkommenden Narkoseassistentin.

7.23 Uhr.

Inzwischen wurde das Bett gemacht; ein Extratuch über das obere Drittel der Matratze gespannt, die Brechschale aus Pappmaché daruntergeklemmt; das Kopfkissen entfernt. Ich liege unbequem. Neue Ameisenattacke im Bauchraum.

Frau Walter bekommt ihr Frühstück: Brötchen, Butter, Käse, Ei, Marmelade. Der Kaffeeduft streift meine Nase. »Sie wissen ja, Frau Sandkorn, nichts essen, nichts trinken!« mahnt die Schwester, wirft einen prüfenden Blick auf mich herunter. »Kein Make-up, keinen Nagellack, keinen Ring. Nun, Sie wissen ja Bescheid.!«

Ja, ich weiß Bescheid. Jede Art von Gehorsamsverweigerung ist ausgeschlossen. Das kenne ich. Und wie war das damals? Gehorsam machte ich Abitur. Dann wollte ich Pianistin werden. Aber den »Beruf im Rampenlicht« hielten meine Eltern für unschicklich und bestimmten, daß ich Sprachen lernte. Gehorsam plagte ich mich – mäßig talentiert – durch die Dolmetscherschule. Dort begegnete ich einem Italiener, der mich heiraten wollte – aber nicht durfte, weil er katholisch und nicht deutsch war – was ich gehorsam ausrichtete. (Meine Schwester ist glücklich verheiratet mit einem katholischen Italiener.) Noch lieber wäre ich die Frau eines indischen Jurastudenten geworden. Natürlich unmöglich. Aber der Sohn aus dem Freundeskreis meiner Eltern war ihnen willkommen – und obgleich ich ihn weniger mochte als die anderen, heiratete ich ihn

– gehorsam. Wer glaubt das heute noch? Mir selbst macht es Mühe, aber die Unmöglichkeit der Gehorsamsverweigerung ging so weit, daß ich auch das Hochzeitskleid trug, das meine Mutter für mich bestimmt hatte, daß ich Kirche, Pfarrer, Brautstrauß, Friseur akzeptierte: Alles war stets »gut gemeint« – und eine offene Rebellion daher gänzlich undenkbar. Sie fand heimlich statt, im Inneren – und brauchte noch viele Jahre, ehe sie sich herauswagte.
Denn die zaghaften Ansätze der Auflehnung wurden von einer ganz neuartigen Zuwendungsflut erfaßt und immer wieder zurückgeworfen. Was meine Eltern zu dieser »Kursänderung« bewegt hatte, weiß ich nicht. Vielleicht der Versuch, mir »Gerechtigkeit« widerfahren zu lassen, damit ich nicht würde sagen können, meine Schwester sei in allem bevorzugt worden. Vielleicht aber hatten die Geschenke eine ganz unbewußte Funktion: äußere Zuwendung als Ersatz für innere. Es hatte ja meine seelische Betreuung fast nur darin bestanden, mich und meine Kümmernisse in die Hände »unseres Herrn« zu legen, den ich »fürchten UND lieben« sollte. Das verstand und verstehe ich nicht: Wen ich fürchte, kann ich nicht lieben, und wen ich liebe, fürchte ich nicht. Gerade darin liegt ja das Glück der Liebe, daß das Vertrauen eben nicht mit Furcht vermischt ist. Ich jedenfalls konnte den Eindruck nicht loswerden, daß man eine Macht, die soviel Elend und Leid über diese, ihre Erde kommen läßt, eher fürchten muß. Wie sehr sie zu fürchten war, konnte ich auch leicht daran ermessen, daß ich täglich morgens und abends neu um ihre besondere Gunst zu betteln aufgefordert wurde: »Hast du auch gebetet?«, wurde mir auf den Schulweg mitgegeben. Ich hatte! Auf den Knien hatte ich vor meinem Bett gelegen und sie so inständig angefleht, doch diesmal bei der Mathematikarbeit bitte helfen zu wollen! Und ich ging – der exterrestrischen Hilfestellung sicher. Daß auch diese Arbeit eine fünf wurde, konnte zwei Gründe haben: Entweder war ich bei »dem Herrn« in Mißgunst gefallen (erneute? endgültige?), oder seine Mathematikkenntnisse waren auch nicht so toll. Die schlechte Zensur wurde bestraft. Ganz zaghaft versuchte ich einmal, meine Strafe an »den Herrn« zu delegieren, der es ja nicht fertiggebracht hatte, ein paar richtige Treffer für meine Rechenaufgaben zu soufflieren. Daß aber diese Überlegung meine Straffälligkeit nicht minderte, hätte ich mir denken können. So hörte ich allmählich auf, mich um Hilfe aus der Stratosphäre zu bemühen. Mit einem neuen Mathematiklehrer rückte

meine Benotung in einen Bereich, den meine Mutter tolerieren konnte. Die Strafen blieben aus – aber auch das Lob, denn nun bekam »der Herr« die Lobpreisung dafür, daß »er mir den Verstand geschenkt hatte«. Den Tadel hatte ich kassiert – das Erfolgserlebnis er. So bekam jeder etwas.
Das blieb auch so, als ich nicht mehr das kleine Schulkind war, sondern ein hübscher Teenager mit großen schwarzen Augen und von zierlicher Gestalt, für die ich zugegebenermaßen nichts konnte. Hatte ich ein Examen bestanden, so nicht deshalb, weil ich fleißig genug gelernt hatte, sondern deshalb, weil der Prüfer es nicht fertiggebracht hatte, einer schön anzusehenden jungen Frau eine häßlich anzusehende Note zu geben.
Vielleicht – oder sicher – hatte mein Vater sein Wohlgefallen an meiner äußeren Erscheinung – und vielleicht kam von daher die seltsame Kursänderung zustande, denn »zu einer schönen Frau gehört schöner Schmuck«. Verwundert nahm ich an, was ich geschenkt bekam: Waren das nun Symbole der Liebe?
Vielleicht war die materielle Zuwendung eine präzis kalkulierte Altersversicherung: Prämien zahlen, um später versorgt zu sein. Eine Zuwendung, die mich unter Druck setzen sollte. Sie erzeugte das Unbehagen des Schwächeren, Kleineren, der gezwungen ist, anzunehmen vom Größeren, Stärkeren. Vielleicht brauchte mein Vater den Juwelier, um die eigene Macht vorzeigen oder auch nur selbst sehen zu können? Geld ist Macht. In den goldenen Halsketten ist die Macht jenes Mannes aufbewahrt, der mich in diese Welt gezwungen hat. Sollte seine Macht über den Tod hinaus leben? Macht. Macht-Verlangen. Hat auch mein Mann ein solches Macht-Verlangen? Einen unseligen Drang, eigene Macht zu erleben, um eigene, zwar verjährte, aber im Unterbewußtsein lebendig gebliebene Ohnmacht zu kompensieren? Mein Mann unterschrieb seine Briefe an die Eltern mit »Euer mißratener Sohn«. Und die Eltern haben nie etwas dagegen unternommen. Ich, seine Frau, habe ihm schließlich diese Selbstverstümmelung verboten. Ein Mann, der sich gedrängt fühlte, sich so zu erniedrigen, mußte sich elend vorkommen an der Seite einer großen und starken Frau. Wahrscheinlich habe ich das schon »gewußt«, bevor ich mir Gedanken darüber zu machen begonnen hatte – und so unterschrieb ich meine Briefe an ihn mit »Deine winzig kleine Frau« – zwar in Anspielung an meine geringe Körpergröße, aber ich glaube heute, daß es das allein nicht war. Vielmehr war darin die Beruhigung enthalten: »Schau her, ich bin klein und

schwach, und du bist groß und stark.« Aber warum durften und konnten wir nicht beide gleich groß und stark sein? Gleichberechtigte Partner? Immer fielen wir in das hierarchische Beziehungsmuster hinein, das wir zu Anfang unserer Existenz angetroffen haben. Horst E. Richter schreibt dazu in seinem Buch ›Gotteskomplex‹:

Es besteht eine fast zwanghafte Anfälligkeit dafür, sich das Zusammenleben miteinander primär als eine offene oder versteckte einseitige Abhängigkeit vorzustellen. Eine Seite ist immer die kindliche und schwache, die andere die erwachsene und dominante, und ist diese Struktur nicht klar erkennbar, dann ist man unter Umständen sogar unbewußt genötigt, sie durch provokative Manöver hervorzulocken. Es regen sich Gefühle des Mißtrauens, die stets zuwege bringen können, das Machtproblem zu produzieren, das man vermeiden zu wollen sich einredet.

Genau so ist es. Mißtrauen. Damit fing es an. Mißtrauen, wenn ich schrieb. Wenn ich das Haus verließ. Mißtrauen schließlich im Zusammenhang mit der Vaterschaft unseres Sohnes! Und das, obgleich die Zeugung dieses Kindes im Urlaub erfolgt war, wo wir vier Wochen lang Tag und Nacht nie voneinander getrennt waren! Konkret war also jegliches Mißtrauen absurd. Aber es mußte die Motivation ja geben! Lag sie gar nicht in mir, sondern in meinem Mann? Durfte da etwas in ihm nicht zulassen, daß er diese Frau geschwängert hatte? Weil diese Frau auf einer unbewußten, tiefen Ebene gar nicht seine Frau war, sondern seine – Mutter? Die Mutter, mit der man »das« doch nicht durfte? Auf jeden Fall war dieses Kind nicht »sein Kind«: Er wich ihm aus – er floh – erst in die Arbeit – dann zu den Eltern – und dann kam die UNHEILBAREKRANKHEIT.

Es vergingen Jahre –
lange Jahre –
langsam kriechende Jahre –
mit wachsendem Unbehagen –
langsam wachsendem Unbehagen –
allmählich bewußtwerdendem Unbehagen –
bis ich endlich begriff, daß etwas »falsch« war
unter dieser Decke materiellen Wohlstandes
und andauernder Krankheit
in unserer Ehe –
es dauerte lang, bis ich merkte,
daß die zunächst vereinzelten Ameisen in meinem Bauch
sich vermehrten –

ich wußte lange nicht,
wie sie eigentlich in meinen Bauch gelangt waren –
und lange nahm ich es auch gar nicht zur Kenntnis,
daß sie mich plagten –
mehr und mehr plagten –

WIE JETZT!

8.50 Uhr
Seit knapp zwei Stunden liege ich nun abrufbereit in meinem Bett! Vor fast drei Stunden bin ich geweckt worden, als würde ich gleich drankommen. Nichts passiert! Niemand kommt! Ich warte. Es gibt einen OP-Stundenplan – und wenn ich dort erst um neun eingetragen bin, weshalb muß ich dann um sechs geweckt werden?

Oder stehe ich vielleicht um acht auf dem Plan, aber bei der vorausgegangenen Operation ist etwas schiefgelaufen? RISIKO! Das weiß ich ja! »Moderne Betäubungsverfahren sind nicht ganz ohne RISIKO«! Haben die »erfahrenen Ärzte« eine Panne gehabt? Waren sie mal irgendwie abgelenkt? Und somit nicht um die »größtmögliche Sicherheit« des Patienten bemüht? Oder hatte der Anästhesist den »Allgemeinzustand« meines Vorgängers doch nicht ganz richtig eingeschätzt – aber dieser hat ja unterschrieben, daß er einverstanden ist – was immer auch geschieht – er kann es nicht rückgängig machen – RISIKO! Ja, das ist das RISIKO! Nicht so sehr das RISIKO des Anästhesisten – der ist ja durch die Unterschrift des Patienten abgesichert – nein, es ist das RISIKO des Patienten – der zwar sein Einverständnis gegeben hatte – wie sollte er denn anders? Und selbst wenn er die (seltene) Möglichkeit gehabt hat, unter verschiedenen Chirurgen einen auszusuchen, kann er deren Zeugnisse einsehen? Ihren Ausbildungsweg überprüfen? Und selbst wenn sogar das möglich gewesen war, nun der »beste Mann« erwählt ist, wie kann man sicherstellen, daß er in genau dem Moment, wo er zum Skalpell greift, unfehlbar ist? Absolut konzentriert? Nicht vielleicht an Konflikte in der eigenen Ehe denkt. Oder sind die Ehen der »besten Männer« immer konfliktlos? Sicherlich. Sicherlich nicht! Wie kann der Patient einen Ehekrach beim Chirurgen am Abend vor seiner Operation vermeiden helfen? Gar nicht. Vielleicht hat der Professor gestern abend erfahren, daß seine Frau seine ständige Abwesenheit nicht mehr ertragen mochte und Trost in einem anderen Bett gesucht und gefunden hat. Katastrophe! Whisky! Oder umgekehrt: Vielleicht hat der Professor gestern abend seiner Frau gestanden, daß er die Entspannung bei einer anspruchsloseren Frau gebraucht hat. Katastrophe! Whisky! »Anspruchslos«, das enthält das Kompliment an die Ehefrau, daß sie »anspruchsvoll« sei, und den Vorwurf, daß sie »anspruchsvoll« sei. Was also sollte sie denn nun sein? Sie wollte ja gar keine »anstrengende« Frau sein, nur eben eine mit Geist, mit Persönlichkeit – eine Frau, mit der sich ihr Mann würde »sehen lassen« können, so dachte sie. Und jetzt wird sie als zu anstrengend zurückgewiesen – und er sucht Entspannung bei einer weniger »anspruchsvollen« Frau... Tränen hier – Schuldgefühle dort – Konfliktexplosion – Granatsplitter – Verwundungen –. Wie kann ein Patient dafür sorgen, daß sein Chirurg am Abend bevor er den Eingriff an seinem besorgten Kranken vornimmt, nicht selbst in eine Situation gerät, die seine Konzentrationsfähigkeit am nächsten Morgen behindert? Gar nicht! RISIKO! RISIKO!! RISIKO!!!

8.59 Uhr
Hexensabbat der Ameisen in meinem Bauch!
Ist das Angst oder Hunger? Hunger wäre jetzt immerhin legitim. Und Durst. Wahnsinniger Durst! In Schüben wird es mir heiß: Hitzewallungen. Klimakterium. Krebs nach oder im Klimakterium ist weniger aggressiv, weil die Zellteilung dann langsamer vor sich geht als in jungen Jahren – sagte man mir. Was für ein Glück ich habe! Und Durst! Schrecklichen Durst!

9.02 Uhr
Ich stehe nochmal auf und gehe nochmal ins Bad und reibe mich nochmal mit Feuchtigkeitslotion ein. Am Waschbecken lasse ich mich um ein Haar von dem fließenden Wasser verführen: »Frau Sandkorn – nichts trinken!« Zurück in mein Bett.

9.07 Uhr
»Diese Warterei ist schrecklich, nicht?« kommt die mitfühlende Stimme aus dem Nachbarbett, »da kann man ja auch kein Buch in Ruhe lesen. Möchten Sie vielleicht in meinen Zeitungen blättern?« »Das ist wirklich lieb von Ihnen«, sage ich und meine es auch.

9.10 Uhr
Zerstreut fahriges Blättern in dem bedruckten Papier. Reklame – Artikelchen – Bilder – Reklame – Reklame – dann eine Überschrift:

SELBSTMORDMOTIV:
MANGELNDE ZUWENDUNG
... Namhafte Wissenschaftler machen die seelische Isolation für die steigende Zahl der Selbstmorde verantwortlich. Sie registrieren in vielen Familien eine sogenannte Sprachlosigkeit, innere Kontaktlosigkeit, die zu innerer Isolierung führt, zum sozialen Tod, der viel zu oft in den Freitod drängt... Innere Kontaktlosigkeit – Sprachlosigkeit – ja – so ist es zu dieser entsetzlichen inneren Isolierung gekommen in unserer Ehe – sie hat den Keil zwischen uns getrieben – den Konfliktstoff gehärtet – bis Krebs daraus wurde – mein Krebs –

9.23 Uhr
Ich habe das Gefühl, die Zeit wälzt sich immer zähflüssiger und immer träger von der Stelle fort. Mühsam erhalte ich mir ein Quantum Interesse an der Lektüre, bis ich EHE lese: Auf die Frage, warum es so wenig Glück in der Ehe gibt, kommt der Vorschlag, verschiedene Menschen zu beobachten, die sich nicht kennen. Und wie verhalten sie sich? Dem Fremden gegenüber freundlich und zuvorkommend. Aber den Ehegatten gegenüber erweisen sie nicht *die allergeringsten Achtsamkeiten, die wir von jedem gesitteten Menschen mit Recht verlangen und erwarten. Oft scheint es, als wenn wir geflissentlich alle unsere Schwachheiten und Torheiten vor der Person zur Schau stellen, von der wir verlangen, daß sie uns unter allen am meisten lieben soll. Wie kann eine Liebe fortdauern, deren Grundsätze »Hochachtung« und »gegenseitige Wertschätzung« man niederreißt, von der man ohne Ursache glaubt, das Feuer werde sich von selbst erhalten, nachdem man es einmal angezündet hat? (C. G. Horstig – 1792).* Ist es ein Trost, daß es also 1792 schon so war, wie es heute ist? Und daß Erich Fromm ein Buch über ›Die Kunst des Liebens‹ geschrieben hat, in dem man erfährt, daß es kaum etwas gibt, *das mit derart ungeheuren Hoffnungen und Erwartungen begonnen wird und mit derart großer Regelmäßigkeit fehlschlägt,* wie es die zwischenmenschliche Vereinigung tut? Aber wenn es so ist, warum gibt es denn dann nicht eine »Schule des Liebens«? Es gibt Fahrschulen für den Straßenverkehr – warum nicht auch für den zwischenmenschlichen Verkehr? Ich möchte eine solche Schule ins Leben rufen! Gleich jetzt!

Jetzt, so stelle ich mit einem tiefen Seufzer fest, ist es

9.26 Uhr

Ob die mich vergessen haben? Wahrscheinlich doch nicht. In der Chirurgie beginnt der Tag mit den größeren Operationen. Das bei mir heute ist ein kleinerer Eingriff: Präparieren der Hauttasche und Einsetzen eines Inlets. Brustimitation. Ist das eigentlich »notwendig«? Für mein Selbstwertgefühl? Ich glaube nicht. Mein Gefühl für Ästhetik allerdings wird durch die Narben auf der flach über den Rippen liegenden Haut ziemlich beleidigt. Und der Plastikkegel im Büstenhalter ist auch keine Augenweide. Vielleicht könnte ich selbst das ja ertragen – mein Ehepartner aber –. Da fällt mein Blick auf eine Schlagzeile:

KUMMER MACHT KRANK

...Der »Kummer-Effekt« führe vielmals zu unmittelbar schädigenden Veränderungen in den »hormonellen und nervösen Prozessen«, zu psychischem Fehlverhalten, erhöhter Unfallgefährdung und schließlich verstärkten Krankheitsrisiken. Die bei Witwen und Witwern häufigeren Todesfälle durch Krebs hätten die Psychologen vom Marburger Forschungsteam auf »tödliche Wirkung der Hoffnungslosigkeit« zurückgeführt...

So viele Spuren gibt es, die zu diesem unheimlichen Wüstling führen, der immer noch auf freiem Fuß ist, sein Unwesen treibt, die Zahl der Opfer vergrößert. Was für ein weltweites Aufatmen wird es geben an dem Tag, an dem irgendwo der Ausruf ertönt: »Heureka – wir haben ihn entdeckt, den Krebsmechanismus!«

9.50 Uhr

Endlich! Die Stationsschwester kommt mit der Spritze: Prämedikation. Valium gegen die Ameisen im Bauch –

Die hatten sich zwar durch die Lektüre ein wenig zurückschlagen lassen – aber scheinbar nur, um sich im Hintergrund besser formieren und jetzt gezielter angreifen zu können: Ameiseninvasion! Landung der Ameisen an allen Fronten! Verzweifelte Abwehr! Kämpfe! Niederlagen! Verteidigung! Verstärkter Angriff! Wilde Schlacht im Bereich des Herzens! Belagerung der Atemwege durch Ameisen! Feindlicher Überfall in allen Adern!

10.19 Uhr

Standortwechsel. Mein Bett wird in den Lift geschoben. Es geht abwärts in den OP-Trakt. Dort, vor der Tür, Abschiedsworte: »Frau Sandkorn, alles Gute, wenn sie wieder aufwachen, bin ich da.« Langsam öffnet sich die elektrische Pforte zur Unterwelt. Jemand zieht das Bett am Kopfende herein. Lautlos schließt sich der Fluchtweg. Ich bin gefangen. Vor mir zu. Hinter mir zu. Eine Falle!

Stalingradschlinge. Hier in dieser Schleusenkammer war ich auch, als ich das erste Mal krebsoperiert wurde – geschüttelt von Angst und Unsicherheit – mutterseelenallein. Da kam die Knef und sagte: »Was ich konnte, das kannst du auch!« Mag ihr ›Urteil‹ gut oder schlecht sein, mir hat es geholfen. Danke, Hildegard. Dennoch zerfetzte mich das Gefühl machtlosen Ausgeliefertseins an eine unpersönliche Roboterwelt. Vier Wochen zuvor war ich in einer anderen Klinik auf den OP-Tisch geschnallt und festgezurrt worden, »damit alles fertig ist, wenn der Herr Professor kommt«. Der kam aber nicht. Je länger ich so lag – nackt und an allen vier Extremitäten auf das schmale OP-Bett fixiert –, desto lebendiger erfaßte mich die Erinnerung an Phöbus; überfiel mich der Gedanke an jenen kleinen Hund, den Malaparte in einer Veterinärklinik wiederfindet, in jenem sauberen, hellen Raum mit den »celloförmigen Wiegen«, in denen Vierbeiner auf dem Rücken liegend festgezurrt waren. Man hatte ihnen zu Experimentierzwecken die Bäuche aufgeschnitten, Phöbus unter ihnen. Holzschrauben an den »Cello-Wiegen« waren mit feinen Drähten umwickelt, die durch die Hautränder gefädelt waren und diese auseinanderhielten, damit man das freigelegte Herz schlagen sehen konnte, damit man das einem Schlangenknäuel ähnelnde Gewirr der Därme sehen, zusehen konnte, wie es sich langsam bewegte. Die so in ihren »Wiegen« liegenden Tiere lebten, gaben aber keinen Laut von sich – denn man hatte ihnen die Stimmbänder durchschnitten. Je länger der Professor auf sich warten ließ, desto peinvoller rückten mir diese Assoziationen zu Leibe, »realisierten« sich an und in mir: Tränen liefen mir über das Gesicht, die ich nicht abwischen konnte – ein plötzlicher Schmerz stellte sich im straffgespannten Knie ein, und ich konnte es nicht beugen – es juckte, und ich konnte nicht kratzen – und irgendwie schienen »die Stimmbänder durchgeschnitten«, und ich hatte wahnsinnigen Durst und nichts zu trinken – Durst –

GENAU WIE JETZT! Durst! Niemand bringt mir Wasser – statt dessen wird mein Bett aus der »Schleusenkammer« geholt. Im Gang zum OP-Saal kann ich sehen, wie spät es mittlerweile geworden ist:

10.27 Uhr
Irgendwo heitere Stimmen: »Was gibt's heut' eigentlich noch schönes zu tun?« »Ooch – nur noch 'n paar Bagatellen!«
Ich bin 'ne »Bagatelle« – heute – beruhigend. Beruhigend? Vielleicht wird dann aber gar nicht mehr richtig aufgepaßt? Und meine »größtmögliche Sicherheit« steht auf dem Spiel!
Meine Angst wird von dem bezaubernden Lächeln einer Indonesierin aufgefangen, die sich jetzt über mich beugt, mir mit einem Charme ohnegleichen und einem entzückenden asiatischen Klang in der Stimme einen »guden Daaag« wünscht, mir die Bettdecke wegnimmt, mein Einverständnis hierzu mit einem liebenswerten Kopfnicken stillschweigend voraussetzend – dann löst sie das Band am Halsausschnitt, mit dem das OP-Hemd hinten zusammengebunden ist und nimmt mir auch das ab. Zwei Männer haben den rollenden OP-Tisch an das Bett herangefahren, und nun werde ich aus dem warmen Bett auf die kalte Bahre hinübergelegt. Die Bahre wird unter die riesige OP-Lampe geschoben, in die Sterilität von gleißendem Chrom und glitzernden Werkzeugen aller Art, zwischen Apparate, die ticken, surren oder stumm sind –
Das Ticken macht mich nervös. Das Summen stört mich. Die stummen Maschinen ängstigen mich, funktionieren sie vielleicht nicht richtig? Wie oft und werden sie überhaupt und sind sie frisch gewartet? Eine rasende, vernichtende Attacke des Ameisenheeres! Sie überfallen mich! Hilfe! Ich bin glücklich, daß ich kein Vietnamflüchtling bin – die schönen, blauen, sauberen Kacheln an der Wand – Ameisen – Ameis – ich bin glücklich, daß ich kein Vietnamflüchtling – kein Vietnamfl – Ameisen – Hilfe! Millionen Ameisen toben über alle Schlachtfelder – Winter – Stalingradwinter – Eiseskälte – eisiger Ameisensturm – blaue Eiszapfen – vietnamblau – Folter – Angst – Zittern – Kältebeben – meingott –

An der Wand eine Digitalzeitangabe; sie springt auf
10.34 Uhr
Da macht sich ein junger Assistensarzt oder Mechaniker (kann man in der blauen Kutte nicht unterscheiden) an dem stummen Apparat neben mir zu schaffen.
»Können Sie mir nicht etwas geben zum Zudecken?« »Frieren Sie?« fragt er zurück. »Wenn Sie gütigst bemerken wollten, daß ich, im Gegensatz zu Ihnen, nicht angezogen und zudem passiv hier liegen muß. Diese Divergenz könnte ein patienten-

zentriertes Hirn auf den Gedanken bringen, daß ich friere, und in der Folge dahingehend motivieren, daß es jemand veranlaßt, mich zuzudecken!« schimpfe ich geschraubt auf den Verdutzten los, vor dem ich meine irdische Blöße mit einer blödsinnig hochgestochenen Ausdrucksweise bedecke. Er eilt davon, und ich höre ihn: »Hat die denn keine Prämedikation gekriegt?« Die kleine Indonesierin springt herbei und breitet liebevoll zwei OP-Tücher über mich –

da erfaßt mich endlich das sanfte Valium-Behagen – wohlig, selig, gelöst schwebe ich in die Geborgenheit dieses hinreißenden asiatischen Lächelns – die Ameisen verlassen das Schlachtfeld – nur noch ein paar Nachzügler irren ziellos herum – ich bin glücklich, daß ich kein Vietnamflüchtling – glücklich – selig –

Eine Taube fliegt über den Garten und läßt eine Flaumfeder fallen. Sie schwebt bei völliger Windstille in unvollständigen Kreisen sanft hernieder. Ritzte ihr Weg Spuren in die Luft, so gäbe es eine Silberspirale. Wie langsam, wie still diese Herabkunft vor sich geht. Unendliche Beruhigung. Die sanfte Ablösung, die stillste Heimkehr, der flaumleichte Tod. (Luise Rinser)

Wie sich ein Kirschblütenblatt im Strahl der Morgensonne löst und heiter schimmernd zur Erde gleitet, so muß sich der Furchtlose vom Dasein lösen können, lautlos und innerlich unbewegt. (Eugen Herrigel)

Teilstrecke 11
(Der vorübergehende Tod)

Der Anästhesist setzt sich auf einen Hocker neben dem OP-Tisch, auf dem ich liege, nicht festgeschnallt, zugedeckt, selig. Er begrüßt mich herzlich: »Guten Tag, Frau Sandkorn! Über ein Jahr haben wir uns nicht gesehen – ich hoffe, daß es Ihnen recht gut gegangen ist.« Während dieser Worte hat er die Vene gefunden und sticht ein. Ich kann gerade noch mein valiumtrunkenes Lächeln auf eine rosafarbene, weiche Wolke setzen und zu ihm hinüberschicken – im ausklingenden Atemzug kommt sie drüben an – dann ist alles weg.
Kein Traum ist da – kein böser, kein guter – nichts – das totale Nichts – als hätte man den Zeitschalter ausgeknipst – nichts – einfach nichts – ob auch der »richtige Tod« einfach nichts ist? Das Nichts gehört zu den Unvorstellbarkeiten unseres Daseins – so wie der Tod.

Wie es einer
gedacht hat,
Sterben:

Sich drehn
von der Seite der
Erfahrung auf die

der Leere, un-
geängstet, ein
Wechseln der Wange,

nichts weiter.
(Ernst Meister)

Teilstrecke 12
(Defekter Lift)

Die Unterwelt verlassen und im Lift hochfahren – in die Etage zurückkehren, aus der man gekommen war. Der Lift kann ganz langsam, schonend und gleichmäßig hochfahren – er kann aber auch defekt sein, und dann bleibt er stecken – fällt wieder zurück – schießt viel zu schnell in die Höhe – schleudert – eckt an – stockt – sackt ab – noch weiter ab – ganz ab – stößt wieder hinauf – wieder herunter – kommt oben an – entläßt aber den Fahrgast nicht, weil die Türe klemmt – der Fahrgast ist im engen Raum eingesperrt, kann sich nicht rühren, kann sich nicht melden, kann nicht heraus, ist aber schon oben und nicht mehr ganz unten – Klaustrophobie – Schweißausbrüche – alle Ängste dieser Welt – Todesangst –
Fünf Narkosen habe ich in diesem Hause überlebt. Das Austreten aus diesen fünf Bewußtlosigkeiten aber war einmal himmlisch, einmal höllisch und dreimal alles, was es dazwischen gibt. Und weil das so war, glaubte ich, den Anästhesisten dafür verantwortlich machen zu können. Aber er hat mir Einblick in die Narkoseaufzeichnungen gewährt, und ich konnte feststellen, daß alle fünf identisch waren. Warum war dann aber das Aufwachen nicht auch immer gleich?
Die Rückkehr in die Welt des Bewußtseins scheint mit der Qualität dieser Welt des Bewußtseins zusammenzuhängen: Ist sie heil und harmonisch, also »in Ordnung«, dann ist offenbar auch der Lift »in Ordnung«, in dem man hochfährt.
Ich erinnere mich an eine herrliche, sanfte Fahrt, die ich sicherlich lächelnd zurückgelegt habe.
Schmerzfrei und unbeschädigt fand ich mich in meinem Bett wieder, neben mir die unbenutzte Brechschale: Ich dachte, das Skalpell hätte meinen Körper noch gar nicht berührt! Es war aber die Seele, die mit der Rückkehr in die ihr bekannte Welt einverstanden war. Deshalb gab es keine Kämpfe, keine Konvulsionen.
Anders jetzt:
Ich werde zermalmt, zerfetzt von dieser rabiaten Auseinander-

setzung zwischen dem seelischen NEIN zum Leben und dem primitiv-biologischen Selbsterhaltungstrieb!
»NEIN!«, schreit die gemarterte Psyche!
»JA!«, will der noch relativ junge Körper!
Ein Ringen um Leben und Tod!
Seelischer Versuch, die Gelegenheit zur ersehnten Selbstvernichtung zu ergreifen, den innigen Todeswunsch zu verwirklichen!
Eine mörderische Schlacht!
Als wollte mein Innerstes endlich heraus – unbedingt raus – raus aus dem Gefängnis dieses Körpers – raus – raus in die Selbstauflösung – raus – raus –
Und raus geht nur, wenn nichts mehr hereinkommt, was dem Leben förderlich ist: Sauerstoff zum Beispiel. Die todeswillige Seele blockiert die Luftzufuhr – bremst die kreatürlichen, lebenserhaltenden Funktionen! So kann das heimliche Todesverlangen gestillt werden... und sie stemmt sich mit aller Kraft gegen diesen umgekehrt verzweifelten Versuch, Luft für die Lungen hereinzulassen –
ICH ERSTICKE!
Ich ersticke an dem bewußt nicht eingestandenen Wunsch nach Selbstauflösung!
Ich ersticke an diesem unbewußten Vernichtungsdrang, der in so abstrusem Gegensatz steht zu der bewußten Lebensfreude!
Dieses gemarterte, im tiefen Kellerverließ eingesperrte Unterbewußtsein hat die Oberhand gewonnen und springt der Ratio an die Kehle:
»Du!!«, brüllt es – und dieses Brüllen ist das Brüllen eines in wildem Zorn rasenden Löwen –
»Duuu!!!« – und dieses Brüllen rüttelt Lawinen von den Bergen – »DUU!!!!! – ich werde dir jetzt die Kehle zudrücken, weil du in all den zurückliegenden Jahren niemals an mich gedacht hast! DUUUU – ich werde dich umbringen, weil du dich immer auf die Seite meines Peinigers gestellt hast! Warum hast du niemals mich in Schutz genommen?? Gib es zu, weil dir der Weg des geringeren Widerstandes lieber war! Weil deine anscheinend ewige Bedürfnislosigkeit einen so tollen Eindruck machte – gib es zu! Eine Bedürfnislosigkeit allerdings, die auf meine Kosten ging – nicht auf deine! Dir ging es darum, den Mann zu hofieren, der die materielle Sicherstellung für unser körperliches Dasein gewährleistet, anstatt diese zugunsten eines glücklichen Innendaseins – also mir zuliebe – aufzugeben! Du wolltest mit

dieser andauernden Verzichtleistung, mit der du meinen Lebensraum immer mehr eingezwängt hast, den Heiligenschein aus den Händen der dich umgebenden Menschen entgegennehmen. Du hast mich umbringen wollen! Und jetzt bringe ich DICH um!«
»Hilfe!« japst das bewußte Ich, »Hilfeee! Ich habe dich nicht umbringen wollen! Ich habe immer gedacht, du könntest es noch das Weilchen aushalten, das Weilchen, das er noch am Leben bleiben würde! Er würde doch sterben, hatten die Ärzte gesagt! Er würde sterben, hat er auch immer gesagt! Sollte ich denn mit einem Sterbenden argumentieren? Sollte ich einen Sterbenden in Frage stellen? Einen UNHEILBARKRANKEN?«
»DUUU!« schreit das unbewußte Ich – und dieser Schrei ist der Schrei des angegriffenen Gorilla, der den Urwald erzittern läßt – »DUUU! – so hast du schon letztes Mal argumentiert – und was hat sich seither geändert? Kaum lasse ich dir die Oberhand, sperrst du mich wieder in das tiefste Verließ deines Seins! Du hast es nicht fertiggebracht, dafür zu sorgen, daß ich in dieser Ehe auf meine Kosten komme – nun werde ich dafür sorgen, daß du nicht mehr auf deine Kosten kommen wirst! Ich habe nicht bekommen, was ich brauche – jetzt sollst du nicht bekommen, was du brauchst, Sauerstoff nämlich! Ich erwürge dich – ja – jetzt –«
Keuchhustenähnliche Erstickungsanfälle! Mit einer Mühe ohnegleichen versuche ich, diesen elefantenschweren Körper aus der Horizontalen hochzuheben, um nach Luft zu ringen!
Ich ersticke!
Eine kräftige Zange packt meinen Körper, hält ihn fest – unendlich fern ruft es: »Frau Sandkorn – durchatmen – durchatmen!« Dann ein paar harte Schläge zwischen den Schulterblättern –
Ein Blitz holt die parallele Kinderzimmerszene in die grell-helle Erinnerung: Ich höre das Baby röcheln – haste zu ihm, es ringt nach Luft! Ich reiße es hoch, klopfe ihm auf den Rücken – das Kind ringt weiter! Ich packe es an den Füßen, lasse es kopfüberkopfunter baumeln – es ringt immer weiter nach Luft! Irgendwie kann es einfach nicht atmen! Nie – niemals vergesse ich diese entsetzlichen Minuten! Diese grenzenlose Hilflosigkeit! Im Ausland, weit ab von aller Zivilisation, ein paar Wissenschaftler mit Familie und ein deutscher Arzt. Der ist nicht zu Hause. Mein Mann stürzt zum Auto, rast los, um ihn zu suchen.

Alleingelassen mit dem sich windenden Baby, das verzweifelt und mit der sich aufbäumenden Kraft eines Lebewesens, das nicht aufgeben will, nach Luft ringt!!! Der Tod, das Baby und ich! Ich merke, daß ich offenbar nicht den richtigen Griff finde, der notwenig ist, um diesen Erstickungskrampf zu lösen – und höre auf zu denken. Willenlos überlasse ich mich der Führung einer nicht rationalen Macht: Sie befiehlt mir, das Kind in meine Arme zu legen – genau wie beim Stillen – und ihm Nahrung zu geben – nicht über den blockierten Luft- und Speiseweg – über den Gehörgang – also singe ich:
Schlaf - Kindchen - schlaf - dein - Vater - hüt - die - Schaf - dein - Mutter - ist - in - Pommerland - Pommerland - ist - abgebrannt - schlaf - Kindchen - schlaf-
Ein abscheuliches Kinderlied! Ein Lied, das Angst machen muß, weil es in der Nähe des Todes angesiedelt ist! Es kann ganz unmöglich friedlichen Trost spenden! Ich will aber ein Lied, das LEBENSnah ist und zugleich beruhigend. Da fällt mir ein anderes ein:

Die Schwalbe baute sich ein Nest,
der Spatz, der setzte sich drin fest.
Die Schwalbe sprach: »Spatz, geh heraus,
ich hab gebaut dies kleine Haus!«
Der Spatz, der sprach: »Ich bleibe drin,
es ist so grad nach meinem Sinn!«

Was tat die liebe Schwalbe? Sie sprach: »Ich schenk es dir!«
Bau mir ein ander Häusel, bleib du in Ruhe hier!«
Die Schwalbe flog dann weiter und baute sich ein Haus.
Bald schauten liebe Kleine aus ihrem Haus heraus!

Die Melodie des ersten Teils ist eher frech-aggressiv; die des zweiten Teils ist langgezogen, sanft. Unwillkürlich singe ich nun ohne Pause und immer wieder von vorn anfangend die gleichen Verse mit ihrer weichen Melodie:
Was-tat-die-liebe-Schwalbe-sie-sprach-ich-schenk-es-dir-bau-mir-ein-ander-Häusel-bleib-du-in-Ruhe-hier-die-Schwalbe-flog-dann-weiter-und-baute-sich-ein-Haus-bald-schauten-liebe - Kleine - aus - ihrem - Haus - heraus - was - tat - die - liebe - Schwalbe-sie-sprach-ich-schenk-es-dir-bau-mir-ein-ander-Häusel - bleib - du - in - Ruhe - hier - die - Schwalbe - flog - dann - weiter-und-baute-sich-ein-Haus-bald-schauten-liebe-Kleine-aus - ihrem - Haus - heraus - was - tat - die - liebe - Schwalbe-

Das kleine Gesichtchen unter meinen Augen färbt sich rot und lila vor Anstrengung und im Ringen um Sauerstoff...

sie - sprach - ich - schenk - es - dir - bau - mir - ein - ander - Häusel - bleib - du - in - Ruhe - hier-

Ich verstehe nichts von Hypnose. Aber wenn es möglich ist, allein durch mentale Kraft Einfluß zu nehmen auf ein anderes Wesen, dann hier und jetzt: mein Sein ist nicht mehr in mir, sondern in mein Baby eingegangen. Dort hilft es, diesen Krampf zu lösen, der in ihm und in mir die gleiche Todesangst entfesselt. Ich will nicht, daß dieses Kind stirbt! Ich will, daß es zur LEBENDIGEN Ruhe zurückfindet!

die - Schwalbe - flog - dann - weiter - und - baute - sich - ein - Haus - bald - schauten - liebe - Kleine - aus - ihrem - Haus - heraus - was - tat - die - liebe - Schwalbe - sie - sprach - ich - schenk - es - dir-

Dieses Kind soll, es SOLL das Geschenk meines Atems annehmen! Es soll das! Es SOLL!!

bau - mir - ein - ander - Häusel - bleib - du - in - Ruhe - hier - die - Schwalbe - flog - dann - weiter-

Immer weiter sing ich!! Immer weiter! Es muß!! dieser totale Einsatz für das Leben in meinen Armen doch zum Sieg des Lebens über den Tod führen! Es MUSS!!!!

und-baute-sich-ein-Haus-

Es muß!! die Luft zurückfinden in dieses noch so neue, kleine Haus, das mir so sehr am Herzen liegt!!!

bald - schauten - liebe - Kleine - aus - ihrem - Haus - heraus - was - tat - die - liebe - Schwalbe - sie - sprach - ich - schenk - es - dir - bau - mir - ein - ander - Häusel - bleib - du - in - Ruhe - hier - die - Schwalbe - flog - dann-

Ganz allmählich läßt das Röcheln nach. Ganz, ganz allmählich entspannt sich das Gesichtchen. Ganz, ganz, ganz allmählich zieht Friede ein in die hilflos zappelnden Ärmchen und Beinchen.

weiter - und - baute - sich - ein - Haus - bald - schauten - liebe - Kleine - aus - ihrem - Haus - heraus - was - tat - die - liebe - Schwalbe - sie - sprach - ich - schenk - es - dir - bau - mir - ein - ander - Häusel - bleib - du - in - Ruhe - hier - die - Schwalbe - flog - dann - weiter - und - baute - sich - ein - Haus - bald - schauten-

Ein Bündelchen ruhig atmenden Lebens liegt nun in meinen Armen. Es hat die Lebenskraft der Mutter assimiliert und lächelt zufrieden. Noch ein Blick zu den nassen Augen über ihm, dann schläft es erschöpft ein.

liebe - Kleine - aus - ihrem - Haus - heraus - was - tat - die - liebe -

Schwalbe - sie - sprach - ich - schenk - es - dir - bau - mir - ein - ander - Häusel - bleib - du - in - Ruhe - hier - die - Schwalbe-
Ich will es nicht abstellen, dieses Wiegenlied, das in weichen Wellen das kindliche Gemüt umspült und zu seiner Entspannung beigetragen hat.
flog - dann - weiter - und - baute - sich - ein - Haus - bald - schauten - liebe - Kleine - aus - ihrem - Haus - heraus - was - tat-
In der ständigen Wiederholung, in dem gleichförmigen Auf und Ab liegt der so beruhigende Effekt einer leisen Brandung: Diese Melodie ist die zärtliche Brandung am Gestade des ewigen Meeres der Liebe. Im Schutz meiner Liebe hat dieses Baby zum Leben zurückgefunden. Jetzt ist Liebesflut. Und in diesem kraftvollen Überfluß soll es in Sicherheit gewiegt werden.
die - liebe - Schwalbe - sie - sprach - ich - schenk - es - dir - bau - mir - ein - ander - Häusel - bleib - du - in - Ruhe - hier - die - Schwalbe - flog - dann - weiter-
Jetzt ist Liebesflut. Würde es auch Liebesebbe geben?
und - baute - sich - ein - Haus - bald - schauten - liebe - Kleine - aus - ihrem - Haus - heraus - was - tat - die - liebe-
Liebesebbe?? Nein. Niemals Liebesebbe!
Schwalbe-sie-sprach-
Liebesebbe?
Liebesebbe. Liebesebbe!
Keuchhustenähnlicher Erstickungsanfall!! Mit einer Mühe ohnegleichen versuche ich, diesen bleischweren Körper aus der Horizontalen hochzuziehen, um nach Luft zu ringen!
Ich ersticke!!
Jetzt!
Ich ersticke!!!
Durch eine dicke Wattemauer hindurch höre ich: »Doktor rufen!«
Es geht um Leben und Tod! Ich ziehe Bilanz: Mein Buch wollte ich doch noch schreiben – und einen Abschiedsbrief für mein Kind – ich wollte noch –
Ich ersticke!
Jetzt!!!
Ein Mückenstich – okay –
aus!

> *Es gibt nur eine Freiheit: mit dem Tod handelseinig zu werden. Danach ist alles möglich.* (Albert Camus)

Teilstrecke 13
(Auferstehung)

Feuchte Wärme umgibt mich. Friede. Ruhe.
Jetzt bin ich also »drüben«. War ein eher hektischer Abgang – aber nun habe ich es hinter mir. Gut. Für mich. Nicht gut für mein Kind, es trauert. Leidet sicher. Und sein Vater? Kaum. Oder doch? Nein. Auch recht. Es ist ja vorbei. Schmerzlos schwebe ich – nein, liege ich da. Wo?
Vorsichtig und schwach tastet meine Hand sich seitwärts – und trifft auf Bekanntes: eine Brechschale! Kein Gegenstand aus einer postvitalen Existenz!
Doch nicht in die Gefilde ewiger Seligkeit eingegangen?! Hach – ich fühlte mich so wohl in dem Bewußtsein, daß alles vorbei ist. »Also schön, machen wir weiter«, wie Sartre seinen Garcin sagen läßt in der ›Geschlossenen Gesellschaft‹, diesem infernalen Theatrum mundi –
Da dreht es mir den Magen um! Ich würge und würge – die Brechschale wird mir unter das Kinn gehalten – ich würge – machtlos bin ich diesen expulsiven Krämpfen ausgeliefert – es reißt an den Nähten – es zerrt an den Schläuchen, die aus meinem Körper heraushängen. Assoziation: mittelalterliche Folterkammer. Ein Zäpfchen wird mir eingeführt – und ganz allmählich läßt das sinnlose Würgen nach, die konvulsiven Stürme ebben ab; ich kann in den Kissen liegenbleiben – erschöpft. Die Schwester gibt mir die Schnur mit dem Klingelknopf in die Hand, »Rufen Sie mich, wenn Sie mich brauchen«, und läßt mich allein. Ich liege ganz still – atme sehr vorsichtig, bewege mich nicht, um nur nicht die bösen Geister erneut auf mich aufmerksam zu machen.
Ruhe nach dem Unwetter. Befriedigung zieht in mein Gemüt: Das wäre wieder mal geschafft. Von jetzt an geht's schon wieder aufwärts. Werden Zellen gebildet, die zwischen dem grob zusammenhaltenden Catgut die zertrennten Teile zusammenwachsen lassen: »Wiedergutmachung«. Das nie begreifbar Wunderbare.
Da rutscht mir die Klingel aus der kraftlosen Hand. Ich höre,

wie sie auf den Boden fällt. Ganz unmöglich, daß ich sie von dort wieder heraufholen kann. Jetzt bin ich von der Umwelt abgeschnitten. Das Funkgerät ist ausgefallen. Funkstille!
Titanic-Untergangsstimmung! Man ist verloren auf hoher See, wenn die Kommunikation abgerissen ist!
Abgerissene Kommunikation – ist das mein Schicksal? Als unser Eheschiff in die Sturmböe des ersten Mamma-Carzinoms geraten war, wollte ich den total gestörten Sprechkontakt wieder aufnehmen, damit die Gefahr einer zweiten Sturmböe gebannt würde. Aber diese Gefahr konnte der Kapitän nicht wahrnehmen; er sah nur seinen »Frieden« in Gefahr, oder das, was er dafür hielt. »Frieden« ist, wenn die Frau immer das Gleiche denkt und will wie der Mann; wenn er sie braucht, sie für ihn da ist; sie dankbar ist für die materielle Sicherstellung; sein Verhalten niemals in Frage stellt. Ein Scheinfriede ist das. Ein Frieden, der unterschiedliche Ansichten und Bedürfnisse nicht zuläßt aus Angst vor den damit verbundenen möglichen Konflikten. Die durfte es nicht geben. Daher wurden sie verbannt. Jeder lebte hinter seiner Mauer des Schweigens. Friedhofsmauer. Todesschweigen. Es kroch in die Tragfähigkeit der Beziehung. Doch während das Eheschiff langsam sank, wurde es unbeirrt immer weiter mit schwerer Fracht beladen – zu schwerer Fracht. In dieser Diskordanz entwickelte sich die Sturmböe des zweiten Mamma-Carzinoms. Der Lastkahn geriet in höchste Seenot – die wildgewordenen Elemente fegten mich in die bewegte See. Eine Schiffbrüchige. Niemand hört sie schreien. Der Kapitän sieht sie nicht. Das Schiff entfernt sich. Aneinandervorbeigleiten! Aneinandervorbeileben!
SOS – SOS – SOS
Funkstille! Kommunikationsapparat gestört! Kommunikationstod! Titanic-Untergangsstimmung! Kentert das Schiff?
SOS – SOS – SOS
»Geht es Ihnen besser, Frau Sandkorn?«
»Oh ja – nur die Klingel ist mir aus der Hand gerutscht und liegt unter dem Bett.«

Die meisten Ehen sind am fehlenden Gespräch gescheitert. (Scheidungsanwältin)

Teilstrecke 14
(Der Rosenstrauß)

Ein riesiger Rosenstrauß wird gebracht. »Herrlich!« begeistert sich die Schwester, »so viele Rosen, daß man sie kaum zählen kann!« »Doch, zählen Sie mal. Vielleicht sind es vierundzwanzig?« Es sind vierundzwanzig. Und ein Brief ist auch dabei.
Natürlich von meinem Mann. Natürlich? Ja: Rosen gehören zu seinem Wunschbild einer harmonischen Ehe. Ich lese seine Zeilen:

Meine liebe Anemone!
Wenn Du diese Zeilen erhältst, ist hoffentlich alles gut überstanden. »Ich liebe Dich«, schrieb ich damals vor vier Jahren. (Freudsche Fehlleistung: Vor VIER Jahren war sein erster Seitensprung – wenn es der erste war! MIR schrieb er nicht vor vier, sondern vor fünf Jahren »Ich liebe Dich«.) *Ich glaubte damals, es sei das Schönste, was ich Dir an jenem schweren Tage sagen konnte.* (Ja, »schwer« war das vor vier Jahren – und ist es unverändert geblieben.) *Es galt damals und ist seither nicht ungültig geworden,* (Kann mir jemand sagen, wie das vereinbar ist mit dem, was real vor sich geht??) *auch, wenn manche Wolke über den Himmel zog. Wieviel schöner ist es dieses Mal: Aufbau statt Abbau! Positives statt Negatives! Ich bin sehr glücklich darüber – für Dich, für mich, für uns. Vielleicht geht mit dem heutigen Tag eine bittere Zeit zu Ende – dies wünscht Dir, mir und uns*

Dein Wolfgang

Wie oft schon hat er das gesagt? Und immer wieder habe ich es geglaubt. Jetzt wieder? Wodurch sollte denn die »bittere Zeit« veranlaßt werden, »zu Ende« zu gehen? Wollte er Zeit und Kraft gezielt für die Schaffung ehelicher Vertrautheit einsetzen? Das steht nicht in diesen Zeilen. Er denkt also nicht daran, das zu verwirklichen, was für MICH das Schönste wäre. Oder meint er, die »bittere Zeit« ließe sich durch den Duft der Rosen auflösen? Vierundzwanzig langstielige, rote

Rosen. Vierundzwanzig Rosen auf langen Stengeln mit vielen Stacheln schauen mich nun an und stehen für vierundzwanzig Jahre, lange Wege mit vielen Stacheln.

1957
Das Jahr der Trauung.
Sieben Jahre zuvor hatten wir uns kennengelernt – von unseren respektiven Eltern auf einen Weihnachtsball gezwungen, zu dem wir nicht hatten gehen wollen. Dieses »gemeinsame Schicksal« hatte uns amüsiert – er nannte es »Fügung« –, und für ihn stand sofort fest, daß ich seine Frau werden müsse. Was er sofort hatte erkennen können, war, daß ich so klein war wie seine Mutter, so schwarze Augen hatte wie seine Mutter, daß ich so temperamentvoll war wie sie und wie sie hatte Pianistin werden wollen – und daß ich so gehorsam war wie seine Mutter. Diese zeigte täglich, daß sie sich widerstandslos ihrem Mann unterwarf – und ich zeigte, daß ich mich dem Willen meines Vaters widerstandslos unterwarf. Ich war wohl die richtige Frau für den Sohn jener Mutter. Und ich hatte noch eine weitere Qualität mit ihr gemein: Ich war, wie sie, randvoll mit Minderwertigkeitskomplexen.
In all den zurückliegenden Jahren war mir glaubhaft versichert worden, daß ich zu nichts »Richtigem« taugte. Und ich sah es ja auch selbst: In allen »wichtigen Fächern« war ich schlecht. Gute Noten hatte ich nur in Nebenfächern. Mein Abitur habe ich mit Müh und Not bestanden – und wahrscheinlich nur, weil die Prüfungskommission ein »erotisch gefärbtes Erbarmen« mit dem »hübschen Kind« da hatte. So also bestand ich meine Reifeprüfung. Wahrhaft keine Prachtleistung. Mein Leistungsdefizit wurde von den Seufzern meiner Mutter unterstrichen: »Aus dir wird höchstens mal ein Clown!« Hätte ich damals Charlie Rivel gekannt, wäre ich nicht beunruhigt gewesen – aber »Clown«, das war ein Synonym für »Nichts«, sogar noch mit einem leichten Drall in die Richtung moralischen Abscheus und Ekels: »Fahrendes Volk, bähh!«
Mit dieser geistigen Aussteuer wurde ich in die Welt entlassen, zunächst nach Montreux, wo ich die französische Sprache erlernen sollte (Montreux liegt in der seriösen und sauberen Schweiz. Eine Tochter aus gutem Hause konnte nicht in das sündige Frankreich geschickt werden, wo überall »amour« gemacht wird) und dann nach England. Hier wie dort gab es die Männer mit jenem »erotisch gefärbten Erbarmen«, das sie be-

wog, mir eines Tages ein schönes Blatt auszuhändigen, auf dem in ornamentalen Lettern DIPLOM stand. Wie gut und mildtätig alle auf dieser Welt zu mir waren! Und auch der Sohn jener Mutter war es: Er sorgte dafür, daß ich als Dolmetscherin bei der Firma angestellt wurde, für die er arbeitete. Zitternd und von meinem Ungenügen überzeugt, reiste ich an, um nun zu erleben, daß der Chef in der Tat ein »erotisch gefärbtes«, zwar weniger Erbarmen als vielmehr Interesse an mir hatte – was für mich die Bestätigung war, daß ich geistig »nichts taugte« und meine Leistung nichts als ein Trugbild war, das sich über meinen Reh-Augen und meiner reizvollen Gestalt bildete.
An dieser Stelle angekommen gab es zwei Möglichkeiten: klein beigeben – oder erst recht jede nur denkbare Gelegenheit ergreifen, mir selbst und den anderen zu beweisen, daß ich aller Ansicht zum Trotz doch etwas tauge. Ich entschied mich für letzteres.
Und dabei verknotete sich mein Schicksal mit der Existenz des Sohnes jener Mutter. Auch er hoffte, den beschämenden und kränkenden Schandfleck der Untauglichkeit loszuwerden: Er wollte das schmächtige Bübchen abstreifen, das er neben seinem Vater, einem kriegsbegeisterten Fast-General, war; und wollte jene HJ-Schmähungen, deren ätzende Wirkung er zwar mittels Asthmaanfällen reduziert hatte, auslöschen, ebenso wie das Liedchen: »Immer langsam voran, immer langsam voran, daß mein kleiner Bruder auch nachkommen kann.« Jetzt war er Student, wollte promovieren, mußte das Geld dafür aber selber verdienen. Da kam ihm dieses leistungsgierige Bündel geballter Energie gerade recht: Zu zweit bewältigten wir das Pensum aus vier, zeitweise fünf Wirkungskreisen – und so waren die Voraussetzungen gegeben für seine steile Blitz-Karriere. Jetzt ging es nicht mehr langsam voran!
Wir hatten uns in einer Art Symbiose zusammengefunden – und ist Symbiose, mehr oder minder bewußt, nicht immer im Spiel, wenn eine Ehe geschlossen wird? Der »gegenseitige Nutzen« in unserem Fall bestand darin, daß wir jeder den anderen aus der Senke der Minderwertigkeitskomplexe herauszogen – wozu es des fanatischen Arbeitseifers bedurfte, den wir beide hatten.
Mir war jede Aufgabe recht, die mich von dem Etikett TAUGENICHTS zu befreien versprach. Die Taugenichts stand zu nachtschlafender Zeit auf und erledigte In- und Auslandskorrespondenz für »ihren« Studenten, tagsüber für den Chef, um dann, nach Dienstschluß, Hunderte von Analysen im Labor zu

machen, anspruchslose Fließbandarbeit, die aber für die Dissertation erforderlich war. Auch als Chauffeuse für Überlandstrecken wurde ich eingesetzt, nachts, weil so Arbeitszeit gespart werden konnte.
Es bot mir also der Mann, mit dem ich jahrelang verlobt war, Sprosse um Sprosse der Leiter, auf der ich aus dem Loch der Unzulänglichkeit herausklettern konnte. Ich war begeistert. Und trieb jubelnd Raubbau mit meinen Kräften. Und in diesem Jubel glaubten wir, eine Basis für unsere Ehe zu erkennen: Nach sieben Jahren Unentschlossenheit ließ ich mich schließlich zum Traualtar führen –
1957

Die Hochzeitsnacht im Schlafwagen verbrachte ich schluchzend. Ich hatte das Gefühl, in eine Falle gegangen zu sein. Die Nacht darauf saßen wir auf den unbequemen Sitzen der DC-7, um einundzwanzig Stunden später in Los Angeles zu landen – dienstlich.
Das war eine neue, für uns Kriegskinder aus Old-Germany berauschende Welt. Ich hatte ausgeweint. Und richtig begründen konnte ich ja auch jene Trauer gar nicht: Wolfgang war freundlich, mild und auch stolz auf seine Frau. Ich lebte auf. Ich war dankbar. War das Liebe? Ich begann, das als Liebe anzusehen und lebte das Ja zu diesem ersten Ehejahr. Es unterschied sich kaum von den sieben vorausgegangenen Jahren – nur insofern, als das Ringen um die Entscheidungsfindung zu unserer Ehe weggefallen und die spärlichen sexuellen Kontakte fortan sanktioniert waren. Viel Zeit dafür wurde auch nicht im folgenden Jahr investiert,
1958

Jetzt arbeitete ich nur noch für meinen Mann. Neben und zwischen seinen beiden Dienststellen wurde die Promotion fällig. Die Dissertation, von ihm handschriftlich fertiggestellt, von mir sorgfältig getippt. Die Vorbereitung zum mündlichen Examen erfolgte nach einem genauen Plan in den Nachtstunden, an Wochenenden und Ferientagen. Weihnachten etwa und Silvester. Für das Examen selbst gab es ein paar Urlaubstage, die wir in einer kleinen Pension im Universitätsstädtchen zubrachten. Ich hörte Formeln über Formeln und nochmal Formeln ab. Dann der Morgen des Examens: Er ging – ich blieb in unserem Zimmer –, zunächst sicher, daß er es schaffen würde. Betete ich?

Weiß nicht mehr. Jedenfalls wartete ich bebend auf ihn, mit einem hauchzarten Überraschungshemdchen bekleidet, im Hinblick auf ein Liebesfest nach bestandenem Examen.
Ich wartete –
Ich wartete – langsam unruhig werdend –
Ich wartete – allmählich sicher, daß es schiefgegangen war –
Ich wartete – unschlüssig, ob ich ihn würde suchen müssen – vielleicht würde er sich schämen, zu mir zurückzukommen – vielleicht würde er sich lieber umbringen als die Schmach des durchgefallenen Kandidaten zu ertragen!? Nun sprang ich aus dem Bett! Zog mich an! Wollte hinausstürmen, um ihn aus sicherer Todesgefahr zu retten – – da kommt er zur Türe hereingejodelt: »Schä-ä-ätzchen! Hast du den Koffer – hick – gepackt? Jetzt fahren wir zu meinen – hick – Alten! Und fei-eieiern – gießen Sekt über den Doktor-Hut – ich habe schon da hineingegossen – die werden staunen, was?! Hick!« Wir fuhren zu seinen Eltern. Er war nicht davon abzubringen.

1959
Arbeitslosigkeit. Zwangsurlaub. Zwar konnten wir sorglos auf dem finanziellen Polster ausruhen, das wir uns in harter und härtester Arbeit geschaffen hatten – zwar war so gut wie sicher, daß die Arbeitslosigkeit nicht lange dauern würde – dennoch breitete sich ein Schatten über die Stimmung – vielleicht der Schatten der FREIzeit? Es gelang uns nicht, die gewonnene freie Zeit etwa in Liebesfesten anzulegen, zu denen wir vorher keine Zeit gehabt hatten. Offenbar konnten wir nur glücklich sein, wenn wir keine Zeit hatten.
Das war dann auch bald wieder so: Umzug von Zürich nach Frankfurt. Mein Mann hatte Mühe, sich in die neue Stellung einzugewöhnen, und ich hatte Mühe, eine neue Wohnung für uns zu finden. Abends immer total erschöpft, er von der Arbeit, ich vom Herumrennen. Ich wußte immer noch nicht, was ein Orgasmus ist.
BRRINN – BRRINN – BRRIN –
Erschreckt zucke ich zusammen! Das Telefon klingelt. Ich muß den Hörer abnehmen. Unter unsäglichen Mühen überwinde ich den Abgrund zwischen Bettrand und Ablagespind. Ein reißender Schmerz läßt mich den schon ausgestreckten Arm wieder zurückziehen!
brrinn – brrinn – brrinn – brrinn –
Ich versuche es nochmal, indem ich den tonnenschweren Leib

aus der Mitte des Bettes zum Bettrand verlagere und nun den Arm nicht ganz so strecken muß, um an den Hörer zu gelangen.
brrinn – brrinn –
So erwische ich das Telefonkabel, ziehe daran den Apparat heran, und jetzt kann ich die Spiralenschnur erreichen, zerre daran,
brrinn – brrinn – brrinn –
da hebt sich der Hörer widerwillig aus der Einbuchtung, ich ziehe noch ein bißchen, und dann habe ich das Ding schließlich in der Hand und am Ohr. Völlig außer Atem nach dieser Gewaltanstrengung sage ich, ohne den Namen zu nennen: »Ja bitte?« »Hallo Gabi, bist du's?« »Nein. Hier Anemone Sandkorn.« »Ach, liegt bei Ihnen im Zimmer Fräulein Braun?« »Nein. Ich bin allein.« »Entschuldigen Sie – dann bin ich falsch verbunden.« »Ja – das glaube ich auch.«
Falsche Verbindung. Falsche Verbindung? Ob auch mein Mann »falsch verbunden« war? Und wir merkten es nicht gleich?

1960
Versetzung nach Hamburg. Wohnungssuche. Trotz aller Mühe kann ich nur eine provisorische Bleibe auftreiben: zwei kleine Zimmer. Ich sortiere das inzwischen angewachsene Umzugsgut: Dinge, die in ein Lager können, Dinge, die in die Wohnung müssen. Tagelang ist Chaos auf den wenigen Quadratmetern. »Die Kartons sind im Weg«, mault mein Mann. Aber auch am nächsten Tag gelingt es mir noch nicht, alles wegzuräumen, und er wiederholt die Rüge. Recht hat er. Endlich gelingt es mir, die gewünschte Ordnung zu schaffen. Doch das frohe Lob: »Jetzt sind die Kartons ja alle weg!« – bleibt weg.
Der neue Arbeitsplatz gefällt meinem Mann nicht. Er möchte wieder ins Ausland. Die Chancen sind gering, deshalb suche ich unverdrossen nach einer besseren Wohnung und werde fündig. Da kommt die Aufforderung, sich in Genf vorzustellen. »Unterschreiben wir nun den neuen Mietvertrag?« »Auf jeden Fall, denn Genf ist unsicher.« Es vergehen Wochen. Schließlich ist es soweit, wir können in die neue, hübsche Wohnung einziehen. Achtundvierzig Stunden vorher kommt die Zusage aus Genf. Der Einzug wird storniert. Der Auszug muß erfolgen: Am 23. Dezember räumen die Packer alles in ein Lager. Ich fahre zu meinen Eltern – mein Mann zu seinen.

1961
Genf. Möbliertes Zimmer mit Küchen- und Badbenutzung bei einer verstaubten Alten. Die Vasen, Engelchen, Kandelaber und Spitzendeckchen lege ich in einen Karton – was die Vermieterin veranlaßt, beleidigt zum ersten Februar zu kündigen. Nächstes Provisorium ist eine Bude, in der mein Mann – wie vor der Pubertät – unter Asthma leidet. Eine andere Unterkunft ist absolut nicht zu finden – von teuren Hotels abgesehen –, doch dafür bekommt der Asthmatiker die Leitung für ein Forschungsprojekt in einer entlegenen Zone Italiens angeboten. Begeisterung! Genau das, was er sich immer gewünscht hat! Asthma weg! Migräne weg! Das Interim vor dem Umzug verbringen wir auf Teneriffa.
Doch, wir waren fröhlich. Wir fuhren kreuz und quer über die Insel, freuten uns an der Vielseitigkeit der Landschaft, stiegen auf den Teide hinauf und wieder herunter. Doch, wir waren fröhlich. Tagsüber.
Vier Jahre waren wir inzwischen verheiratet – aber zu einem beide beglückenden Geschlechtsverkehr hatten wir bis jetzt nicht gefunden. Und was Orgasmus ist, wußte ich noch immer nicht. Waren wir also »falsch verbunden«? Heute wundere ich mich darüber, daß mich das jedoch kaum belastet hat, jedenfalls nicht bewußt. Man kann ja auch kaum vermissen, was man nicht kennt. Den Fünf-Minuten-Koitus konnte ich meinem Mann schenken – mehr schien er nicht zu brauchen, und das nur selten. In meiner annähernd grenzenlosen Anpassungsfähigkeit bin ich nicht auf die Idee gekommen, daß da vielleicht etwas nicht so ganz in Ordnung sein könnte. Wer glaubt das?
Urlaub zu Ende. Umzug nach Italien. Als meine Regel ausblieb, erklärte ich das mit dem Klimawechsel. Als sie den zweiten Monat ausblieb, hielt ich das für die Folge der Strapazen und Schwierigkeiten in der schier unterentwickelten Zone: Strom in homöopathischen Dosen; Wasser gab es nur stundenweise. Als die Regel drei Monte ausgeblieben war, suche ich den Arzt in der Umgebung auf. Dort klettere ich auf den antiquierten gynäkologischen Stuhl, lege die Beine in die verrosteten Gabeln und denke, daß die braunen Flecken auf dem soliden Gummihandschuh, den der Arzt über die Hand streift, Jod sei. Dann greift er in mich hinein. Ich schreie auf, weil ich denke, der Schmerz zeigt eine Anomalie an. Da zieht er die Hand heraus und meint: »Sie wissen ja, was in der Bibel steht: ›Du sollst mit Schmerzen Kinder gebären!‹ Wenn Sie bei dem

bißchen schon schreien, was wollen Sie dann erst in sechs Monaten tun?!« Verunsichert durch diese neue und bedrohliche Situation frage ich, ob ich jeden Monat zur Untersuchung kommen soll. »Kinkerlitzchen! Lernen Sie vielmehr, weniger zimperlich zu sein – das ist die beste Vorbereitung auf eine Geburt!«
Hier soll mein Kind nicht zur Welt kommen! In der Schweiz wird mir ein Arzt empfohlen, der nach der Dick-Read-Methode entbindet. Und wirklich, nach einer wunderbaren Schwangerschaft, in der ich glücklich an der göttlichen Aktivität in meinem Leib teilnehme, erlebe ich die sanfte und schöne Geburt eines Sohnes. Erster Gedanke seines Vaters: »Nun gibt es eine elektrische Eisenbahn!« Hat er ein Brüderchen zum Spielen bekommen? Er sieht blaß aus. Das Klinikpersonal ist mehr um ihn als um die junge Mutter besorgt.

1962
Das Baby gedeiht prächtig.
Der Vater wird immer elender.
Ich füttere beide.
Niemand weiß, was los ist.
Wir reisen von einem Arzt zum anderen. Schließlich Tropeninstitut, Hamburg. Erst ambulant. Dann stationär. Ich darf nicht mit dem Baby in die Klinik. Endlose Telefongespräche. Wolfgang geht es sterbensschlecht. Ich soll kommen. Das bedeutet, daß ich das Baby in fremde Hände geben muß. Ich tue es, weil das Kind gesund, krank dagegen der Vater ist. Dieser liegt in einem Milieu, das vorwiegend von Türken, Arabern, Afrikanern bestimmt wird. Einzige Europäerin dazwischen: die blonde, junge Elke.

1963
Die Diagnose: Lymphogranulomatose. UNHEILBARE-KRANKHEIT!
Prognose: höchstens fünf Jahre! Niederschmetternd! Vor den Eingang zur Hölle geschleudert: »Lasset alle Hoffnung fahren, ihr, die ihr hier eintretet!« Dieser junge Mann wird es nicht erleben, wie sein Sohn zur Schule kommt! Sein Sohn wird ihn niemals kennenlernen können! Und die Frau – aber davon ist nicht die Rede.
Die Frau sucht eine Zweitwohnung in der Nähe der Universitätsklinik. Keiner will eine »Frau mit Baby«. Ich wohne im Ho-

tel: »Aber Babygeschrei können wir unseren Gästen nicht antun.« Mein Baby schreit nicht. Dennoch kann ich nicht ewig im Hotel leben. Wohnungssuche. Vernichtend! Appartements werden nur an »alleinstehende Herren« abgegeben. Nach sechs Wochen vergeblichen Suchens darf ich mit meinem Baby bei einer Spanierin einziehen.
Das Baby lernt laufen. Ärzte, Schwestern und Krebskranke haben ihre Freude an ihm. Seinem Vater geht es immer schlechter. Die »Schlacht von Stalingrad«. Mörderisch! Deprimierend die täglichen Meldungen von der »Front«! Keine Hoffnung weit und breit!
Von den Eltern des todkranken Mannes erhalten wir in unterschiedlich großen Abständen Postkarten, auf denen alle die (uns unbekannten) Leute unterschrieben haben, mit denen zusammen gerade Fasching gefeiert worden war, oder Geburtstag oder eines dieser Feste der Studentenverbindungen. Die Schwester des todkranken Mannes ist im Ausland. Meine Schwester ist mit ihrer Ausbildung beschäftigt. Meine Eltern leben ebenfalls im Ausland. Alle sind weit, weit weg. Ich bin allein mit diesem Todkranken, seinem kaum ein Jahr alten Sohn und – der blonden, junge Elke: Sie ist Krankenschwester im Nachbargebäude.
Die kleine Dachwohnung bei der Spanierin ist leider nicht so ganz in der Nähe des Klinikums – ein Telefon im Haus gibt es nicht –, und so springe ich mehrfach am Tag zu der Telefonzelle, wenn Baby schläft oder ruhig am Boden krabbelt – und am Telefon nehme ich eine Katastrophenmeldung nach der anderen entgegen: Die Werte der täglich vorgenommenen Blutsenkung, die Zahl der Leukozyten, die neuesten Komplikationen im Zusammenhang mit der Chemotherapie; es wird Stickstofflost gespritzt, ein tödliches Gift – – und dann wieder das munter in die Welt hineindrängelnde Baby – – abends warte ich, bis es schläft, dann presche ich in die Klinik zu meinem todkranken Mann. So pendle ich zwischen Tod und Leben hin und her – sprudelndes Leben – schmerzliches Ableben – hin – her – hin – her –

1964
Ein ganzes Jahr Klinik hinter uns!
Eines Nachts, als ich wieder mal vom Krankenhaus zurückkomme, steht das Kind schluchzend und schweißnaß in seinem Gitterbettchen. Von da ab schläft es nicht mehr ruhig ein, wie

vorher, schreit nachts immer wieder auf – oftmals stundenlang mit kurzen Schlafunterbrechungen: 5 Minuten schlafen – 10 Minuten weinen – 10 Minuten schlafen – 5 Minuten wimmern – 15 Minuten schlafen – –. Jetzt hat die Schicksalssituation auch das Kind erfaßt. Und ich – aber von mir ist nicht die Rede. Ich rotiere wie ein Kreisel. Mit immer kleiner werdenden Atempausen. Die Nächte verbringe ich nun neben dem jammernden Kind: 5 Minuten Autogenes Training – 10 Minuten trösten – 10 Minuten Autogenes Training – – und tagsüber versuche ich die Zeit einigermaßen gerecht zwischen Sohn und Vater aufzuteilen – soll ich beiden über ihre Nöte hinweghelfen – und bedarf doch eigentlich dringend selbst des Zuspruchs – –.

Weihnachten feiern wir »das letzte gemeinsame Weihnachten« – ich habe das Kinderställchen ins Krankenhaus gebracht. Und dann, ein paar Wochen später, scheint das Ende gekommen zu sein: Durch den Telefondraht erreicht die gebrochene Stimme eines Sterbenden mein Ohr – ich haste aus der Telefonzelle zurück in die Wohnung – packe das Kind – gebe es der Spanierin in die Arme – stürze zum Auto – rase in die Klinik – renne die Treppen hinauf, weil ich schneller als der Lift bin – und sehe von weitem, daß die letzte Zimmertüre im Gang nur angelehnt ist – ein alarmierendes Zeichen – wahrscheinlich der Arzt – wahrscheinlich die letzten Versuche im Kampf mit dem Tod – ich jage den Gang entlang – – und bleibe wie angewurzelt stehen: fröhliches Lachen hinter der Türe! Der Todgeweihte scherzt mit der jungen, blonden Elke.

Von jetzt an sind die frischen Blumen am Krankenbett mal von ihr und mal von mir. Und ich erlebe das als Entlastung. Von jetzt an löst sie mich immer mal ab, und ich kann stundenweise einfach zu Hause sein, ohne ein schlechtes Gewissen zu haben – und daß der Todkranke noch ein wenig freundliche Zuwendung von »auswärts« bekommt, das gönne ich ihm, mehr noch, ich freue mich für ihn.

Ostern. Sommerferien. Meine Schwägerin mit Familie im Urlaub ganz in der Nähe, um »nochmal« den Bruder/Schwager/Onkel zu sehen: »Anemone, wenn etwas passiert, kommst du zu uns mit dem Kind.«

Doch das Schicksal will es anders: Wenige Minuten vor der Heimreise fällt meinem Schwager das Feuerzeug aus der Hand – er kann es nicht mehr greifen – eine Stunde später ist der Arm gelähmt – die Hälfte des Gesichts – Krankenwagen –

Neurologie – Untersuchungen – Gehirntumor – Operation – Lungenembolie – Tod. Die Witwe bleibt bei uns.
Nach sechzehn Monaten Krankenhausaufenthalt wird ihr Bruder entlassen: vorläufiger Sieg über die UNHEILBARE-KRANKHEIT! Tapfer haben wir gekämpft – alle. Die Ärzte – der Patient – ich. Und jetzt Waffenstillstand. Ich kann es kaum fassen! Wir reisen heim!
Mein Mann wird überall mit jubelnder Begeisterung gefeiert. Ich – aber von mir ist nicht die Rede. Ich bringe den verwaisten Haushalt in Ordnung – versuche dem Kind die Ruhe und Geborgenheit zu geben, die ich selbst so dringend brauchte – ich träume von unbeschwert fröhlichen, gemeinsamen Ferien – vielleicht wünsche ich mir insgeheim die Überreichung eines »Verdienstkreuzes« – aber meine Leistung ist eine Selbstverständlichkeit gewesen, dafür gibt es keinen Orden. Und weil das alles selbstverständlich war, kann auch niemand auf die Idee kommen, ich könnte vielleicht jetzt schonungsbedürftig sein. Ich selbst halte das eher für eine wunderliche Neigung. Hingegen muß ich anerkennen: Schonungsbedürftig ist – meine Schwägerin, die Witwe. Alle Aufmerksamkeit meines Mannes gilt nun IHR. Natürlich: SIE ist ja Witwe, nicht ich. SIE leidet, SIE trauert, SIE ist zu bedauern – nicht ich. Alles Denken dreht sich um SIE.
Eines Tages bekomme ich einen keuchhustenähnlichen Anfall. Vielleicht ein wenig verschluckt, nichts weiter. Dann einen zweiten. Und noch einen. Immer wieder so einen keuchenden Erstickungsanfall. So, als ob mir jemand die Luft abdrehen würde. Alle Hustenmittel versagen. Ein Internist schiebt mich zum anderen. Schließlich lande ich in einer psychosomatischen Klinik. Neun Wochen bin ich dort. So lange hat mein Kind ohne mich sein können – dann wird es krank – ich unterbreche auf der Stelle die Therapie und kehre heim.

1965
Wegen der UNHEILBARENKRANKHEIT müssen wir zurück nach Deutschland. Wohnungssuche. Umzug. Neuer Hodgkinschub. Bestrahlungen. Wolfgang verträgt sie relativ gut, Gott sei Dank. Ich bin dankbar und kann ambulant meine Psychoanalyse fortsetzen.

1966

Nicht weit von der psychosomatischen Klinik entfernt gibt es einen Kindergarten, in dem psychotherapeutisch geschultes Personal arbeitet. Nach der schweren Zeit, die hinter uns allen liegt, ist dieser Ort ein Segen für unser Kind. Fortan fahre ich täglich knapp vierzig Kilometer, um Berndt in diesen Kindergarten zu bringen und selbst in Psychoanalyse zu gehen.

Psychoanalyse. Da ist nun zum ersten Mal in meinem Leben ein Mensch, mit dem ich über all das sprechen kann, was sich unter der sonnenstrahlenden Oberfläche des »freundlichen Krebses« zuträgt, dem ich diese bedrängende innere Wirklichkeit zeigen kann, der zuhört, der mich versteht – und der mich verstehen macht. Ganz allmählich eröffnet sich mir eine neue, zusätzliche Realität: Neben der bewußten Wirklichkeit nimmt die unbewußte Wirklichkeitsebene immer klarere Konturen an. Es ist, als würde mir eine zweite Welt gezeigt, ein Aspekt des Seins, von dem ich bis dahin keine Ahnung gehabt hatte. Ich spüre, wie sich die Dinge in mir erweitern und bin voll beschäftigt, diese neue Dimension zu integrieren, die Umgebung mit den neuen Aufgaben zu sehen. Eine wesentliche Erkenntnis ist die, daß es nicht immer Viren sind, an denen wir erkranken – sondern daß es ganz andere »Krankmacher« gibt: Kränkungen, Verlogenheiten, Ängste (bewußte wie unbewußte), in einem Wort: Seelenstreß. Dieses frische Wissen überzeugt mich, es krempelt mein Weltbild um – und ich möchte die beiden Menschen, die mir am nächsten stehen, teilnehmen lassen an diesen umwälzenden Erkenntnissen. Aber mein Mann hat keine Valenzen frei. Für ihn gibt es nur seine UNHEILBARE-KRANKHEIT und seinen Beruf, wobei ihm dieser keine Zeit läßt, darüber nachzusinnen, was jene verursacht haben könnte. Und meine Schwägerin hat auch »anderes im Kopf«. Im Verständnis, das jeder für jeden aufbringt, leben wir uns alle auseinander.

1967

Ich fühle mich im Vollbesitz meiner Kräfte! Die Welt ist prächtig und wunderbar! Im Verlauf meiner Analyse haben sich die inneren Verkrampfungen gelöst, ich fühle mich befreit! Und wer anders als mein Mann sollte das Glück dieser Befreiung mit mir teilen? Wir fahren in Urlaub, er und ich. Sprudelnde Lebensfreude habe ich im Gepäck. DAS ist meine Hochzeitsreise! Ich ahne in mir das glückstrahlende Ja zur Liebe. Alle

Poren meiner Haut flüstern: »Du wirst es sehen, du bist gar nicht frigide.« Ein Hotelzimmer in Salzburg. Ich freue mich, daß das Schicksal uns diesen Tag schenkt. Nicht so mein Mann: »Ich traue dem Schicksal nicht über den Weg.« »Aber wenn wir nicht die Tage leben, wo wir leben, wann wollen wir dann leben? Am Jetzt vorbeigehen, heißt am Leben vorbeigehen!« Voll zärtlicher Zuneigung möchte ich ihn durch diese Hochzeitsnacht führen – aber er ist impotent. Weinend meint er, das sei sicherlich eine Folge der Bestrahlungen in der Leiste – küßt mich – dankt mir dafür, daß ich das verstehen kann – für alle Zukunft, denn man müsse davon ausgehen, daß solche Schäden irreversibel seien – aber daß wir es doch trotzdem schön haben könnten, auch ohne »das« – er liebkost und streichelt mich – und ich erlebe den ersten Orgasmus meines Lebens.

1968
Schwerer neuer Hodgkinangriff. Monate in der Klinik. Wenn Berndt nicht in die Schule muß, gehen wir zusammen den Vater besuchen. Nun hat dieser zwar die Einschulung des Sohnes miterlebt – aber er wird kaum das erste Versetzungszeugnis sehen. Ich leide mit diesem sterbenden jungen Mann – wenn ich bei ihm bin, spricht er von alledem, was er »wohl nie« erleben wird. Wir weinen beide.
In dieser Zeit kündet ein sehr geliebter Onkel seinen Besuch an. Die Ärzte lassen mich wissen, daß er für den Patienten vielleicht zu anstrengend sein wird – ich bin bereit, ihn abzuwenden. »Nein – nein –«, haucht elend der matte Kranke, »wer weiß, ob ich ihn je nochmal werde sehen können –«. Der Onkel kommt. Ich mache ihn auf den ernsten Zustand seines Neffen aufmerksam, bevor wir das Krankenzimmer betreten. Dort finden wir einen heiter in seinem Bett liegenden Mann vor – blaß zwar, aber guter Dinge! – Ich bin verwirrt – und der Onkel: »Anemone, vielleicht schwebst du in größerer Gefahr als dein Mann. Paß auf dich auf –«

1969
Rückzug der feindlichen Hodgkintruppen. Atempause. Wir konnten keine Lebensversicherung mehr für Wolfgang abschließen; haben aber erfahren, daß Bausparkassen die Schulden tilgen, falls der Bauherr stirbt. Wir setzen alle Bausparkassen ein und bauen ein Haus. Während der Bauarbeiten immer wieder wochenlange Krankenhausaufenthalte. Einmal fahre

ich den schwerkranken Bauherrn an die Baustelle. Schluchzend bricht er dort zusammen: »Ich werde hier niemals einziehen –!« Im Herbst ziehen wir in das neue Haus ein.

1970
Wieder einmal Rückzug der UNHEILBARENKRANKHEIT. Wir wohnen in dem neuen Haus – zufrieden – dankbar. Vor dem Hintergrund dieser Dankbarkeit soll eine Einweihungsfeier stattfinden, zu der alle jene Menschen eingeladen werden, die uns auf dem Weg bis hierhin begleitet und geholfen haben. Ich treffe alle Vorbereitungen, richte ein kaltes Buffet, ordne Blumen in die Vasen – glücklich. Seit einiger Zeit spiele ich auch wieder Klavier: an dem Abend eine Mozartsonate. Jeder schien das Fest genossen zu haben – am meisten ich: »Wie hat es dir gefallen?« frage ich, in seligen Höhen schwebend, meinen Mann. »Hmm – war ja schade, daß du da in der Sonate mal gepatzt hast.«

1970
Schwerster Hodgkinangriff. Weihnachten wird das letzte Weihnachten sein – ich leide mit diesem sterbenden, noch so jungen Mann – wenn ich bei ihm bin, schluchzt er, spricht von allem, was er wohl nie erleben wird: Berndts Übergang in die Höhere Schule zum Beispiel. Denn die Schulmedizin hat mittlerweile ihre Grenzen erreicht. Der Chefarzt klopft dem Patienten auf die Schulter: »Acht Jahre haben wir sie jetzt am Leben erhalten können, das sind mehr, als wir hatten erwarten können. Fahren sie nun irgendwohin, wo sie gern sind – das tut ihnen gut – und vielleicht geschieht ein Wunder – das weiß man nie. Was wir wissen, ist, daß wir jetzt nichts mehr tun können.«
Das »Wunder« geschieht. Wir geraten an die Anschrift eines Mannes, der Antikrebspillen verkauft – ein Außenseiter der Medizin natürlich. Der Weg zu ihm ist wie der Weg zur Engelmacherin. Hinterhofmilieu. Die Untersuchung erfolgt mit den »sensiblen Händen«. Dann werden die Wunderpillen angeboten: Sie sehen aus wie Hasenkot, stinken mörderisch. Eingenommen werden sie in einem auf einem Eßlöffel errichteten Joghurtbett – dreimal täglich fünf Kotkugeln. Zehn Minuten später hat noch ein rohes Eigelb zu folgen. Mit einer allgemeinen Besserung des Befindens kann in einem Monat gerechnet werden. Nach einem Monat ist mein Mann wieder in der Lage, seinen Beruf auszuüben.

1971
Die Pillen werden Bestandteil einer Zeremonie, von der die Glückseligkeit meines Mannes abhängt. Und tatsächlich, es geht ihm so glänzend, wie seit zehn Jahren nicht. Da passiert etwas Neues: Die Stimme wird rauh und rauher, belegt. KREBSVERDACHT! Operation sofort erforderlich! »Gegebenenfalls trennen wir die Stimmbänder heraus. Absolutes Rauchverbot natürlich!« Wieder einmal Katastrophenstimmung. Wie können wir diese Stimmbänder retten? Wir konsultieren noch andere Spezialisten – und ernten andere Meinungen. Zum Beispiel »abwarten«. Aber tatenlos abwarten? Da entdecken wir die richtige Annonce zur rechten Zeit: *HEIL-HYPNOSE – wenn Sie sich das Rauchen abgewöhnen wollen...* Nach sechs Wochen ist die Heiserkeit weg – und die Stimmbänder sind gerettet.

1972
Wir genießen eine herrliche Reise. Ich ergreife alles Glück, dessen ich habhaft werden kann. Wir gehen wieder ins Konzert, ins Theater –
Theater. Fünfmal täglich erleben wir eine beeindruckende Szene in den eigenen vier Wänden: Wolfgang zelebriert die Einnahme der Hasenkugeln. Umständlich mit Joghurt auf Löffel und Pillen auf Joghurt und Joghurt auf Pillen und Jonglieren des Joghurt-Pillen-Joghurt-Berges zum weit geöffneten Mund (wobei fast immer etwas unterwegs vom Löffel fällt), dann Absetzen der Ladung auf der herausgestreckten Zunge, Zunge rein, Mund zu, Würgen mit zugekniffenen Augen – mehrfach hintereinander – und ein Weilchen später: Aufschlagen eines rohen Eies, Eidotter von einer Eischalenhälfte in die andere hinüberfallen lassen, so lange, bis es vom Eiweiß befreit ist, tropfende Eischalenhälfte zum geöffneten Mund führen, Eigelb hineinrutschen lassen, Kopf nach hinten legen, schlucken – und zwar so, daß der Betrachter den Eindruck gewinnt, als würde eine lebendige Kröte verschlungen. Leiden kann auch etwas Demonstratives haben. Dieses Ritual ist an bestimmte Zeiten gebunden, wie der Kniefall des Mohammedaners gen Mekka: ob zu Hause oder auf Reisen, die Szene läuft ab – und nicht in diskreter Zurückgezogenheit, sondern (Zufall oder Absicht?) coram publico. Ganz langsam beschleicht mich ein gewisses Unbehagen bei diesen Auftritten, die ich immer eindeutiger wie Exhibitionismus erlebe – der mich stört – den ich

nicht verstehen kann – der mich aber belastet – den ich überflüssig finde – den ich deswegen ablehne – – aber ich wage es nicht auszusprechen, weil ich weiß, daß das ein fürchterliches Unwetter auslösen würde. Also begnüge ich mich damit, immer öfter wegzusehen – – um immer mehr am Gedeihen unseres Sohnes teilzunehmen, der weder in der Schule noch zu Hause Anlaß zu Klagen oder zu Sorgen gibt.
Bis eines Tages um 12.30 Uhr das Telefon klingelt, und ich die zitternde Stimme des Pedells vernehme: »– – ihr Berndt – er war auf dem Zebrastreifen – da hat ihn ein Auto umgefahren – wir haben die Ambulanz schon gerufen –« Kochtopf weg! Herd abgestellt! Schlüssel geschnappt! Fliegender Start! Ein Martinshorn überholt uns – wir hinterher! Dann am Straßenrand eine Menschentraube: da liegt das Kind neben dem Bordstein. Bei Besinnung. Ich knie mich zu ihm; er flüstert: »Bleibst du jetzt bei mir?« »Sicher.«
Die körperlichen Schäden sind glücklicherweise nicht so schlimm. Schlimmer die seelischen: Da hatte er sich ganz richtig verhalten, und es war trotzdem zu diesem Unfall gekommen! GEFAHREN lauerten offenbar überall, auf der Straße wie zu Hause. Denn daß zu Hause GEFAHR war, das hatte Berndt wohl schon als Säugling assimiliert. TODESGEFAHR überall! Und höchstens, wenn man bei der Mutter auf dem Schoß saß, konnte man wirklich sicher sein. Über ein Jahr brauchte eine erfahrene Psychologin, um das seelische Gleichgewicht des so geschockten Kindes wieder herzustellen. In dieser Zeit konnte Berndt nur lächeln oder lachen, wenn ich bei ihm war.

1973
Ein schwieriges Jahr, obwohl äußerlich ganz ruhig. Keine spektakulären Ereignisse, kein lautes Kriegsgeschrei – und doch kein Frieden: Berndt konnte viele Monate lang nicht am Unterricht in der Schule teilnehmen und war zu Hause. Jetzt war ER krank und »brauchte« mich, während der Vater morgens das Haus verließ und zur Arbeit ging. Doch obgleich es diesem also relativ gutging, konnte er die UNHEILBAREKRANKHEIT nicht »ablegen«. Er trug sie nach Dienstschluß wie andere einen Hausrock. Bei den Mahlzeiten legt sich so etwas wie ein Trauerflor über die Miene des Hausherrn, in der zu lesen steht: »Seht ihr, wie schlecht es mir geht, ich mit meinem Leiden. Überseht ihr es auch gewiß niemals?« Es wird das Dargebotene mit gro-

ßem Appetit verspeist – was an sich schon Glück ist und besonders, wenn man strenge Diät kennengelernt hat, aber es geschieht ohne Freude – als gäbe es eine subtile, heimliche Leidensrivalität: Zwar ist das Kranksein des SOHNES aktuell, aber das Kranksein des VATERS steht dennoch im Mittelpunkt des Tages, wenngleich es in Wirklichkeit in den Hintergrund getreten war. Der Vater gibt das Monopol der Krankheit nicht aus der Hand.

Mehr und mehr irritiert mich diese Lust am Leiden, dessen ständiges Zurschaustellen. Und ich mache entsprechende vorsichtige Andeutungen. Die werden mit Empörung abgewiesen. Also schweige ich und beobachte: Ich beobachte, wie der Trauerschleier plötzlich abgeworfen wird, wenn zum Beispiel das Telefon klingelt und Elke am Apparat ist; ich beobachte, daß der Trauerschleier so gut wie niemals das Gesicht verdunkelt, wenn Gäste da sind. Und was auch immer ich tue, wie auch immer ich mich hinterher gebe: Ich kann die Wiederaufnahme des Trauerschleiers nicht verhindern. Unaufhaltsam legt er sich zwischen uns. Gedankenfetzen flattern durch mein Gehirn, etwa die Worte von Maxim Gorki, der das Leiden *den Lieblingsberuf der meisten Menschen* nannte; oder Dostojewskis Spott über die Leidensbereitschaft der russischen Seele: *unter den Leidens-Lumpen kommt häufig der gesunde Körper eines Reflektanten auf Mitleid und sogar noch Schlimmeres zum Vorschein.* Ich beobachte –

Aber da schlägt die Krankheit tatsächlich wieder zu und trotz der stinkenden Wunder-Kugeln!

1974

Viele Monate Klinik. Pendelverkehr zwischen daheim und dort – mit und ohne Sohn. Aber ich kann den sensiblen und durch seinen eigenen Unfall immer noch geschädigten Jungen nicht viel alleinlassen und ihn auch nicht oft mitnehmen – also bleibe ich bei ihm – mehr bei ihm als bei seinem Vater. Das scheint dessen Zustand verheerend zu verschlechtern – er ruft nach mir – verzweifelt – Gewissensbisse quälen mich: Ist mir mein Kind wichtiger als mein Mann? Soll ich den Mann abgeben oder das Kind? Wem darf ich näherstehen, dem Kind oder dem Mann? Wer ist gefährdeter, der Mann oder das Kind?? Ich zerreiße mich! Ach, würde ich doch gezweiteilt, damit jeder ein Stück für sich bekommen könnte! Ich kann mich nicht entscheiden! Ich weiß nicht, wohin ich soll! Und wenn ich beim Sohn bin, pei-

nigt mich der Gedanke, daß ich beim Mann sein sollte, und bin ich beim Mann, fühle ich, wie das Kind nach mir schreit! Und je elender mein Mann wird, desto schrecklicher sind die Martern. Desto heftiger mein Bemühen, Unbill von ihm fernzuhalten. Wenn ich bei ihm bin, schluchzt er – und spricht von alldem, was er »wohl nie« erleben wird: Berndts Abitur zum Beispiel! Wir weinen beide – denn Weihnachten wird das letzte Weihnachten sein – und Weihnachten steht vor der Tür!
Wird er noch leben Weihnachten? Gerade noch eben? Wird er über Weihnachten nach Hause dürfen? Niemand weiß das. Und so bereite ich zwei mögliche Weihnachten vor: eines für die Klinik – und eines für daheim, falls er beurlaubt werden kann. Und da es vielleicht das letzte Mal sein wird, sollten auch seine Eltern eingeladen werden. Zwar kümmern die sich wenig oder gar nicht um die Krankheit ihres Sohnes, aber sie sind doch seine Eltern. Zwischen den Besuchen im Krankenzimmer treffe ich ganz besonders liebevoll weihnachtliche Vorkehrungen, ausgerichtet an den geheimen und weniger geheimen Wünschen des kranken – Mannes.
20. Dezember: Die Ärzte wissen immer noch nicht, ob sie es verantworten können, diesen Patienten über Weihnachten zu entlassen.
22. Dezember: Mit Herzklopfen gehe ich in die Klinik. Im Gang der Stationsarzt: »Also, der Chef will Ihren Mann nicht gehenlassen.« Das DARF nicht sein!«, bricht es aus mir hervor, »mit dem Kind Weihnachten in der Klinik! Nein! Nicht nochmal!«
23. Dezember: die Blutsenkung ist ein winziges bißchen besser. Ablesefehler? Weil Weihnachten ist: Tendenzwende. Der Patient wird »freigegeben«. Er ist grau und elend. Stützt sich auf meine schmale Schulter – langsam bewegen wir uns den Gang entlang zum Lift. Unten in der Halle sinkt er erschöpft auf eine Bank. Ich fahre mit dem Auto vor. Helfe, die wenigen Schritte gehen. Zu Hause kann der entkräftete Mann nur mit Mühe sein Bett erreichen. Er lächelt müde seinem Kind zu, das sich so sehr auf Vaters Heimkehr gefreut hatte. Es gibt mir einen Stich ins Herz: Wäre es vielleicht doch besser gewesen, er wäre in der Klinik und ich hätte Weihnachten allein mit Berndt gefeiert? Wäre das weniger deprimierend für ihn als der Anblick dieses vom Tod gezeichneten Vaters? Zweifel schütteln mich.
»Der Vater ist müde von der Fahrt. Morgen wird's besser sein. Morgen ist Weihnachten. Weihnachten mit dem Papi, das haben wir uns doch gewünscht, nicht?« Berndt nickt unsicher.

Wieder ein Stich ins Herz. Noch ein geistiger Klimmzug: »Weißt du was? Leg doch schon das Memory-Spiel auf. Ich rufe nur die Großeltern an, dann komme ich.« »Jaa – aber du mußt RICHTIG mitspielen und aufpassen. Gestern hast du nicht RICHTIG mitgespielt!« Ein dritter Stich.
24. Dezember: Wolfgang hat eine gute Nacht hinter sich, geht alleine ins Bad, muß sich aber gleich danach wieder hinlegen. Erschöpft. Später spielt er im Bett »Bimbo« mit seinem Sohn. Aber das feinfühlige Kind merkt schnell, daß es eine Last für den Vater ist und trollt sich. Mein Unbehagen wächst. Ich nehme Berndt mit in die Küche, und wir bereiten zusammen das Mittagessen vor. Berndt hat Engelchen ausgeschnitten und auf den Tisch gesetzt. Der Vater schleppt sich an seinen Platz – und übersieht gänzlich die eigens für ihn gedachte Tischdekoration. Ich fühle, wie enttäuscht dieses Kind ist und sage: »Hast du gesehen, wie hübsch die Engelchen sind, die Berndt gebastelt hat?« »Ja? Hübsch. Es ist eben doch alles viel anstrengender zu Hause. Ich muß mich nachher gleich wieder hinlegen, wenn ich heute abend einigermaßen überstehen will.« Mein Unbehagen nimmt weiter zu. Am Nachmittag gehe ich mit Berndt in den Wald. Tobend zwischen den frischbezuckerten Bäumen reagieren wir unsere Angst ab. Wieder zu Hause, sind die Großeltern schon da. Ihr Sohn sitzt munter zwischen ihnen und hört aufmerksam zu, wie das Leben in dem Seniorenheim ist, wie unerfreulich dies und jenes und vor allem wie teuer. So teuer, daß das Geld nicht reicht, um an den Theater- und Konzertveranstaltungen teilzunehmen. Auch seien die Ausflüge so teuer, daß sie sich die nicht leisten können – und deshalb würden sie gerne die Gelegenheit ihres Besuches wahrnehmen, um den Sohn zu bitten, eine monatliche Überweisung an sie vorzunehmen in Höhe von –
Ein Donnerschlag! Ein eiskalter Schock trifft mich!! Ich drohe, die Fassung zu verlieren! Zorn schießt hin und her und kreuz und quer durch mein Gehirn! Da verlangen Eltern Geld für Vergnügungen von ihrem Sohn, der selbst schon lange nicht mehr an Derartigem teilnehmen kann! Und fordern tun diese mißratenen Eltern es in einem Augenblick, wo er dem Tod näher ist als dem Leben! Aber auch das ist nicht zu fassen: Da konnte der todkranke Mann vor wenigen Stunden kaum zu Tisch gehen – und jetzt?? Eigentlich ja ein Anlaß zu überschäumender Freude! Andrerseits wirbelt die Frage auf, die mich schon so oft bedrängt hat: Wie ist dieses Wechselspiel von

Leiden und Nicht-Leiden zu verstehen? Ist das überhaupt zu verstehen? Wie funktioniert das: Schmerzen und Schwäche für mich – Heiterkeit und Kraft für die anderen? Ich bin verwirrt. Ich fühle, wie das Vertrauen zu meinem Mann zutiefst erschüttert wird. Ich spüre, wie ein Schmerzungetüm Besitz von mir ergriffen und an meinem Inneren zu nagen begonnen hat...

In mir tobt es! Da nehme ich seit Jahren ständig Rücksicht auf diesen Mann – verbrauche meine Kräfte für ihn – stelle meine Bedürfnisse immer und immer zurück – und hier sitzen seine Erzeuger, denken gar nicht an Rücksicht – denken gar nicht an ihn – nur an sich – an ihr Vergnügen! IHRES! Ich drohe zu zerplatzen vor Wut!

Aber es ist Weihnachten. Und ich bin ein Krebs, »das freundlichste unter den Sternzeichen«. Für Berndt nehme ich mich zusammen. Für ihn allein ist dieses Weihnachtsfest. Für ihn kann ich Bärenkräfte entwickeln. Und mit diesen gelingt es mir, sanftmütig, fröhlich zu sein – trotz allem.

26. Dezember. Ist es gelungen, mit dem warmen Schein der brennenden Kerzen die festliche Eiseskälte zu brechen? Hat das Kind etwas gemerkt von der brodelnden Verlogenheit unter der Weihnachtsdecke?

Sein Vater liegt elend und schwach neben mir auf dem Beifahrersitz. Wir sind auf demWeg in die Klinik. Während ich in vergleichbaren Situationen jedwede unerquickliche Äußerung unterlassen habe, um ihn zu schonen, verbalisiere ich heute zum ersten Mal ein Stück Unbehagen: »Ich fand das Verhalten deiner Eltern roh und egoistisch.« »Hat mich auch geärgert.« »Hast du ihnen das gesagt?« »Wo denkst du hin?! Es sind doch meine Eltern!« »Und ihre Forderungen?« »Ich werde das per Dauerauftrag erledigen.« »Aha. Wer also keine Rücksicht auf dich nimmt, niemals an dich, immer nur an sich denkt, der wird belohnt. Und wer sich für dich aufopfert –« »Bist du eifersüchtig auf diese armen, alten Leute?« »Arm? Alt? Die lassen kein mögliches Vergnügen aus! WIR sind in den vergangenen zehn Jahren nicht so oft ausgegangen wie die in einem einzigen Monat!« »Weil ich nicht KONNTE.« »Das weiß ich. Und ich habe es dir doch auch nicht zum Vorwurf gemacht. Aber daß du jetzt diesen Leuten Vergnügen schenkst, die dir kein einziges Mal ein paar Blumen in die Klinik geschickt haben, sich unterdessen auf fröhlichen Festen amüsierten und dich das auch noch haben wissen lassen, während ich –« »Du sollst deinen Vater und deine Mutter ehren, ihnen dienen, gehorchen, sie lieb und wert halten.« »Wie praktisch für die Eltern. Eine Mutter scheint nur Rechte zu haben – eine Ehefrau nur Pflichten.«

1975
Jetzt hatte der Krug einen Sprung bekommen. Einen Sprung, der sich langsam verästelte.
Die erste Theater-Zahlung ging an diese Rabeneltern (ist es nicht der Kuckuck, der sich nicht um seine Kinder kümmert?) – also, die erste Theater-Zahlung (ist Theater nicht der Ort, wo jeder seine Rolle spielt? ›Der gehorsame Sohn‹ – ›der starke, zu bewundernde Vater‹ – ›die gute Mutter‹ – ›die böse Schwiegertochter‹ – Theater ist dort, wo man eine andere als die eigene Wirklichkeit darstellt) – also nochmal: die erste Zahlung an die Kuckuckseltern verließ unser Konto im Januar – als die Ärzte in erbittertem Einsatz gegen den Todfeind im Körper ihres Jungen kämpften und es unsicher war, ob sie diesmal nicht doch unterliegen würden – – –
Doch die Blutsenkung war kein Ablesefehler. Es ging langsam, ganz langsam wieder aufwärts. Mein Mann überstand auch diese Hodgkinattacke. Schlapp und abgezehrt wurde er Ostern entlassen. Und während jene diebischen Elsterneltern die dritte oder vierte Zahlung verjubelten, stützte ich den Rekonvalszenten bei seinen ersten Schritten im Garten: einmal bis zur blühenden Magnolie und zurück. Große Strapaze für ihn. Nicht für mich? Ja: auch für mich. Immer mehr auch für mich. Immer mehr wühlte das Mißtrauen nun in mir: Würde dieser Genesende seufzen und stöhnen, würde er jeden Verzicht als tragisches Un-Glück beklagen, wenn nicht ich, sondern sonstwer bei ihm wäre? Oder machte ich, trotz annähernd unermüdlichen Einsatzes, etwas falsch und wußte es nicht? Oder gab es in ihm einen Widersacher, der ihn zwang, unfroh zu sein? Vielleicht eine Krankheit UNTER der Krankheit? Das Krankheitsbild UNTER dem Hodgkin manifestierte sich – mir gegenüber – im andauernd gepflegten Schmerz, der zum Versäumnis am Leben wurde.
Ich versuchte, meinem Mann diese unglückselige Zweitkrankheit bewußt zu machen, zeigte auf all die Aspekte unseres Daseins, die uns doch aber auch froh und dankbar machen mußten: daß der Tod ihn auch diesmal wieder freigegeben hatte und er jetzt den warmen Lenz einatmen durfte – und – und – und –.
Seine vorwurfsvolle Entgegnung: »Ja, du kannst gut reden, du bist ja auch gesund!«

War es das?
War es der Ärger, daß immer er krank war und niemals ich? Waren es Rachegefühle, die Glied um Glied dieser entsetzlichen Klage-Kette schmiedeten?
Kette. An einer goldglänzenden Kette hat er mich durch den Fasching gezogen, damals, im ersten Jahr unserer Ehe. Er, ein Pascha, ich eine Haremsdame oder vielleicht Sklavin. Ich, so war der gemeinsame Auftritt vereinbart gewesen, folgte ihm teils widerstrebend, teils demütig gehorchend an besagter Kette festgemacht, die, wenn er sie nicht in der Hand hielt, an seinem Stuhl befestigt wurde ... Jeder hatte sein Vergnügen an dieser Darbietung. Und ich? War es nur ein Spiel für mich? Ja, das war es – aber eines, an das ich in der Folgezeit merkwürdig oft habe denken müssen. Ein Spiel, dessen Tiefgang mir im Augenblick nicht bewußt war, dessen innere Realität, dessen innere Wahrheit aber nun immer häufiger die Decke des Alltags durchbrach. Immer häufiger bekam ich sie jetzt zu sehen, die Kette – inzwischen glanzlos und grau geworden. Täglich wurde mit der Klage-Kette gerasselt – mindestens so laut, daß ich ihre Existenz bemerken mußte. Aber was wollte er denn mit dieser Kette? Mich an sich schmieden? Ich trug mich doch gar nicht mit dem Gedanken, ihn zu verlassen. Sollte ich gedemütigt, in die Knie gezwungen werden? Auf jeden Fall waren die Klagen eine Art Zensur für meine Lebensleistung: »mangelhaft bis ungenügend«. So ungenügend war mein Einsatz, daß er eben dauernd etwas zu be-klagen hatte.
Die Klagen waren gegen mich gerichtete Pfeile. Und sie trafen immer präziser in die Brust. Und an dieser Stelle konnte das gegen mich gerichtete anarchische Wachstum beginnen, der Krebs seine Wurzel schlagen.

Die Schwermutschnellen hindurch
am blanken Wundenspiegel vorbei:
da waren die vierzig
entrindeten Lebensbäume geflößt.

Einzige Gegenschwimmerin,
du zählst sie,
berührst sie alle. (Paul Celan)

Teilstrecke 15
(Die auf den Rücken gefallene Schildkröte)

»So, liebe Frau Sandkorn, jetzt kommen wir zu Ihnen: Bettenmachen. Sie haben sich gar nicht mehr gemeldet. War alles in Ordnung?« »Oh ja – vielen Dank. Ich habe einfach still dagelegen und gedacht, was für eine wunderbare Sache die Gesundheit ist.« »Und man erkennt sie oft erst, wenn man krank ist. Manchmal lernen wir erst durch Krankheit den Wert der Gesundheit kennen.« »Ob es auch Leute gibt, die den Wert der Krankheit schätzen?« »Sicher! Leute, die für jedes Versagen ein Wehweh verantwortlich machen. Nein, nein, bleiben Sie nur liegen! Wir beziehen die Matratze, ohne daß Sie das Bett verlassen.« In Sekundenschnelle ist alles geschehen. Ich komme kaum dazu, »auah« zu sagen, da liege ich bereits frischgebettet da, die Blutflaschen rechts und links am Bettrand eingehakt. Der Schmerz, den die lose aus dem Leib hängenden Drainageschläuche an der Austrittstelle erzeugen, wenn ich mich auf die Seite drehe, sorgt dafür, daß ich auf dem Rücken liegenbleibe.
Gräßlich! Ich fühle mich wie eine Schildkröte, die auf den Rücken gefallen ist: Gelingt es ihr nicht, wieder auf die Beine zu kommen, ist sie verloren. Bin ich verloren? Fast sah es so aus –

1976.
Der Frauenarzt, den ich konsultierte, lächelte von den Höhen seiner Erfahrung herab: »Ein harmloses Pickelchen, Frau Sandkorn.« Ich »wußte« es anders. Es war ein felsensicheres »Wissen« fernab jeglicher Ratio, das mich noch ein Krebsvorsorgeinstitut aufsuchen hieß. Dort war man der Ansicht, die Medien hätten mich vielleicht ein bißchen »nervös« gemacht, und ich solle nicht in jedem Knötchen ein Carcinoma sehen wollen und ganz beruhigt sein: An dieser Stelle und so, wie es sich anfühle, sei es keines. Ich bat, es zu punktieren, damit eine histologische Untersuchung vorgenommen werden könne. Meine trotzige Beharrlichkeit bereitete sichtlichen Ärger, und

ich weiß auch nicht, woher ich mein ungewöhnliches Durchstehvermögen nahm –, aber ich blieb dabei – und acht Tage später hatte ich die schriftliche Bestätigung: KREBS.
Es war dennoch niederschmetternd, obgleich ich es ja längst schon »gewußt« hatte. Noch niederschmetternder war die Uneinigkeit der Ärzte zu der Frage, was denn nun zu geschehen habe. Da gab es den »klassischen Chirurgen«, der sofort eine Totaloperation vornehmen wollte, und den »milden Operateur«, der nur den Knoten zu beseitigen gedachte; den »Antichirurgen«, der nur mit Chemotherapie arbeitete und den Röntgenologen, der für seine Strahlen warb; dann wurden die Kombinationen »Stahl & Strahl« ebenso wie »Messer & Chemie« angeboten. Ein gänzlich anderer Vorschlag kam aus dem Land der unbegrenzten Möglichkeiten: »körpereigene Abwehrkräfte stärken und den Krebs psychotherapeutisch bekämpfen«. EHETHERAPIE! Das wäre die Methode meiner Wahl gewesen. Doch die stieß auf den Protest meines Mannes... Alle Formen der Krebsbekämpfung waren überzeugend vorgetragen: Ich hatte die Qual der Wahl, was ich aber besser fand als das roulettehafte Liegenbleiben auf der erstbesten Offerte. Die Version »Amputation & Wiederaufbau« bekam den Zuschlag.
Die Amputation war erfolgt.
Kurz vor der Wiederaufbauoperation bietet sich unserem noch minderjährigen Sohn die unerwartete Möglichkeit, umsonst eine Thailandrundreise zu machen. Weil wir ihn nicht alleine gehen lassen wollen und weil Thailand schon immer mein Traumland gewesen ist, schenkt mein Mann mir diese Märchenreise. Und spendiert noch ein extra Flugticket nach Bangkok unserer gemeinsamen Freundin – Elke. Wir reisen zu dritt.

1977
Während ich den Wiederaufbau an mir vornehmen lasse, geht mein Mann in Kur und schickt von dort eine »harmlose« Einladung an – Elke. Als Gegenleistung schenkt sie ihm ihren unversehrten Busen.

1978
Metastasenverdacht! Operation. Entwarnung. Es tickt der Zeitzünder. Aber ich höre ihn nicht.

1979
Zweiter Krebsbefall! Fortgeschrittenes Stadium.
Operation & Chemotherapie.

1980
Dennoch ist es immer noch so, daß mein Mann meine Hilfe braucht und erwartet und bekommt: Ich begleite ihn erneut auf seine Dienstreise in die USA. Aber jetzt habe ich die Worte einer Psychologin im Ohr, die mir dringend nahegelegt hat, den interehelichen Konflikt aufzugreifen. Und so eröffne ich die Auseinandersetzung.

> *Die Eheschließung ist nicht Einfahrt in einen sicheren Hafen, sondern Ausfahrt aufs offene Meer.*
>
> (Anemone Sandkorn)

Teilstrecke 16
(Positiva)

»Brav haben Sie ausgehalten, Frau Sandkorn! Jetzt ist die Durststrecke zu Ende.« Nichts, gar nichts ist in diesem Augenblick herrlicher als dieser Tee – und wieder ist eine Durststrecke geschafft.

Läge nur auch die seelische Durststrecke endlich hinter mir! Es ist aber keine Oase in Sicht, wo eine innere Begegnung stattfinden könnte. Wüste – soweit das Auge des Herzens reicht.

Aber auch die Wüste lebt. Gerade im Grenzbereich des Lebens gibt es zwar wenige, aber dafür besonders zauberhafte Blüten. Sie erlebt man wie strahlende Sterne am Nachthimmel. Wir brauchen das Lebensdunkel, um diese Lichter wahrnehmen zu können.

Lichter.

Es gab auch Lichter in unserer Ehe. Ich habe und werde das nicht vergessen. Aber sie sind allmählich ausgegangen, haben den Stürmen des Lebens nicht standgehalten. Jetzt ist es dunkel. Jetzt müssen die Fehler der Vergangenheit aufgespürt werden, um zu verstehen, wie es zu der Panne der Gegenwart hat kommen können – und um zu lernen, wie und ob jene Fehler vermeidbar sind. Natürlich habe ich sie durch meine individuelle Linse gesehen und erlebt. Jeder hat von der Welt ein subjektives Bild, eines, das durch seine narzißtische Orientierung verzerrt ist. Im Gespräch könnte es entzerrt werden, meine ich, stoße dabei aber auf den scheinbar unbezwingbaren Widerstand meines Mannes – und ich finde den Grund dafür nicht. Weiß ich doch, daß auch er es lieber hätte, wenn die Lichter wieder brennen würden, die das Toben des Schicksals erstickt hat.

Andere dagegen hat es aufstrahlen lassen: Freundschaften. Man erkennt sie erst, wenn die Unwetter um unser Dasein peitschen. Das Erkennen echter Freundschaft ist ein Geschenk, das höchste Not manchmal für uns bereithält. Ich habe viele solche Geschenke bekommen – Positiva des Lebens.

Zu den Positiva meines Lebens rechne ich auch die Begegnung

mit der Psychoanalyse, das Fenster, durch das ich einen Blick werfen konnte auf die innere Realität dieser Welt.
Und selbst das größte Un-Glück in meinem Leben, die UNHEILBAREKRANKHEIT, kann ich nicht nur negativ sehen. Durch sie habe ich einen Erfahrungsschatz gewonnen, der mir unter normalen Umständen verborgen geblieben wäre, sie hat mich der Konfrontation mit Schicksalen ausgesetzt, die mein Leben belastet haben, aber auch – bereichert. Nicht nur im Sinne einer thematischen Horizonterweiterung, sondern viel tiefer.
Über diese konkret bezeichenbaren Positionen hinaus hat mir die Wanderung entlang dem Grenzbereich zwischen Leben und Tod noch ein Positivum geschenkt, das mehr generellen Charakter hat: Ich habe die emotionellen Schwingungsweiten erfahren, von denen man nichts wissen kann, wenn sich die Lebensamplitude im gemäßigten Normalbereich bewegt. Nur so konnte ich erahnen, wie groß das Kräftepotential auf Erden ist.
Auf die Frage also, ob ich die schmerzhaften Aspekte meines Lebens aussparen wollte, wenn ich es wiederholen könnte, würde ich mit »nein« antworten. Aber auf die Frage, ob ich diesen Erfahrungszustrom immer weiter fließen lassen wollte, muß ich ebenfalls mit »nein« antworten – weil dieser Strom nämlich weit über sein Bett getreten ist und mittlerweile Überschwemmungsschäden verursacht hat. Zu den Flurschäden gehört – wie ich meine – mein Krebs.

Im Atemholen sind zweierlei Gnaden:
Die Luft einziehen, sich ihrer entladen;
jenes bedrängt, dieses erfrischt,
so wunderbar ist das Leben gemischt.
Du danke Gott, wenn er dich preßt,
und dank' ihm, wenn er dich wieder entläßt.
(J. W. v. Goethe)

Immer und überall ist die Natur bestrebt, die Waage ins Gleichgewicht zu bringen und jede Gunst mit einem Mangel, aber auch jeden Nachteil mit einem Vorzug auszutarieren. (Egon Friedell)

Teilstrecke 17
(Die »Johnnie-Walker-Hilfe«)

Es wird die Türe weit geöffnet, ein Servierwagen rollt herein, in seinem Kielwasser betritt die Schwester das Zimmer: »Wenn der Tag geht, kommt«, beginnt sie neckisch den Satz nach dem Johnnie-Walker-Whisky-Slogan, »der Abend! Was darf es sein? Gegen die Schmerzen etwas und zum Schlafen etwas, ja?« Damit wendet sie sich dem farbenfrohen Angebot auf dem Servierwagen zu: kleine Schächtelchen, Döschen, Glasröhrchen, Plastikkästchen. In fast jedem lauert ein potentieller Tod. Ich bekomme ein kleines Partikelchen potentiellen Todes in ein niedliches Puppenstubenschüsselchen gelegt, dazu eine in heiterem Orange gehaltene Pastille gegen Schmerzen, abgesegnet mit den besten Wünschen für eine angenehme Nacht. Ein wenig später da capo nebenan: »Wenn der Tag geht, kommt – –«

Und das, was tatsächlich kommen würde, nachdem die pausenlose Aktivität des Tages abgestellt ist, kann auch jetzt nicht kommen, weil Johnnie Walker eben kommt. Das, was den ganzen Tag lang nicht hat kommen können, weil es das Hindernis der ununterbrochenen Hektik nicht zu durchbrechen in der Lage war, wird auch jetzt ausgesperrt: Ein rundes Scheibchen hält Wache. Oder die brünette, klare Flüssigkeit. Oder eine Prise feinen, weißen Pulvers. Oder was auch immer – bloß das, was eigentlich kommen möchte, soll nicht kommen: Die Konflikte, unsere Konflikte – sie sollen draußen bleiben. Wir wollen sie am liebsten überhaupt gar nicht sehen! Was wir aber nicht sehen wollen, können wir nicht erkennen. Und was wir nicht erkennen können, läßt sich nicht verändern. Beseitigen läßt sich das Unglück, wenn überhaupt, nur dann, wenn man dessen innere Beschaffenheit durchschaut hat, wenn man den Mechanismus erkannt hat, der hinter dem Unglück steckt, der es verursacht hat. Eine Krankheit verliert dann an Schrecken, wenn man ihren Erreger entdeckt hat, dessen Lebensbedingungen erforscht und damit herausgefunden hat, was für ihn tödlich ist.

Eine katastrophale Praxis: Probleme dadurch beseitigen zu wollen, daß man sich in die Droge der Wahl verkriecht; wenn ihre Wirkung nachläßt, ist auch der Konflikt wieder da. Und größer als vorher, weil um einige Stunden älter. Größer auch, weil es auf die Dauer immer schwieriger wird, den behaglich unbekümmerten Geisteszustand künstlich zu erzwingen. Johnnie Walker hilft nicht wirklich – er sorgt nur dafür, daß die reale Konfliktbewältigung immer schleppender und schließlich ganz aufgegeben wird. Spätestens dann hat die Ursache des Mißbehagens den Sieg davongetragen.

Ich will nicht Besiegte sein, sondern selbst das Unbehagen in meiner Situation besiegen! Ich will nicht Opfer meines Eheleidens werden! Ich will ihm klar und offen ins Auge sehen. Keine Flucht in chemisch bewirkte süße Träume – keine falsche Erleichterung. Ich will nicht zu Johnnie Walker fliehen! Ich will nicht das Gefühl des Losgelöstseins von der Wirklichkeit. Ich will die Wirklichkeit ändern. Ich will echtes Glücksempfinden, das nicht immer wieder zusammenbricht, wenn die Wirkung der Pille nachläßt...

Nur jetzt und hier kann ich nicht an die Arbeit – für die ich Kräfte brauchen werde – Kräfte, die im Schlaf regenerieren. Ich brauche den Schlaf, der nicht kommen kann wegen der Schläuche im Leib und der Schmerzen –

also leere ich das Puppenstubenschüsselchen.

Morgen
gilt es, ein paar Zeichen zu setzen,
eine Landschaft zu skizzieren, einen Plan zu entwerfen
auf der Doppelseite
des Papiers und des Tages.
Morgen gilt es,
aufs neue,
die Wirklichkeit dieser Welt zu erfinden
...

(Octavio Paz)

Teilstrecke 18
(Stimulierung)

6.42 Uhr

»Einen wunderschönen, guten Morgen!« schmettert es an mein schlaftrunkenes Ohr, »heute dürfen wir die ersten Schritte machen!« Schon hat die Schwester die Blutflaschen ausgehakt und mir mit sicherem Griff unter die Achsel auf die Beine geholfen. »Na, geht's?« »Aber ja!« Sie begleitet mich in die »Naßzelle«, wo ich von ihr gewaschen werde. Dann fragt sie: »Möchten Sie sich lieber erst wieder hinlegen oder gleich noch die Zähne putzen?« »Nein, nein! Ich will an die Arbeit!« »Ich sehe, Sie muß man eher bremsen als stimulieren!«

Das ist heute offenbar anders als vor zwanzig Monaten. Nach dem zweiten Krebsbefall hielt es die Psychologin, die mich betreute, für richtig, zu stimulieren. Sie war zu der Erkenntnis gekommen, daß ich an einer chronischen Vergiftung leiden müsse. Die »Noxe« sei mein Mann oder besser, die Vorstellung, die ich von meiner »Aufgabe« in dieser Ehe hätte. Es sei eine praktisch »unmenschliche Anforderung«, die ich da an mich selbst gestellt hätte – an der ich endgültig zerbrechen würde, wenn ich nichts änderte.

»Und was soll ich tun?«

»Sprechen. Fressen Sie Ihre unangenehmen Gefühle nicht dauernd in sich hinein! Und reden Sie nicht mit dritten darüber, sondern mit Ihrem Mann, dem Verursacher.«

»Das wird entsetzlichen Streit geben.«

»Es gibt keine lebendige Ehe, in der nicht gestritten wird. Lernen Sie die Kunst des Streitens. Dazu gehören Worte, die genau das zum Ausdruck bringen, was Sie meinen. Planlose Beschimpfungen sind nutzlos. Packen Sie den Konfliktstoff an den Hörnern – dann packt er nicht umgekehrt Sie! Paare, die sich davor fürchten, ihre Konflikte untereinander auszutragen, stellen eines Tages fest, daß sie sich vollkommen auseinandergelebt haben.«

»Ich glaube, soweit sind wir bereits.«

»Das glaube ich nicht. Denn Sie haben den Versuch des Sprechens ja noch gar nicht gemacht. Lernen Sie Ihre eigenen Bedürfnisse und Wünsche kennen und teilen Sie sie mit. Ihr Mann hatte doch in all den zurückliegenden Jahren gar keine Gelegenheit, sie kennenzulernen. Machen Sie ihm die bisher verborgenen Probleme bewußt. Nur so erreichen Sie, daß sie, einmal bewußt gemacht, behandelt und gelöst werden können. Damit reduzieren Sie die Wahrscheinlichkeit, daß sie, weil unerkannt, unter der Decke Ihres ewigen Lächelns verborgen bleiben und eines Tages scheinbar schicksalhaft hervortreten und zur Scheidung führen.«

»Scheidung! Um Gottes willen! Auf keinen Fall!«

»Aber dann müssen Sie zu einer gemeinsamen Konfliktbewältigung finden. Schätzen Sie den ›lieben Frieden‹ nicht so hoch ein, daß Sie jeden Ehekrach im Keim ersticken: Der unterdrückte Krach, der verdrängte Konflikt macht Gefühle kaputt. Dagegen kann die gemeinsame Konfliktbewältigung zu einer Bereicherung der zwischenmenschlichen Beziehung führen. Entscheidend ist nur, daß beide Partner die grundsätzliche Bereitschaft mitbringen, ihr Verhalten zu hinterfragen und gegebenenfalls zu verändern. Was freilich um so schwieriger ist, je länger die unbefriedigende Beziehungsstruktur gedauert hat, je ungewohnter die offene Auseinandersetzung ist.«

»Ich glaube, einen Ehestreit überlebe ich gar nicht.«

»Einen gut und intelligent geführten überlebt man. Wichtig ist dabei, daß man dem Partner mitzuteilen versteht, welche Gefühle sein Verhalten auslöst – und daß das auf eine nicht verletzende Weise geschieht. Denn das treibt ihn in eine Verteidigungshaltung, aus der Rechtfertigung heraus wird angegriffen und verletzt. Das Sprechen war umsonst, konnte nicht konstruktiv zur Veränderung der Situation verwendet werden. Enttäuscht wird wieder stumm nebeneinander hergelebt – bis es zur nächsten Szene kommt, in der man sich dann alles das an den Kopf knallt, was die ganze Zeit zurückgehalten worden ist. Aber dann ist soviel Zorn und Aggression da, daß keiner mehr zuhören, keiner aufnehmen kann – der Streit verpufft wieder. Das führt zu immer mehr Entfremdung. So also erreicht man nicht das gewünschte Ziel. Ihr Ziel muß die Aufhebung der Kommunikationssperre in Ihrer Ehe sein. Denn der Krebs, den Sie tragen, ist der Krebs Ihrer ehelichen Beziehung. Sie sind operiert worden. Operieren jetzt Sie! Die psychische Seite Ihres Krebses ist das Schweigen. Brechen Sie es endlich – sonst bricht es Sie!«

Noch der ärgste Streit verkündet Leben.
Erst beim Verstummen geht der Tod durchs Haus.
(Kyrilla Spiecker)

Krisen sind eine Art von Lebenszeichen
(Rupert Lay)

Teilstrecke 19
(Büchsensahne)

7.28 Uhr
Ein herrliches Frühstück steht auf dem Tablett; der starke Kaffee liebkost meinen Geruchssinn und füllt die Tasse dunkelbraun. Ich stelle die Kanne wieder zurück, ergreife das kleine Kännchen: Milch. Nicht Büchsensahne. Zufall? Nein: Die Schwester erinnert sich, daß ich Büchsensahne nicht und einfache Milch lieber mag. Ich spüre den Hauch menschlicher Nähe – und freue mich.
Um so schmerzlicher ist mir jene Büchsensahne in Erinnerung, die das Gegenteil signalisierte.
Die Worte der Psychologin hatten mich aufgerüttelt und überzeugt. Jetzt wollte ich damit beginnen, die »Mauer des Schweigens« abzutragen. Weil mein Mann in Kur, also nicht daheim war, und weil ich meinte, in einem Brief behutsamer sein zu können, schrieb ich: *... seit dreiundzwanzig Jahren bist Du mein Ehemann. Es war eine schwere Zeit – wahrscheinlich für jeden von uns zu schwer. Wahrscheinlich fühlst Du genau wie ich, daß sie uns auseinandergetrieben hat, daß wir uns dabei fremd geworden sind. Wir müssen uns neu kennenlernen. Ich möchte, daß wir uns neu kennenlernen, und wäre glücklich, wenn das auch Dein Wunsch wäre ...*
Als Antwort bekam ich das Märchen:
HERBSTMORGEN oder DIE KÖNIGSKINDER
Dichter Nebel liegt über den Wiesen. Es ist naßkalt. Ein Herbstmorgen. Ich gehe langsam durch das nasse Gras. Nach einer durchwachten Nacht bin ich müde. Rechts von mir ein Zaun mit Stacheldraht. Dann wird er unterbrochen von einem Holztor. Ich lehne mich darauf und schaue in das Grau. Schatten bewegen sich. Zwei Gestalten legen sich nieder ins Gras.
Es sind zwei Königskinder. Von weither ist sie gekommen, die schöne Königstochter, klein und zierlich und mit schwarzen Augen. Der Prinz hat sein kleines Schloß hier in der Nähe und sein Herz entflammt heiß für sie. Er hat gehört, daß sie oft traurig sei. Aber in seiner Liebe und in seinem Stolz glaubt er, daß er sie

glücklich machen kann. »Du bist anders als die anderen«, sagt er zu ihr, als sie im Gras liegen und sich zum ersten Mal vorsichtig und zaghaft zärtlich küssen. Und er heiratet sie.
Sie hatten gehört, die beiden Königskinder, daß es Spiele gibt, die sehr schön sein sollen, die man zu zweit spielt. Aber niemand hatte sie diese Spiele gelehrt, und er war nicht sehr geschickt, als er versuchte, das, was er wußte, ihr zu zeigen. Sie aber glaubte, er, ihr angebeteter Prinz, er müsse das wohl wissen, und war enttäuscht – und so halfen ihr diese Spiele nicht, ihre Traurigkeit zu vermindern.
Es verging manches Jahr. Da wurde ihnen ein Kind geboren. Die Freude war riesig. Die Prinzessin war so glücklich – und auch der Prinz. Doch nicht lange währte die Freude, da wurde der Prinz krank, und man sagte ihnen, er könne nur wieder gesund werden, wenn er in ein anderes Land ginge, mit geheimnisvollen Strahlen. Nur diese könnten ihn wieder gesund machen. Als dies die zierliche Königstochter hörte, nahm sie in ihrer Liebe ihr Baby auf den Arm und zog ihren kranken Prinzen hinter sich her, in das Land mit den geheimnisvollen Strahlen. Dort mußte er sich immer wieder zwischen hohe, kahle Felsen legen, wo er ganz, ganz allein war. Aber immer, wenn ihm seine Kräfte schwinden sollten, dann dachte er an seine Prinzessin und das kleine Baby, und aus dieser Liebe heraus fand er die Kraft, zu gesunden.
Die zierliche Prinzessin aber, die dies alles mit ansehen mußte und die so viele, viele Kräfte dafür brauchte, wurde darüber so herzeleid, daß sie ganz schwach wurde und immer husten mußte.
Da erzählte man ihr von einem weisen Mann, der mache ihr ein Kleid, und wenn sie dies trüge, würde sie sich wieder gesund und stark fühlen. Dieses Kleid war aber unsichtbar und aus einem Material, das langsam immer, immer fester wird. Es war geschneidert wie eine Ritterrüstung, und es dauerte sehr lange, bis es fertig war. Die Prinzessin half kräftig mit, dieses Kleid zu bauen, denn es versprach ihr ja wieder ihre Gesundheit. Und sie fühlte sich auch wohl darin – nur wußte sie nicht, daß in dem Visier ein Spiegel eingebaut war – und daß das herrliche Funkeln und Glitzern, was sie so bezauberte und was sie immer wieder sehen wollte, ein Blick in ihre Seele war und nicht in die Welt um sie herum. Und sie konnte deshalb auch nicht sehen, daß es allmählich ein harter Panzer wurde, der sie umschloß. Sie sah sich selbst und sie fand sich spiegelnd schön.

Der Prinz war inzwischen fast wieder gesund geworden und hatte einige Spiele kennengelernt, die er nun gern mit seiner Prinzessin spielen wollte. Aber weil es im Spiegel des Visiers so schön funkelte, klappte die Prinzessin ihn immer weiter herunter und konnte bald in der unmittelbaren Nähe gar nichts mehr richtig sehen. Aber weil sie ihren Prinzen liebte und ihm all den Glanz zeigen und Kontakt aufnehmen wollte, rief sie ihm zu. Doch durch das Metall ihrer Rüstung wurden die Worte verzerrt, und ihre Sätze und ihre schöne Stimme klangen nach außen so fremd, daß der Prinz sie oft nicht mehr verstehen konnte. Da wurde der Prinz ganz traurig. Er ging auf sie zu und wollte sie streicheln. Aber durch das metallene Kleid hindurch, das sie nicht sehen konnte, konnte die Prinzessin nichts fühlen.

Da wurde sie immer trauriger und sie suchte nach einem Gegenstand, mit dem sie den Prinzen auf sich aufmerksam machen konnte. Weil sie aber in der Nähe nichts sah, erwischte sie einen furchtbar scharfen und spitzen Gegenstand, der tiefe Wunden schlagen kann und den man »Wort« nannte. Man konnte diesen Gegenstand auch werfen, und dann nannte man ihn »Brief«. Und dieses Werfen war besonders gefährlich, denn der Spiegel im Visier veränderte die Perspektive. Und manchmal, wenn die Prinzessin nur nach der Ferse zielte, um andere Menschen auf sich aufmerksam zu machen, traf sie sie, ohne es zu wollen, mitten ins Herz! Der Prinz war verzweifelt, denn immer und immer wieder, wenn er sich näherte, traf ihn die Prinzessin dabei so heftig, daß, wenn's noch gut ging, sie ihm nur die Blumen aus der Hand schlug, die er ihr bringen wollte; aber oft gab es schwere, tiefe, blutende Wunden!

Als der Prinz fühlte, daß er dabei immer mehr Kraft verlor, ging er in seiner Verzweiflung zurück in seine Burg, um seine Wunden zu pflegen für den nächsten Kampf. Auf dieser Burg gab es Nymphen, die die Wunden salbten und verbanden und ihm immer wieder Mut machten und die Kraft gaben, um seine Prinzessin zu kämpfen, der allein seine Liebe galt.

Einmal warf sie in ihrem heißen Begehren nach einem Kontakt zu ihm einen Brief über die Mauer in diese Burg und hatte nicht sehen können, daß er dort wieder mit großer, offener Wunde lag. Die Prinzessin glaubte nämlich, er wolle vor ihr ausreißen, wenn er in die Burg ging, und am Nachlaufen hinderte sie der unsichtbare Panzer, der ihr den Gang durch das schmale Burgtor nicht erlaubte. Wenn sie die Nymphen drinnen vorbeihu-

schen sah, dann glaubte sie, es seien andere Königskinder, und wurde in ihrem Glanz immer einsamer und unglücklicher.
Um sich überhaupt noch verständlich machen zu können, erfanden der Prinz und die Prinzessin, die sich beide ja so innig liebten, Geräusche, wie das Zirpen der Grillen oder das Kratzen eines Hundchens an einer verschlossenen Tür. Das kleine Baby der beiden war inzwischen herangewachsen. Es sah den Glanz seiner Mutter, aber auch ihre Traurigkeit und es sah manchmal auch die Wunden des Vaters – obwohl der versuchte, sie zu verdecken.
Und weil dieses Kind das Ganze nicht verstehen konnte und ja auch den Panzer nicht sah und die ganze Schwierigkeit nicht ermessen konnte, rief es den beiden immer zu: »Seid lieb zueinander!«
Als ich diesen Ruf im Geiste hörte, blickte ich auf. Der Nebel war aufgestiegen, und die Schatten hatten sich in kuschelige, wolkige Schäfchen verwandelt. Am strahlenden blauen Himmel stand die wärmende Sonne. Und wenn ich auch nicht wußte, wie das Märchen weitergehen würde, so empfand ich doch wieder Hoffnung für die beiden sich liebenden Königskinder.
Eine Salve von Vorwürfen war da aus dem Märchen mir entgegengeprasselt. An einem Abend im Hotel nahm ich die Gelegenheit, sie zu entkräften.
Ich sagte, daß sich unsere Verständigung tatsächlich auf primitive Stimmfühlungslaute reduziert habe und es deswegen nötig sei, endlich wieder Worte zu finden. Ich sagte, daß diese Krankheit des Prinzen, insbesondere nachdem er FAST WIEDER GESUND GEWORDEN war, wie eine RITTERRÜSTUNG funktioniere: Jedes kritische Wort und jedes eigene Versagen müsse daran abprallen. Da war es reine Notwehr, daß die Prinzessin ihrerseits ebenfalls eine RITTERRÜSTUNG anlegte, die sie von dem Analytiker bekam. Und ist es nicht befremdlich, daß den Prinzen das HERRLICHE FUNKELN UND GLITZERN nicht begeistert, sondern irritiert? Wurde er traurig, weil die Prinzessin da etwas besaß, was er nicht besaß? War es Neid oder Zorn, der im Prinzen wütete und ihm IMMER WIEDER... SCHWERE, TIEFE, BLUTENDE WUNDEN zufügte? In diesem Prinzen, der NICHT SEHR GESCHICKT war, als er versuchte, das, was er über die SPIELE wußte, seiner Prinzessin zu zeigen. Ich sagte, daß es die beglückende Erfüllung des körperlichen Ineinander nicht geben kann, wenn es nicht Ausdruck und Bestätigung sei

des seelischen Ineinandergleitens. Aber hatte das je stattgefunden? Stattfinden können? Die Liebe des Prinzen schien eine blinde Liebe gewesen zu sein – bleiben zu wollen? Eine Liebe, die sich an dem orientiert, was der Prinz glaubte, aus der Prinzessin machen zu können in SEINEM STOLZ... Eine Liebe, die gar nicht registriert, daß am Ende auch die Prinzessin dorthin sollte, wo es die GEHEIMNISVOLLEN STRAHLEN GAB: kein Wort davon im ganzen, langen Märchen...
Nun hatten wir uns gegenseitig in die »Verteidigung« getrieben, waren weit entfernt von der »gemeinsamen Konfliktbewältigung« und es war kein »gut und intelligent geführter Ehestreit«. Zwar hatten wir beide die Schlacht »überlebt« – aber wir saßen schweigsam am nächsten Morgen am Frühstückstisch. Da ergreift mein Mann das Kännchen mit der Büchsensahne und stellt es mir neben meine Tasse – das Geschenk eines Fremden an eine Unbekannte.

> *In jeder Gabe verrät sich der Geber –*
> *auch in der gedankenlosen.*
> (Kyrilla Spiecker)

Teilstrecke 20
(Der ganz alltägliche Vorgang)

8.05 Uhr
»Na, hat's geschmeckt?« »Das Allerköstlichste war die Milch! Damit haben Sie mir eine große Freude gemacht! Daß Sie daran gedacht haben!« »War es also richtig? Ja, so haben alle Dinge einen Vor- UND einen Nachteil: der Vorteil, Stammkundin auf der Station zu sein, besteht darin, daß die Schwester an die Milch denkt. Wie ist es mit dem Stuhlgang? Wenn heute alles gutgeht, dürfen Sie morgen wieder allein.« Wir gehen zusammen.

Jeder Mensch weiß es, es ist ein absolut kreatürlicher Vorgang. Jedes Lebewesen hat eine Öffnung für die Nahrungszufuhr und eine für das, was der Körper wieder ausscheidet. Nicht nur die Amöbe ist nach diesem Schema gebaut: auch der Papst, der Kaiser und – ich.

Ich bin ein vernünftiger Mensch und weiß, daß jeder weiß, daß – also, es ist ein ganz und gar alltäglicher Vorgang – und wenn es nicht ein alltäglicher Vorgang ist, wird dafür gesorgt, daß es ein alltäglicher – also, für die Schwester ist es gar nichts Außergewöhnliches.

Sie hat bereits die beiden Blutflaschen ausgehakt und mir aus dem Bett geholfen. Ich schwanke ein Augenblickchen. »Sehen Sie – heute is' nix mit allein gehen!«

Ich weiß, da gibt es kein Entkommen – es ist höhere Gewalt.

Das Klo ist zwar gleich neben dem Zimmer, aber man muß auf den Gang hinaus, um dort hineinzugelangen. Also bemühe ich mich um ein keusches Auftreten in der Öffentlichkeit und halte das OP-Hemd hinten zusammen, damit niemand sehen kann, daß dort der Po ist. Zimmertüre auf – ein paar Schritte – Klotüre auf – ein paar Schritte – ich setze mich. Im Türrahmen steht die Schwester.

Ich bin ein vernünftiger Mensch und weiß, daß dies ein alltäglicher Vorgang – nichts besonderes für die Schwester: ein Stuhlgang. Den »Gang« habe ich bewältigt. Fehlt noch der »Stuhl«. Also – der »Stuhl«. Ich bemühe mich, die Schwester nicht lange

warten zu lassen. Doch obgleich ich ein absolut vernünftiger Mensch bin, zieht sich der »Stuhl« beleidigt zurück. Diese Intimität mit der Schwester, die ja keine wirkliche Intimität ist, will er nicht. Ich rede ihm gut und vernünftig zu. Nix. Es ist, als ob wir »Mutter und Kind« miteinander spielen, und ich möchte zu der Schwester sagen: »Es tut mir leid, aber dieses ungehorsame Kind will nicht kommen.« Da vertauschen sich plötzlich die Rollen. Nicht ich bin die Mutter, sondern die Schwester ist die Mutter, und ich bin das Kind. Das Kind, das seinen »Stuhl« nicht hergeben will und deshalb von der Mutter ein Klistier bekommen hat, auf dessen Wirkung sie nun wartet. Und damit ich nicht weglaufe, hat sie mich mitsamt dem Topf auf den Küchentisch gesetzt und steht wie angewurzelt daneben. Sie will mir meinen Leibesinhalt rauben – aber mein Leib gibt ihn nicht heraus. Mein Leib will das behalten, was die Mutter da unbedingt haben will. Das anfänglich freundlich-liebevolle Zusprechen schlägt in eine bedrohliche Kampfesstimmung um... Und obgleich ich das Diktatorische immer schon verabscheut habe, weiß ich, daß es kein Entkommen gibt – und ergebe mich meinem Schicksal: Sie ist der Sieger – ich die Besiegte. Sie hat die Herausgabe meines Kot-Geschenkes erzwungen – und zieht befriedigt davon.
Auch die Schwester hat die Herausgabe des »Stuhls« erzwungen – aber damit ist der ganz und gar alltägliche Vorgang noch immer nicht abgeschlossen. Wo der »Stuhl« den Leib verlassen hat, müssen die verbliebenen Rückstände, die Spuren, die er beim Austreten an der Pforte hinterlassen hat, abgewischt werden.
Wie liebevoll macht das die Mutter bei ihrem Säugling! Wie peinlich ist das, wenn der Krankenpfleger das bei dem ihm zugewiesenen Tattergreis vornimmt. Welten liegen dazwischen. Nein, ein Leben liegt dazwischen. Ich konnte von dem Krankenzimmer meines Mannes in die Geriatrie hinübersehen. Man war nicht sehr zimperlich mit der Einhaltung einer gewissen Diskretion: Da saß ein Alter auf dem »Kackstuhl« am Fenster und durch keinen Paravent von den Zimmergenossen getrennt. Offenbar war er »fertig« – zwei Pfleger machten sich an ihm zu schaffen; einer legte ihn über sein Knie, der andere wischte hinten ab – der Alte ließ das alles mit unbewegter Miene mit sich geschehen.
Ich will nicht übers Knie gelegt werden – ich will es selber machen. Auch das ein ganz und gar alltäglicher Vorgang: Ich

nehme das Papier von der Rolle und will den alltäglichen Handgriff ausüben. Da stellt sich ein reißender Schmerz ein; die frischen Narben schreien, und die Hand zieht sich erschrocken zurück. Auch ein Ausweichen auf die andere Hand ist nicht weniger schmerzhaft. Ich überlege mir eine Verkürzung der zurückzulegenden Strecke: nicht außen herum, sondern zwischen den Beinen hindurch. Aber auch durch die Abwandlung des »alltäglichen Handgriffs« muß ich den Arm aus seiner Ruhestellung herausdrehen, was eine Zerrung der Haut an den Nähten bewirkt und weh tut – aber das ist mir lieber als die entsprechende Dienstleistung durch die Schwester. Ich beiße alle Zähne aufeinander – eine ungeheure Anstrengung, dieser »ganz alltägliche Vorgang«...
Endlich ist er abgewickelt. Die Schwester scheint gar keine Notiz genommen zu haben von den Qualen mittlerer Stärke –
und begleitet mich zurück ins Bett. Ich sinke in die Federn als hätte ich Berge bewegt – total erschöpft –
wenngleich mit einer kleinen Komponente innerer Befriedigung: Zwar hatten mich die peinvollen Bilder aus der Vergangenheit gestreift, aber sie waren schlußendlich die Besiegten – und ich war jetzt die Siegerin!

> *In diesem Augenblick wurde mir bewußt, daß ich einen Teil meines Körpers nie akzeptiert habe und daß dieser auch irgendwie nie zu mir gehört hatte... Ich hatte kein einziges Wort für meinen Anus... Hätte ich auch nur einen Satz gesprochen, in dem mein Anus vorgekommen wäre, wäre ich mir sogleich skandalös und schmutzig vorgekommen, vor Scham im Erdboden versunken... Mit Humor mußte ich feststellen, daß ich ein Krüppel war... Sechsunddreißig Jahre hatte ich mit einem gräßlichen Loch in meinem Körper gelebt, das man Anus nennt, und nie einen Arsch besessen! Das war doch ein Witz!* (Marie Cardinal)

Teilstrecke 21
(Papierkörbe)

8.21 Uhr
Die Papierkörbe auf der Station werden geleert.
Zu Papier gebrachte Mitteilungen werden körbeweise weggeworfen. Ob mein Märchen auch im Papierkorb gelandet ist? Auf jeden Fall ist es, ebenso wie vieles andere, ohne Feedback geblieben. Das Feedback ist Kompaß. Ich habe den Kompaß verloren, die Orientierung, weiß nicht, was mein Mann denkt, wo er steht. Seit zwanzig Monaten suche ich ihn. Nach jenem mißlungenen »Konfliktgespräch« im Hotel schrieb ich in Erwiderung auf das Märchen von den beiden Königskindern:
DIE NICHT GANZ HEITERE GESCHICHTE VON PIM UND MIP
In einem Tal zwischen hohen Bergen wurden einst zwei Kinder geboren, PIM und MIP.
PIM war ein Junge. Er hatte eine Mutter, die nie zu ihm an die Wiege kam. Das betrübte PIM natürlich sehr, denn er konnte ja nicht ahnen, daß eine böse Fee die Mutter gefangenhielt. In seinem großen Kummer fing er an zu weinen. Da hatte die böse Fee Erbarmen und ließ die Mutter zu PIM gehen. PIM war ein sehr kluges Kind und hatte ganz schnell begriffen, daß die Mutter immer dann von der Fee die Erlaubnis bekam, zu ihm zu kommen, wenn er weinte. Eine Weile ging das gut. Dann aber hielt die böse Fee PIM's Mutter auch dann fest, wenn er laut schrie. Jetzt war PIM ganz verzweifelt, denn er fühlte, daß ein Kind ohne Mutter nicht leben kann. So fing er an zu sterben, indem er einfach aufhörte, zu atmen. Da hatte die böse Fee abermals Erbarmen und ließ die Mutter immer dann zu ihrem Kind gehen, wenn dieses aufhören wollte zu atmen. Fortan genügte es, krank zu sein, um zu erreichen, daß die Fee die Mutter zu PIM gehen ließ. Und obgleich das natürlich kein besonders bequemes Leben für PIM war, war er zufrieden – kannte er es ja nicht anders – und wurde groß. MIP war ein Mädchen. Es hatte eine Mutter, die nie zu ihm an die Wiege kam. Das betrübte MIP natürlich sehr, denn sie konnte ja nicht ahnen, daß eine böse Fee die Mutter gefangen

hielt. Natürlich versuchte auch MIP es mit Tricks aller Art, die Mutter an die Wiege zu bekommen – aber ohne Erfolg. Und so lernte MIP – anders als PIM – wie ein kleines Tier mit Unpäßlichkeiten allein fertig zu werden. Und obgleich das natürlich kein besonders glückliches Leben für MIP war, war sie zufrieden – kannte es ja nicht anders – und wurde groß.

Ein Zufall führte PIM und MIP zusammen, als beide groß waren. PIM wollte MIP zur Frau haben – aber sie zögerte, ja zu sagen, vielleicht weil sie merkte, daß PIM das genau Umgekehrte von MIP war und daß es deshalb nicht einfach sein würde, mit ihm zusammenzuleben; vielleicht ahnte MIP auch, daß PIM außer einer Frau etwas suchte, was er selbst nicht wußte und was sicher MIP ihm nicht würde geben können. Aber es war alles zu unklar und so wurde MIP doch PIMs Frau.

Schon bald nahm das Schicksal seinen Gang. Es zeigte sich nämlich, daß PIM und MIP zwar groß, aber nicht erwachsen waren. Da das so war, konnten natürlich auch die Spiele der Erwachsenen nicht gelingen: Immer waren sowohl PIM als auch MIP gleichzeitig Mutter des anderen und Kind des anderen. Irgendwo spürten die beiden das und konnten es doch nicht begreifen.

Dennoch wurde ihnen eines Tages ein eigenes Kind geboren. MIP war überglücklich, denn sie glaubte, nun wäre der Bann gebrochen, das Kindsein vorbei und das Erwachsensein geglückt. PIM aber schien eher gestört – und lief weg.

Als er wieder zurückkam, wurde er krank und rief nach MIP genau so, wie er früher nach seiner Mutter gerufen hatte. MIP aber wurde auch von ihrem Baby gerufen. Und so sehr MIP sich auch bemühte, ganz gerecht zu sein, hatte sowohl PIM als auch das Baby immer den Eindruck, zu wenig Zuwendung zu bekommen: Immer, wenn MIP bei PIM war, wurde das Baby krank vor Kummer – und immer, wenn MIP beim Baby war, rief PIM: »Hilfe, ich sterbe!«

Das allein hätte eigentlich schon ausreichen können, um MIP zu zerreißen. Aber MIP war viel stärker als sie aussah und trug diese Zeit duldsam und demütig, wie man eben eine schwere Schicksalslast trägt, die nicht abzuwenden ist.

Doch eines Tages passierte etwas, das MIP nicht verstehen konnte, etwas, das wie mörderisches Gift in die bis dahin kraftvolle Duldsamkeit tröpfelte und sie zu zersetzen begann: PIM hatte gerade wieder gerufen: »Hilfe, ich sterbe!«, MIP war an seine Tür geeilt und sah und hörte durch das Schlüsselloch, daß PIM sich ganz fröhlich mit jemand anderem unterhielt! MIP war völlig verstört: Hatte sie nun rufen hören oder nicht? Lag PIM im Sterben, oder bildete sie sich das nur ein? Oder bildete PIM sich das nur ein? Verzweifelt suchte MIP nach der Erklärung für diese Art Wechselspiel. Aber immer, wenn sie mit PIM darüber sprechen wollte, geriet dieser in großen Zorn und sichtliche Trauer, so daß sie beschloß, nicht mehr zu fragen. In ihr aber nagte es weiter an der kraftvollen Duldsamkeit und überall, wo Löcher entstanden waren, füllten die sich mit Schwäche. Bis MIP zusammenbrach.

Da kam ein weiser Mann, der sagte, er habe Pillen, mit denen MIP wieder zu Kräften kommen würde. MIP wollte das natürlich gerne, weil außer PIM auch das Baby sie brauchte. Sie nahm also fleißig die Pillen und wurde wieder kräftig.

Die Pillen waren nämlich Worte, die den Nebel des Unverständnisses zerteilten. MIP fand die Pillen so vorzüglich, daß sie gern auch PIM welche davon abgegeben hätte. Aber er wollte keine. Er wollte lieber im Nebel zwischen den Bergen des Schweigens liegenbleiben und leiden. Darüber war MIP sehr traurig. MIP konnte nun zwar PIM einigermaßen verstehen – PIM aber konnte MIP kaum noch verstehen. Und je mehr Pillen MIP zu sich nahm, desto unzufriedener wurde PIM.

Diese dauernde Unzufriedenheit machte die Atmosphäre moros. Das spürte auch das mittlerweile herangewachsene Kind – und aus Angst, daraus könne sich ein großes Unglück entwickeln, rief es den beiden Eltern immer wieder zu: »Seid lieb zueinander!«, was so viel bedeutete, wie: lauft nicht auseinander, denn ich brauche euch noch!

Doch PIM lief immer häufiger weg, zurück in das Paradies seiner Kindheit. Im Vergleich zur Gegenwart erschien sie ihm ganz verklärt und wunderbar. Wunderbar schien ihm nun nicht nur seine Mutter; wunderbar schien ihm auch seine Schwester. Einmal kam PIM strahlend nach Hause und jubelte: »Sie hat mir eine Handvoll Diamanten geschenkt!« Als er sie aber MIP zeigte, sah sie, daß es einfache Glasperlen waren. Da sah sie PIM mit Trauer im Herzen an, denn sie spürte, daß die böse Fee von einst wiedergekommen war. MIP sprach von den Pillen, die deren Zauberkraft brechen konnten, aber PIM hatte Angst davor und flüchtete.

Er fand Aufnahme in einer schönen Burg. Dort wohnte Frau Holle. Sie ließ leise Schnee auf die Dinge rieseln, die Angst machen – ohne daran zu denken, daß Schnee aber nach einer Weile wieder zu schmelzen pflegt. Bei Frau Holle fühlte PIM sich wohl. Dort glaubte er sich besser verstanden als bei MIP.

MIP hingegen beschimpfte er immer häufiger, weil sie einfach nicht so war, wie er es wollte, weil sie nicht so viel Mitleid mit ihm zu haben schien, wie er zu brauchen glaubte. In Wirklichkeit aber hatte das Mit-Leiden sich in MIPs Brust hineingefressen und machte ihr große Schmerzen. Die kamen von den Bergen des Schweigens, die das Tal umgaben, in dem sie alle lebten. Doch PIM verstand das nicht. Er wollte keine Worte, weil er glaubte, sie seien die Ursache seiner Schmerzen. Weil es also keine Worte geben durfte, erfanden PIM und MIP – die sich trotz allem sehr liebten – Geräusche, wie das Zirpen der Grillen oder das Kratzen eines Hundchens an einer verschlossenen Tür.

Die Zeit verging. Da sagte MIP zu PIM: »Wir haben nur noch wenige Jahre. Wir sollten nicht immer weiter nach der GUTEN MUTTER suchen, sondern begreifen, daß es sie auf Erden nicht geben kann und unsere übersteigerten Hoffnungen und Erwartungen herunterschrauben: Sie sind ein gefährlicher Maßstab, neben dem alles, was wir wirklich haben, mickerig erscheint. Wäre es nicht besser, wir richteten uns auf dem Boden der Realität ein? Von dort aus gäbe es dann vielleicht einen nicht zu anstrengenden Weg, auf dem wir den Berg des Schweigens bezwingen könnten, ein Weg, der in das Land ohne Nebel führt. Dort könnten wir ein kleines, aber ehrliches Leben beginnen – für die wenigen Jahre, die uns noch bleiben.«

Da gaben sich PIM und MIP die Hand und suchten gemeinsam den Weg, der in das Land ohne Nebel führt.

> *Ich fühle mich so frei und lebensgierig wie noch nie, auch streitlustig, doch ohne Vernichtungswillen. Ob du mir glauben kannst? Ich rede, entschuldige bitte, wie eine weise gewordene, reife Frau und fühle mich doch gerade auf eine Art von Pubertät zugehen, wo man mit mädchenhaftem Ernst das aufgewühlte Dasein ordnen will.*
>
> (Tilmann Moser)

Teilstrecke 22
(Die Putzfrau)

8.47 Uhr
Eine voluminöse Frau stampft herein, stellt geräuschvoll einen vollen Eimer auf den Boden, taucht einen Lappen hinein, wringt ihn dann, breitet ihn unter dem Schrubber aus und beginnt, aufzuwischen.

Unzählige Frauen sind damit beschäftigt, Sauberkeit zu schaffen – eine Sisyphusarbeit, denn die hergestellte Sauberkeit hat nur eine sehr kurze Lebensdauer, wird fast immer sofort wieder zerstört. Zerstörte Sauberkeit aber ist keine Sauberkeit mehr – folglich kann sie nicht mehr gesehen und darum auch nicht anerkannt werden. Wir putzen die Fassaden blank – lassen in dieser Tätigkeit immer wieder die Hoffnung auf Wertschätzung keimen – und werden immer enttäuscht: Unsere Mitmenschen sehen die Mühe nicht, die wir uns gemacht haben – vielleicht, weil sie selbst sie zunichte machen. Das keineswegs nur weibliche Bedürfnis nach Würdigung wird nicht befriedigt – zurück bleiben frustrierte Heldinnen des Alltags.

Wenn nun schon die Schaffung äußerlich sichtbarer Sauberkeit so wenig Anerkennung findet – um wieviel weniger wird der Versuch, innere Sauberkeit zu schaffen, gewürdigt werden?!

Ich möchte mit dem Schrubber durch die inneren Räume unserer Ehe gehen, möchte den im Laufe der Jahre dort angesammelten Unrat und Staub beseitigen, möchte lüften – aber öffne ich ein Fenster, schreit mein Mann: »Hilfe, es zieht!« Will ich einen zerbrochenen Stuhl eliminieren, hält er ihn fest: »Ich habe doch immer so gut darauf gesessen!« Und mache ich mich daran, etwas umzuräumen, zieht er sich erschrocken in seinen Schmollwinkel zurück.

Dort sitzt er jetzt. Schweigend.

Schweigen – inneres – war die Antwort auf das Märchen von PIM und MIP.

Lauerndes Schweigen.

Das zum ersten Mal angegriffene Tier hat sich in seinen Bau zurückgezogen und beobachtet das fremdartige Geschehen vor

dem Eingang. Dort stehe ich. Und ich bin nicht mehr so, wie ich früher war. Ich will aus der beklemmenden, schweigenden Un-Ehe ausbrechen und in die befreiende, kommunizierende finden auf dem Weg des intimen Gesprächs. Solche Gespräche aber werden offenbar umgekehrt von ihm als beklemmend und bedrohlich erlebt – also sucht er Geborgenheit im Schweigen.
Feindseliges Schweigen.
Groll sickert durch: »Du läßt mich nicht sein, wie ich bin, also liebst du mich nicht. Weil du mich nicht liebst, leide ich. Schau her, wie du mich leiden machst!«
Zorniges Schweigen.
Ich spüre diese Wut. Seit wann gibt es sie? Und wo begegnet sie mir immer? Immer, wenn ich mich anderen und anderem zuwende. Als ich mich nur noch »nebenberuflich« mit seinem Themenkreis befassen mochte und mich »hauptberuflich« mit der bevorstehenden Niederkunft beschäftigte. Ich war nicht die »geborene Mutter«; ich mußte die »Mutter-Rolle« erlernen, studieren. Dazu dienten Bücher über die Geburt, die Zeit davor und danach, über die Bedürfnisse und die Entwicklung des Säuglings, somatische wie psychische. Ich war voll absorbiert von dem Wesen, das da in unsere Dyade einzudringen gedachte – und so mußte sich mein Mann in die zweite Linie zurückgedrängt fühlen. Genügte das, um jene altbekannten und bewährten Kindheitsmechanismen wieder in Gang zu setzen? Seine Mutter war voll absorbiert von ihren »gesellschaftlichen Verpflichtungen«: Reit- und Tennisturniere, Damenkaffees, Bridgenachmittage, Konzert-, Theater-, Tanzveranstaltungen. Ihr Kind drang nur dann in ihr Bewußtsein, wenn es krank war, und so bekam es im Alter von zwei Jahren Asthma. Eine Langzeitkrankheit. Seine erste UNHEILBAREKRANKHEIT. Mit ihr konnte man die Mutter über Jahre hinweg an sich binden. Die Angst, vernachlässigt zu werden, blieb »berechtigt« – und wurde in den neuen Lebensabschnitt hinübergenommen: Sie versuchte sich bemerkbar zu machen, als ein Dritter in unseren Biotop eintrat, unser Sohn. Aber ich – die Mutter – konnte es nicht wahrnehmen. Genügte das schon, um die neue UNHEILBAREKRANKHEIT ins Leben zu rufen? Jahrelang betrieb sie dann ihr Unwerk – gründlich – auf allen Ebenen. Doch schließlich war der »Prinz... wieder gesund geworden« – und nun wollte MIP mit PIM »den Berg des Schweigens« bezwingen, seelisches Miteinander erleben, in die Welt der Gefühle eindringen, wollte eine spannende Reise unternehmen

– die spannendste überhaupt –, die kein Geld und keine körperliche Anstrengung kostet: endlich das Landesinnere der beiden Inseln Wolfgang und Anemone kennenlernen. Liebenlernen.
Liebe ist, wenn man jemanden entdeckt. Ich sehe in der offenen Begegnung ein Stück Liebesbereitschaft. Wenn ich meinen Partner wissen lasse, was ich denke und fühle, dann schenke ich ihm damit ein Stück Vertrauen. Und ich erfülle mir den Wunsch zu zeigen – und befriedige seine Lust zu Schauen.
Es gibt das krankhafte, körperliche Schamgefühl – scheinbar gibt es auch das krankhafte, seelische Schamgefühl: Mein Mann hält krampfhaft das Feigenblatt vor sich. Ich frage: »Was hast du gefühlt?«
Stumpfes Schweigen.
Ich bitte ihn inständig: »Sag mir doch, was du denkst.«
Unwilliges Schweigen.
Da ist kein Interesse an einer Unternehmung, die uns innerlich wieder oder endlich zueinander bringen könnte. Das Interesse erschöpft sich im Pragmatischen: »Gehst du morgen auf die Post?« – »Warst du in der Apotheke?« – »Wann essen wir?« Und selbst über diese Dinge legt sich ein immer dichteres Netz vorgefertigter Standardphrasen: »Aller Augen warten auf dich, und du gibst ihnen ihre Speise« und»Man rechnet zu den großen Taten der Mutter ihren Sonntagsbraten« und... Leblose Hülsen, die keine echte Verbindung mit dem Adressaten schaffen. Doch er freut sich: »Wir sprechen doch miteinander« – und mich macht es rasend: »Wir sprechen eben NICHT miteinander! Es gibt NICHT die echte Auseinandersetzung mit den Dingen, die zwischen uns liegen, über die wir immer stolpern, wenn wir zueinander wollen!« Die Putzfrau darf NICHT aufwischen. Er verweigert ihr den Zugang mit dem Seufzer: »Du bist so anstrengend.« Ein Vorwurf, mit dem er »seinen Frieden« sicherstellen, erpressen will.
Ich will mich aber nicht mehr erpressen lassen! Ich will einen Frieden, der die natürliche Folge innerer Verständigung ist. Nicht Frieden im Sinne von Willfährigkeit, von Ergebung als Folge zermürbenden Stöhnens. Ich will nicht mehr klein beigeben! Ich will nicht mehr eine Ehe, in der minutiös und unermüdlich die körperlichen Beschwerden erörtert werden – aber geschwiegen wird, sobald die Seele angesprochen wird. Die Seele ist der Boden, auf dem die Ehe steht. Dieser Boden ist nie blank gescheuert worden. Vielleicht hat es zu modern begon-

nen unter dem vielen Gerümpel, das sich im Lauf der Jahre darauf angesammelt hat. Ich will die Entrümpelung! Denn wenn sich dabei herausstellt, daß der Boden morsch geworden ist, wird es besser sein, rechtzeitig auszuziehen.

> *Wir kennen uns ein ganzes Leben,*
> *und wir sind uns nicht nahegekommen.*
> (Tennessee Williams)

Teilstrecke 23
(Die unübersehbare Brotkrume)

9.15 Uhr
Inzwischen ist der Fußboden wieder trocken, da betritt das Faktotum der Station das Zimmer, die Frau für alles. »Ihren Rosenstrauß versorge ich am besten in der Küche. Vorher will ich hier staubwischen.« Sorgfältig wird das Fensterbrett bearbeitet, obgleich ich dort gar keinen Staub sehen kann. Die Fensterrahmen, die Lampe über dem Bett, auch die über dem leeren Nachbarbett, dann die Platte des Emailleschränkchens neben meinem Bett, das Telefon und der Hörer – alles wird gewissenhaft abgestaubt; schließlich noch die obere Platte des Nachbarschränkchens. Auf dem darunter befindlichen Fach liegt eine dicke Brotkrume. Dort wird nicht gewischt. Die unübersehbare Krume bleibt liegen.
Es wurde drumherumgewischt. Vieles gibt es bei uns, um das immer herumgewischt wird, dem ausgewichen wird: Sexualität zum Beispiel.
In meiner Kindheit hat es keine Sexualität gegeben. Es gab keine Worte für die Dinge der Sexualität – also existierte sie nicht. Es gab keine Nackten in den Illustrierten und keine obszöne Literatur. Meine sexuelle Aufklärung war denkbar umfassend: Als ich eines Tages Blut im Schlüpfer fand und glaubte, zum Doktor zu müssen, hielt mich meine Mutter zurück: »Stell dich nicht so an! In meinem Nachtschränkchen sind die Binden.« Ich besuchte ein von Nonnen geleitetes Lyzeum für Mädchen. Wir sprachen von den »Frauen um Goethe« und lasen die »Göttliche Komödie« von Dante – aber nirgendwo gab es Sexualität. Ich durfte keine Tanzstunde besuchen und abends nicht ausgehen.
Trotz dieser Sicherheitsvorkehrungen wurde ich entjungfert als ich vierzehn war – und zwar von einem Lehrer, der, ich weiß nicht warum, kriegsuntauglich war. Er gab mir Nachhilfestunden bei sich zu Hause. Eines Tages begrüßte er mich im Morgenrock und entschuldigte sich: Er müsse liegen, aber ich könne mich vielleicht auf das Bett seiner Frau setzen. Das tat

ich. Und noch ehe ich recht wußte, wie mir geschah, hatte ich die lüsternen Augen über mir, seine Hände an mir, seinen Penis in mir. Eine für mich heute kaum nachvollziehbare Mischung aus ahnungslosem Vertrauen plus Überraschung plus Gehorsamkeit hatten mich paralysiert, vielleicht noch vermischt mit einem Schuß Stolz und Glück: Da war ein Erwachsener, der Gefallen ausgerechnet an mir fand. Das war ja zunächst eine Auszeichnung. Die allerdings bald in ihr Gegenteil umschlug, als es sich herumsprach, daß dieser Lehrer sich zum »Entjungferer vom Dienst« berufen fühlte.

Die Virginität hatte ich nun verloren – meine »Unschuld« nicht. Jetzt hatte ich versehentlich Kontakt mit der ansonsten auf dieser Welt nicht vorhandenen Sexualität bekommen – aber diese Sexualität war in Abscheu und Ekel getaucht worden: bähh! Gerade eben konnte ich noch den Kuß tolerieren: Er hing, von Francesco Hayez gemalt, in der Pinakothek, und die Beteiligten waren in Samt und Seide gekleidet – also aus besserem Hause. Doch wo Samt und Seide fehlten, war »bähh«. Eine fatale Weichenstellung, sie besetzte jede erotische Annäherung mit Schimpf und Schande. Und Angst. Mit Marie Cardinal in ›Schattenmund‹ kann ich sagen:

Ich gehörte zu dieser gigantischen Horde gelochter Wesen, die den Eindringlingen ausgeliefert sind. Nichts schützt mein Loch: kein Augenlid, kein Nasenflügel, kein Mund, kein Pförtner, kein Labyrinth, kein Schließmuskel. Es verbirgt sich in einer Höhle aus weichem Fleisch, das meinem Willen nicht gehorcht und sich selbst auf natürliche Weise nicht verteidigen kann. Es gibt nicht einmal ein Wort, das es beschützt. Die Wörter, die in unserer Sprache diesen bestimmten Körperteil einer Frau bezeichnen, sind häßlich und vulgär, schmutzig, gemein, grotesk oder technisch.

Noch nie hatte ich über den Schutz nachgedacht, den das Hymen bot, über die Leere, die sich auftat, wenn diese hauchdünne Membran blutend den verletzenden Stößen der Männer nachgab und von da an allem freien Zugang gewährte... dem Finger, dem Taschenmesser... Konnte daraus eine Urangst entstehen... Angst vor unserer Verletzbarkeit, unserer totalen Unfähigkeit, uns restlos zu verschließen? Welche Frau kann es verhindern, daß ihr Kind aus ihr herausgleitet und sie dabei zerreißt? Welche Frau kann es verhindern, daß ein Mann, der es wirklich will, in sie eindringt und dort den fremden Samen ablegt? Keine.

Als ich dann schließlich keine Angst mehr hatte und zu der Se-

xualität fand, die sauber und beglückend ist, erkannte ich, daß ich die Frau eines Mannes war, für den Sexualität ein mit vielen Schwierigkeiten besetztes Problem war.
Auch in seinem Leben hatte es keine Sexualität gegeben und auch keine Worte für die Dinge, die demzufolge in einem dichten Dschungel begraben wurden, in dem Gefühle, Wünsche, Ängste, Bewußtes und Unbewußtes wild durcheinanderwucherten.
Erste und zunächst einzige Begegnung mit der Sexualität war am Kinderwagen einer Bekannten erfolgt: »Woher weiß man eigentlich, ob das ein Mädchen oder ein Junge ist?« Antwort: »Eine gute Mutter weiß das eben.« Schließlich war das verschwommene Wissen über die Sexualität in Abscheu und Ekel getaucht worden durch einen Film, der allen Hitlerjungen gezeigt wurde, in dem vor den bösen Folgen der Onanie und des Geschlechtsverkehrs gewarnt wurde, zu welchem Zwecke abschreckende Bilder diverser Stadien der Syphilis dienten. Der Film ließ keinen Zweifel darüber, daß man »es« besser nicht tat. Er brachte keine Hinweise, wie man »es« richtig macht. Eine fatale Weichenstellung: Sie blockierte über lange Jahre jede erotische Annäherung und sie hemmte und bremste die freie Entfaltung der heiter berauschenden Sexualität im Ehebett.
Es war damals üblich, daß der Mann die Führung auf dem erotischen Gebiet übernahm – genau wie auf so vielen, um nicht zu sagen allen anderen Gebieten auch – nur leider hatte ihn »niemand diese Spiele gelehrt«, und er war »nicht sehr geschickt«. Aber als umgekehrt ich ihn hatte »führen« wollen, war er blokkiert. Somatische Impotenz in Folge der UNHEILBAREN-KRANKHEIT? Oder auch eine psychische? Oder nur eine psychische?
Auf der Suche nach einer möglichen Antwort denke ich daran, daß bei uns Sexualität über viele, viele Jahre – eigentlich immer – HINTER allen möglichen Tätigkeiten rangierte. Nur weil die Frau nicht zum frivolen Spiele lockte? Ein Mann, dem das nicht insgeheim gerade recht ist, würde sich niemals damit so widerstandslos abgefunden haben. Nur ein Mann, dem Sexualität unbewußt Angst bereitete, konnte so anhaltend duldsam bereit sein, fast völlig auf sie zu verzichten – weil genau dieser Verzicht ihn unbewußt entlastete. Was aber mußte ihn unbewußt belasten?
Vor der Ehe konnte es die Angst vor dem unehelichen Kind sein. Aber auch nach der Eheschließung blieben wir fünf Jahre kin-

derlos, obgleich wir kaum bewußte Empfängnisverhütung praktizierten. War es vielleicht eine unbewußte Angst? Durfte ich nicht Mutter – oder er nicht Vater werden?

Mein überströmendes Gefühl in der Mutterschaft besagt eindeutig, daß es auf meiner Seite kein unbewußtes Hemmnis auf dem Weg zum Kind gab. Aber ganz sicher verhält sich ein Mann bei der Geburt seines Kindes anders, wenn er sich unbeschwert und »unschuldig« als Vater dieses Kindes erleben kann – darf.

Und das konnte dieser Vater scheinbar nicht. Deshalb mußte er sich erst einmal absetzen. Zusammen mit seinen Eltern stach er in See, glücklich darüber, der Mutter ein Stück Welt zeigen zu können. Dieser Mutter, um deren Gunst er so verzweifelt gerungen hatte eine Kindheit lang. Die so wenig Mutter für ihn gewesen war, daß er später nur die Frau heiraten konnte, von der er sich unbewußt erhoffte, daß sie endlich das Mutterdefizit ausgleichen würde.

Gelegenheit dazu hatte sie. Die UNHEILBAREKRANKHEIT hatte aus ihrem Mann immer wieder das kleine Kind gemacht, das totale Zuwendung fordert von der Mutter und zu sterben droht, falls sie die geforderte Zuwendung verweigerte. Von ganz essentieller Bedeutung für den Säugling ist die milchspendende Brust. Ist die Mutter nicht mehr bereit oder fähig, den Säugling an die Brust zu nehmen, und versteht er das einfach nicht, gibt es die Möglichkeit, die Milchdrüse wegschneiden zu lassen... nun liegt es nahe, daß der Säugling dann diese unbrauchbar gewordene Mutter gegen eine neue auszutauschen trachtet...

Wenn die Ehefrau ein Muttersurrogat ist, kann mit ihr kein »unschuldiger« Sexualverkehr stattfinden. War die UNHEILBAREKRANKHEIT die Strafe für die unbewußte Inzestsünde? Für die Dreistigkeit des schmächtigen kleinen Jungen, der es seinem potenten großen Vater nachzumachen gewagt und einen Sohn gezeugt hatte – mit dieser »Mutter«? Ein derartiges Vergehen kennt nur eine einzige angemessene Strafe: die Kastration. Und die UNHEILBAREKRANKHEIT hatte die Bestrahlungen der Leistendrüsen erforderlich gemacht, gerade als klar zu erkennen war, daß diese »Mutter«, seine Frau, Freude an den »verbotenen Spielen« zu haben begann. Dieser bedrohlichen Entwicklung mußte Einhalt geboten werden: Die Bestrahlungen hatten Impotenz zur Folge – also Kastration...

Sehr oft suchen beide Partner aufgrund langjähriger ungelöster Konflikte nach einem »anständigen« Grund zum Abbruch der sexuellen Beziehungen untereinander... Krankheiten aller Art und eine Vielzahl psychosomatischer Beschwerden können einen derartigen Grund abgeben.

(Dr. Isadore Rubin)

Teilstrecke 24
(Quark)

9.50 Uhr
»Was darf es zum zweiten Frühstück sein? Suppe oder Quark mit Früchten?« »Gerne Quark, bitte.« Fast gierig, so als hätte ich ewig nichts zu essen bekommen, löffle ich das Schüsselchen leer.

Quark für den Körper – Worte für die Seele. Sie hatte eine lange Hungerperiode hinter sich, als mein Mann in den Schwarzwald sollte, ich ihn dort hingefahren hatte und er mich am Abend vor meiner Rückreise aufforderte, nun mal zu sagen, was ich sagen wolle. Gierig nahm ich das unverhoffte Gesprächsangebot entgegen und so begann

ich: Das war heute ein für uns ganz typischer Tagesablauf: Zum Frühstück wurde ich heftig beschimpft (diesmal weil ich mit den Bemerkungen zu Elke deine Nachtruhe gestört hatte. Daß sie aber die meine beeinträchtigt, stört dich nicht). Es folgten deine unzähligen »Hilf-mir-bitte« über den Tag verteilt. Doch weit entfernt davon, meine Erschöpfung zu registrieren, erwartest du trotz allem am Abend das ungetrübte Schmusekätzchen. Ich habe da gewisse Adaptionsschwierigkeiten – die eine Elke, von den Alltagsstrapazen verschont, natürlich nicht hat. Ich sage das, weil ich ja morgen abreise und wohl richtiggehe in der Annahme, daß sie schnell kommen, dir die Vergleichsmöglichkeiten anbieten wird. Und ihren unversehrten Busen. Der ja das Wichtigste überhaupt ist für dich.

Er: Das glaubst du, aber das ist nicht wahr. Als du aus der Klinik zurückkamst, habe ich alle Zeitschriften weggesteckt, in denen unbedeckte Busen zu sehen waren – um dich zu schonen.

Ich: Du konntest so aber nicht die Amputation ungeschehen machen – und auch nicht verhindern, daß ich an jedem Kiosk nackte Busen sehe. Für MICH hat also diese unsinnige Aktion gar nichts bewirkt. Vielleicht hat sie DIR etwas bewußt gemacht?

Er: Ich habe gefühlt, was für ein furchtbarer Schmerz das für dich sein mußte. Ich habe mir große Mühe gegeben, dich zu schonen.

Ich: Aber schon bald neue Papierbusen ins Haus geholt. Und wenig später mit dem Thailandticket die Vorauszahlung für Elkes dreidimensionalen Busen geleistet.

Er: Ich wußte, wie schlimm deine Operation für dich sein würde, und wollte sie ja im letzten Moment noch verhindern. Glaub mir, ich habe deine entsetzliche Not gespürt.

Ich: Ich glaube, es war eher deine entsetzliche Not, die dir da bewußt wurde: Busen ist nicht nur ein erotisch reizvolles Stückchen Körper, er symbolisiert auch Zuwendung, Muttermilch. Erwartest du nicht tagtäglich mütterliche Zuwendung von mir? Und nun droht der böse Krebs, sie dir wegzunehmen. Große Not. Hättest du sie als meine empfunden, wärst du zu mir gekommen, hättest mich geliebt, auch ohne Busen. Das hätte meine Not getilgt. Aber du hast an deine Not gedacht, bist weggelaufen, um schnell einen neuen Busen zu suchen. Damit hast du dem Krebs eine Dimension hinzugefügt: Nun ist es nicht nur die körperliche Brust, die dem Messer zum Opfer gefallen ist, sondern auch die seelische. Krebs total.

(LANGE PAUSE)

Ich erfahre nicht, was du denkst. Ich weiß nicht einmal genau, ob dir mein Tod lieber wäre als mein Leben. Sicher ist, ich will leben. Darum frage ich, warum habe ich Krebs? Ich rauche und trinke nicht, esse mäßig und nicht zu fett, vermeide Gifte im Haus und Garten, lebe also gesund. Äußerlich. Also muß der kanzerogene Stoff im Inneren liegen. Und ich spüre, er liegt in meiner Beziehung zu dir. Sie ist un-heil. Es lebt nur die äußerliche, konkrete Seite – die innere wird totgeschwiegen. Es gibt keine intime Kommunikation zwischen uns. Heute glaube ich, daß die Intimität des Körpers erst dann wirklich beglückend sein kann, wenn diese in die Intimität des Geistes und der Gedanken eingebettet ist, daß also intimer Verkehr und intime Kommunikation zusammengehören. Vielleicht steckt davon etwas in der biblischen Formulierung: »Joseph ERKANNTE Maria«. Um sich zu erkennen, sind körperliche UND seelische Begegnungen nötig. Ich möchte dich gern ERKENNEN – du willst das aber nicht. Du willst aber auch nicht mich ERKENNEN. Warum das wohl so ist?

(PAUSE)

Du wehrst dich gegen jeden Pinselstrich, der die reale Anemone klarer macht. Vielleicht, weil es in dir ein altes Wunschbild von einer phantastischen Idealfrau gibt, dem ich natürlich nicht entsprechen kann – was du einfach nicht wahrhaben willst?

(PAUSE)

Je mehr ich mich öffne, desto hartleibiger verschließt du dich. Aber es war das erste Mal, daß du mir ein Gespräch angeboten hast – das fand ich schön, wenn es auch leider mehr ein Monolog wurde.

Er: Ich habe zugehört. Aber ich möchte jetzt nicht auf all das antworten.

> *An der Wucht der Verdächtigung konnte ich erahnen, was ich dir zugefügt hatte in meiner Wut über das verlorengehende Bild der Verheißung, das unserem zerbrechenden Bündnis als wolkiger Untergrund diente...*
>
> (Tilmann Moser)

Teilstrecke 25
(Die abgeknickte Rose)

10.27 Uhr
Der Rosenstrauß kommt in mein Zimmer zurück: »Die abgeknickte Rose habe ich in ein Kompottschälchen gelegt. Das stelle ich Ihnen hier auf die Ablage neben Ihr Bett, so ist sie ganz in Ihrer Nähe.«
Ganz in meiner Nähe. Wahrhaftig: hautnah ist sie mir gegangen, diese abgeknickte Rose – dieses letzte, erst wenige Monate alte Jahr 1981.
Gleich zu Anfang hatte es eine erbitterte Wortschlacht gegeben: wieder Vorwürfe – Verteidigung – härtere Schuldanlastung – verbissenere Schuldverweigerung – dann brach das Dunkel des Schweigens herein. Das nagende Schweigen der Kontaktlosigkeit. Das bohrende Schweigen des Abgeneigtseins. Das zersetzende Schweigen.
Es breitete sich auch aus über dem elfwöchigen Kuraufenthalt im Schwarzwald – wo es jenes kurze, aber für mein Gefühl inhaltsschwere Gespräch gegeben hatte. »Ich möchte jetzt nicht auf all das antworten«, war er ausgewichen – und ich hatte das akzeptiert. Aber die Betonung lag doch wohl auf dem Wörtchen »jetzt«, oder? Also wartete ich auf Post. Nichts. Mal ein Anruf, aber kein noch so geringer Hinweis, etwa: »Es beschäftigt mich.« Nichts. Mein Bemühen, Konfliktstoff zu verbalisieren, schien im Wüstensand zu versickern. Oder sollte ich begreifen, daß er auf dem Weg war, sich ganz von mir abzuwenden? Und in diese Stimmungslandschaft fielen jene wenigen locker-unverfänglichen Zeilen von Frühlingshimmel, Vogelgezwitscher und Sonne, die den Schnee tauen und lustigen Bächlein gleich ins Tal plätschern läßt.
Ablenkungsmanöver! Mein Augenmerk sollte von diesem heiter-zirpenden Vorhang abgefangen werden, hinter dem Ungutes versteckt zu liegen schien. Ich sollte mich am strahlenden Himmelsblau ergötzen und nicht nach den Wolken sehen, die über unserer Ehe hingen. Keine Wettervoraussage erwarten oder gar fordern; eines Tages – möglicherweise – irgendwann

werden sie vielleicht von allein verschwinden. Von allein? Niemals. Das mußte ich ihn wissen lassen, und so schrieb ich:

Tauwetter draußen, ja. Eine ungeheure kosmische Kraft bewirkt die Schneeschmelze. Es ist die Kraft, die das Leben will. Sie ist auch in mir und will die innere »Schneeschmelze« erzwingen. Aber gegen die Eismassen Deines Schweigens kommt sie nicht an. Eine zentnerschwere Decke, darunter allmählich alles Lebendige erstickt – guter Nährboden nur für den Krebs. Vor achtzehn Monaten habe ich das begreifen gelernt – und Dir begreiflich zu machen versucht. Leider hast Du mein verzweifeltes Bemühen nur als lästige Ruhestörung empfinden können – vor der Du Dich in Sicherheit gebracht hast bei dem unversehrten Busen. Gewiß kann es kein Verbrechen sein, wenn sich Zuneigung zu mehr als einem Menschen bildet; es gibt viele Blumen, die schön sind. Nur darf es nicht so sein, daß man neben der neuesten Lieblingsblume die frühere verdorren läßt unter dem Mangel an Verständnis, an Interesse, an Zuspruch. Dieses vernachlässigte Pflänzchen: Siehst Du nicht, wie es verkümmert im trockenen Wind? Warum verweigerst Du mir den verbalen Regen, nach dem ich verlange? Es verdichtet sich in mir die Angst, daß Du wohl viele böse Gedanken zu verstecken hast: Wer nichts verstekken will, kann über alles reden... Die Bereitschaft dazu ist die Sonne, die die Schneeberge zum Schmelzen bringt – sie schmelzen nicht von allein. Ich wollte, Du hättest endlich, endlich einen solchen Sonnenstrahl übrig für

Deine Anemone

Einige Tage später ein Anruf. Grabesstimme. Ich solle kommen.

Auf dem Weg zu ihm wollte ich erst noch seine Geliebte aufsuchen, meine Freundin. War sie es? Ist sie es noch? Sicher hatten wir beide Angst vor dieser neuen Begegnung. Sicher wußten wir beide, daß es hier um eine Weichenstellung ging. Und sicher wollten wir beide kein »Blutvergießen«. Zwar wollte ich eine Auseinandersetzung – aber eine friedliche. Für mich war der Status quo lebensgefährlich geworden, und ich mußte da heraus – nicht gelegentlich: jetzt.

Also eröffne ich unser Match. Behutsam. Um ein faires Spiel bemüht. Und behutsam ist der erste Ballwechsel. Jeder Ball kommt zurück. Ganz klar: um keinen Preis der Welt wird sie einen verfehlen. Ich spüre, wie mir die Kraft ausgeht. Aber von

diesem Turnier hängt meine Zukunft ab! Und so wechsle ich die Spieltechnik, schieße scharfe, aggressive Bälle knapp über's Netz. Jetzt muß sie doch mal einen verfehlen! Keinen! Keinen einzigen!! Eine Vestalin im Kampf um ihr Heiligtum. Überlegen verteidigt sie den schuldigen Mandanten. Ein brillantes Plädoyer, das nach allen Richtungen hin überzeugend scheint. Eine Löwin, die – ihrer Kraft bewußt – jede Annäherung an ihr Junges unmöglich macht. Und die Kraft, die erwächst ihr aus dieser scheinbar bedingungslosen Annahme des Geliebten. Sie macht mich betroffen, diese Kraft. Ich habe sie nicht und fühle mich unterlegen. Als Sieger kann ich aus diesem Wettkampf nicht hervorgehen. Also belasse ich es beim Unentschieden, bevor es zu einer Niederlage für mich kommen kann.
Dann, am nächsten Morgen, Fahrt zur Kurklinik im Schwarzwald. Gleich an der ersten Kreuzung fahre ich in die entgegengesetzte Richtung! Freudsche Fehlleistung.
Also umlenken! Wirklich? Wirklich.
Weiter! Wütender Fahrstil.
Wütend darüber, daß es keinen Sieg gegeben hat gestern abend. Unentschieden. Genau das, was ich nicht leiden kann! Wieder keine Klarheit. Aber was für einen Sieg hatte ich eigentlich gewollt? Weiß nicht. Wut – weil keiner sagt, was ich eigentlich will! Whisky! Ich habe ihn »vorsorglich« bei mir – und nehme einen Schluck.
Klar ist seit gestern, was ich nicht will: ein Gespräch zu dritt, Elke–Wolfgang–Anemone. Dem würde ich nicht gewachsen sein: zwei gegen eins. Das wäre meine vorprogrammierte Niederlage. Auch, wenn Wolfgang überhaupt nicht spricht.
Nicht spricht. Wut! Das ist der Zustand, wo man nur noch »über den Anwalt« verkehrt. Seit gestern weiß ich, daß Elke seine Star-Anwältin ist, auch dort, wo er auf jeden Fall im Unrecht ist, gelingt ihr die Auflösung, sicher aber die Infragestellung seiner Schuld. Gäbe es nur solche Anwälte, könnte es zu keiner Verurteilung mehr kommen. Da muß ich passen. Oder auch einen Anwalt einsetzen. Meinen ehemaligen Analytiker? Er kennt uns fast so lang wie Elke uns kennt. Das wäre schon mal gut. Und er hätte den erforderlichen Background. Aber es ärgert mich das Gefühl, nicht allein damit fertig zu werden. Jetzt weiß ich übrigens auch, warum ich das Gespräch mit Elke wollte: Ich mußte ihren Standpunkt orten. Mußte wissen, wie »gefährlich« sie ist. Und jetzt weiß ich, daß sie mit einem ungeminderten Energiepotential ausgerüstet ist – im Gegensatz zu

mir: die Energiequelle, aus der ich »meinen Kampf« bestreite, ist im Lauf der Jahre fast zum Erliegen gekommen. War sie denn überhaupt je in der Form vorhanden, wie anscheinend bei Elke? Ich weiß es nicht mehr.
Da bin ich schon wieder falsch gefahren! Sollte vorsichtiger sein. Energiebewußter, sprich weniger aggressiv. Dieses verzweifelte Schwimmen! Whisky!
Gedämpfte Wut. Nur noch Wut darüber, daß ich mich habe in die »Wüste des Schweigens« hinaustreiben lassen. Ich will Wasser! Ich will Worte! Egal, wie das schmeckt. Nur nicht mehr weiter so ausgetrocknet werden! Werde ich ausgetrocknet, um zu sterben? Soll ich sterben, um beerdigt werden zu können? Möchte er den »Irrtum Anemone« verscharren, um sich dem neuen »Versuch Elke« zuzuwenden? Den »Irrtum« mitsamt seiner Trägerin vernichten – aber weil das mit dem Krebs nicht geklappt hat, Vernichtung durch »Isolierungshaft«?! Vernichtung durch Schweigen. Totschweigen!
Totschweigen der Konflikte in einer Ehe. Zersetzung der Ehe. Zersetzung einer Beziehung. Beziehungskrebs. Wie behandelt man einen Beziehungskrebs? Und ist er fortgeschritten? So sehr, daß ein chirurgischer Eingriff unerläßlich ist?
Oder kann man ihn doch noch in Gesprächstherapie geben?
Gut, das werde ich versuchen. Nochmal versuchen. Ein letztes Mal. Wie zwingt man jemanden zu einem Gespräch? Aber er muß! Er muß mir Wasser geben – Worte. Er muß!
Da steht das Schild am Straßenrand: »Kurklinik S.« In wenigen Minuten bin ich da. Drehe ich um? Dann könnte ich noch ein Weilchen in diesem unartikulierten Schwebezustand leben. Lieber alles beim alten lassen? Nein!! Ich muß wieder festen Boden unter den Füßen haben. Ich kann nicht so ein undefinierter Punkt im Koordinatensystem des Lebens sein. Und heute wird dieser Punkt neu definiert. Im Gespräch. Und wenn er wieder schweigt? Whisky.

Wiedersehen.
Zwei Fremde.
Angst.
»Ich habe für heute Abend einen Tisch reservieren lassen, der etwas abseits steht, so daß wir dort ungestört miteinander reden können«, sagt er.
DORT höre ich. Also verschieben auf später. Wie immer!
REDEN höre ich. Heißt das, daß er reden will?

Schon jetzt toben in mir die aufgestauten Emotionen. Wieder vertröstet. Wieder nicht sofort sprechen. Nochmal warten. Gleichzeitig bin ich überwältigt, daß er es fertiggebracht hat, mir ein Gespräch anzubieten – wenn auch für später. Durch einen dichten Nebel schwer zu beschreibender Gefühle hindurch höre ich ihn sagen:
»Ich bemühe mich, ein neuer Mensch zu werden. Immer warst du diejenige, die mir einen neuen Weg gewiesen hat: Das Autogene Training kam durch dich; die mysteriösen Hasenkugeln hast du gefunden; auch zur Hypnosetherapie fand ich zunächst durch dich. Und jetzt hattest du mich in die Hände von Frau F. gegeben. Sie hieß mich die beiden Bücher lesen: ›Selbstentfaltung durch Meditation‹ und ›Anleitung zum sozialen Lernen für Paare‹ (Kommunikations- und Verhaltenstraining) von Schwäbisch und Siems. Ich will lernen. Und ganz kleine Erfolge habe ich auch – aber sie sind sicher nicht sehr tragfähig – darum bitte ich dich um Verständnis...
Schon wieder dieses Tohuwabohu in mir: KOMMUNIKATIONSTRAINING – kann das wahr sein? Ich kann es kaum fassen. Was ich aber fasse, ist die Bitte um VERSTÄNDNIS: wie immer! Bitte Rücksicht! Wie immer!
Es ist die Zeit des »Intervalltrainings«, will heißen: spazierengehen. Wir gehen gemeinsam.
Assoziation: Heiligabend in Stalingrad. Von den dauernden Kämpfen erschöpft, singen die Soldaten »Oh-du-fröhliche-e-oh-du-selige-e«, sitzen auf den Trümmern und kauen am letzten Stückchen Brot. Unheimlich ist das – und keiner wagt zu sagen, er hat Angst – –
Whisky-hour.
Ich weiß nicht mehr, ob ich reden will. Denn ich weiß schon wieder nicht mehr, wo es langgeht. Wie damals, bevor wir geheiratet haben: Nach einer im Zorn erfolgten Trennung kam prompt die Versöhnung mit seinem Versprechen, es werde »alles anders« – viele Male – immer wieder – wird nun jetzt wirklich »alles anders«?
Wir trinken Whisky aus Teegläsern.
Dann im Restaurant einen Sherry.
Dann Wein.
Ich kann fast nichts essen.
Und merke, wie sich das Gespräch nur mühsam durch die Mahlzeit quält – wie es sich immer unausweichlicher an den ausgeleierten Gleisen entlangwälzt – –. Was hatte mich eigent-

lich veranlaßt, zu glauben, daß es nicht in das gewohnte Fahrwasser geraten würde? Langsam mischt sich unter den festen Willen, Worte zu suchen, die uns zueinander führen, die Enttäuschung, daß das auch jetzt nicht gelingen wird – immer deutlicher wird, daß wir wieder aneinandervorbei reden –
Verzweiflung –
Panik –
Erschöpfung –
Erschöpfung! Ich fühle mich in ein Tretrad gesperrt, das ich sinnlos in Bewegung halte –– und jetzt will ich nur noch da heraus! Mit einer letzten Anstrengung versuche ich, mich herauszukatapultieren: »Kannst du mir sagen, was du erreichen willst mit diesem neuen Klagennachschub? Soll ich so zusammengeschlagen werden, daß ich freiwillig abtrete? Wenn es nur darum geht, daß ich dir den Weg zu deiner Geliebten versperre, dann laß es mich wissen. Aber laß mich am Leben. Wenigstens solange ich leben möchte – für unser Kind!« »Elke hat mich heute morgen angerufen –« »Ah – das habe ich nicht anders erwartet. Die Interkommunikation zwischen deiner Geliebten und dir funktioniert besser als die zwischen dir und deiner Ehefrau.« »Elke hat gesagt, daß sie sich ganz zurückziehen wolle, wenn dadurch unsere Ehe gerettet würde. Das hat sie gesagt.«
Elke. Nicht nur bereit, für diesen Mann zu kämpfen, bereit, sich selbst aufzugeben. Wie ein Blitz fährt es mir vor die Augen: Das ist die geballte Macht jenes kosmischen Feuers: Liebe!
Unsicher – geblendet – taste ich mich in die neue Situation: »Glaubst du, daß wir dadurch zueinanderfinden, daß Elke zurücktritt? Du würdest doch einen neuen Grund haben zu jammern. Mehr noch als vorher würdest du mich verantwortlich machen für deinen ›sexuellen Notstand‹, für deine Unzufriedenheit ––«
Grenzenlose Hoffnungslosigkeit. Wo liegt denn bloß dieser gordische Knoten? Warum, warum gelingt es denn nicht, ihn zu lösen? Ich will es doch! Und er will es auch! Sicher! Und trotz aller Mühe schaffen wir es nicht, diesen im Schlamm steckenden Ehe-Wagen zu befreien – bis zur völligen Entkräftung haben wir uns darum bemüht. Vergebens.
Ratlosigkeit.
In meinem Kopf beginnen die Worte in undifferenzierte Schlieren überzugehen – wirre Fäden tanzen vor meinen Augen –
»Ich muß jetzt schlafen gehen.« »Wann kommst du morgen früh wieder?« »Soll ich denn wiederkommen?« »Ja natürlich.«

Diese Schlieren im Kopf! Rote – lila – grüne – weiche – wellenförmige Bewegungen. Ein weiter Weg bis zu meinem Hotelzimmer. Hätte ich doch nicht so viel Alkohol getrunken – und mehr gegessen! Aber ich hatte so sehr viel mehr Durst als Hunger – Durst nach Worten! Und er hatte mir Worte gegeben. Es war ein Angebot. Doch, das war es. Aber es hatte nicht ausgereicht, um seine und meine Welt zusammenzuzwingen – –
Plötzlich ein wilder Schlierenaufstand – ein tobender Wirbel –, und mein Körper befreit sich von dem bedrängenden Mageninhalt.
Am nächsten Morgen: Die Schlieren sind weg; die Verzweiflung ist weg; die Ratlosigkeit ist weg; der Knoten ist weg. Wenn ich glaube, daß unsere Ehe innerlich keine sein kann – aus welchen Gründen auch immer –, dann ist es konsequent, nicht darauf zu bestehen, jedenfalls nicht auf dem Gebiet, wo sie scheinbar nicht »vollzogen« werden kann, sondern die Bühne freizumachen für die Frau, die »sehr glücklich in dieser Begegnung« ist, wie sie gesagt hat. Wenn ich Wahrheit erkenne, ist es sträflich, sie nicht zu leben. Ich will aber mehr Wahrheit leben! Ich kämpfe doch gegen die Verlogenheit! Wenn ich also erkenne, daß nicht ich den ungehinderten Zugang zu meinem Mann habe, sondern sie – und wenn ich sehe, daß die Barrieren zwischen mir und ihm vorläufig jedenfalls kaum werden fallen können, dann ist es schäbig, wenn ich dennoch auf der vertraglichen Vereinbarung einer Eheschließung bestehe. Dagegen ist es konsequent und logisch, die »innere Ehe« dort anzuerkennen, wo sie gelebt wird, wo sie derzeit auch körperlich verwirklicht werden kann. Nicht Elke wird zurücktreten, sondern – ich. Wie einen Schritt auf dem Wege zur Wahrheit erlebe ich diesen Entschluß – und der Mut dazu macht mich innerlich froh – wie schon lange nicht mehr.
Mitten in diese Gedanken stürzt genau der Mann, den ich dabei bin, »freizugeben«; schluchzend, lachend und weinend zugleich wiederholte er es immer wieder: »Ich bin so glücklich, daß du nicht davongelaufen bist!« Von ganz weit innen kommen diese Worte, werden mir in die Arme geschleudert. Worte, die aus Liebe gemacht sind.
Liebe. Wieder bewegt mich die Begegnung mit ihr. Wieder stehe ich staunend vor dem Ausmaß dieser Kraft – und weiß, daß es wieder ein anderer Aspekt von ihr ist.
Aber in dieser verzweifelt-glückseligen Eruption von immer den gleichen Worten schwingt etwas anderes mit, etwas, was ich

verwirrt entgegennehme – ahnend, daß es nicht an die reale Anemone adressiert ist, sondern an das alte Wunschbild von einer phantastischen Idealfrau – und deshalb kann es mich nicht von dem gefaßten Entschluß abbringen. Behutsam streichle ich seine Hände. Sanftmut in mir. Das Gewitter ist vorbei, und ich sehe ganz klar den Weg vor mir liegen: »Gemeinsam haben wir uns vor vielen Jahren in ein Labyrinth begeben, aber uns bald darauf in unterschiedlichen Gängen und Tunneln verloren, sind durch unterschiedliche Finsternisse getaumelt, und jetzt hat jeder von uns einen Ausgang gefunden, seinen Ausgang. Es liegen aber die beiden Ausgänge an den entgegengesetzten Enden der Welt. Mein Ausgang ist dort, wo es nicht nur eine äußere, sondern auch eine innere Erlebnisebene gibt, wo es nicht nur eine äußere, sondern auch eine innere Wahrheit gibt, wo sich eine reale Begebenheit in zwei miteinander verbundenen Räumen gleichzeitig zuträgt, in einem konkret sichtbaren Feld und einem ebenso konkret existierenden, aber nicht sichtbaren Feld; eine Welt, wo jeder Aspekt des Lebens eine psychische und eine physische Seite hat. Dieser Welt fühle ich mich zugetan. Dein Labyrinthausgang liegt in einer Welt, wo es fast nur Dinge gibt, die gemessen und gewogen werden können, die materiell und konkret sind. Dort hast du eine Geliebte gefunden. Ich habe erkennen können, daß und wie bedingungslos sie für dich streitet. Und obgleich ich das Wort ›Liebe‹ nicht aus ihrem Mund vernommen habe, schien mir alles, was sie sagte, darin eingebettet. Liebe ist eine Kostbarkeit. Ich zerstöre keine Kostbarkeiten. Elkes Liebe zu dir scheint – jedenfalls derzeit – größer als meine; deshalb will ich nicht, daß sie geht. Liebe ist positive Energie. Ich kann nicht klagen darüber, daß es soviel Haß auf der Welt gibt, und gleichzeitig vorhandene Liebe vernichten. Ich möchte also, daß du diese Liebe bekommen kannst. Allerdings erwarte ich von dir umgekehrt, daß du mein Leben schützt.«
»Du bist eine großartige Frau! Und du bist und bleibst meine Frau. Ich bin glücklich, daß du Elkes Angebot nicht annehmen willst, denn würdest du es annehmen, wäre sie unglücklich, ich unglücklich und du nicht glücklich. Solltest du aber diesen großzügigen und unkonventionellen Entschluß nicht mehr tragen können, sag es mir ehrlich und rechtzeitig. Bis dahin nehme ich dein Angebot an. Du bist eine ungewöhnliche Frau!« »Natürlich wäre es mir lieber, unsere Ehe wäre glücklich. Ist sie aber nicht. Derzeit. Und wenn ich den mörde-

rischen Vorwürfen, die mir mehr und mehr Sauerstoff zum Leben weggenommen haben, nur so entkommen konnte, dann war schon das vielleicht ein ›neuer Anfang‹, dann war mein Verzicht die Wende in unserer Beziehung, denn ich habe zum ersten Mal seit undenkbaren Zeiten gehört, ich sei eine ›großartige Frau‹! Wir haben uns nun eigenhändig ›geschieden‹. Vielleicht können wir aus großgewordener Entfernung wieder aufeinanderzugehen. Vielleicht werde ich einmal deine Geliebte. Vielleicht heirate ich eines Tages meinen Mann und mein Mann heiratet seine Frau. Vielleicht konnte die Ehe zwischen uns deshalb nicht gutgehen, weil ich gar nicht heiraten wollte und doch geheiratet habe. Vielleicht kommt ein Tag, an dem ich aus freier, neuer Entscheidung gerne in eine Ehe mit dir einwilligen möchte – und umgekehrt du in meine Welt gefunden haben wirst. Und bis dahin gilt unsere Als-ob-Scheidung – –«
Alle Aggressionen verschwunden –
Alle Angst verflogen –
Alle Vorwürfe aufgehoben –
Das mußte das »Wunder« sein! Das Wunder des Lebens. Die Kraft, die es hervorgebracht hat, ist die Kraft, die das Positive will. Man hat ihr den Namen »Liebe« gegeben. Sie war in jedem von uns wirksam: in ihr – in ihm – in mir.
Ich war glücklich. Hatte der Welt zwei Lieben erhalten. War es mir gelungen, den gordischen Knoten zu lösen? Dieses schauderbare Gebilde aus Vorwürfen, Klagen, Unzufriedenheit, das sich wie ein bösartiges Geschwür in meinem Lebensraum ausgebreitet hatte, war entfernt. Ich fühlte mich, als wäre ich aus der eisernen Lunge befreit! Ich konnte frei atmen!
Überwältigt von diesem herrlichen Gefühl fuhr ich heim.
Benommen.
Immer wieder Tränen der Entspannung, des Gelöstseins. Und kitschig, das Übereinstimmen der Kulisse mit den Vorgängen in meinem Inneren: reinigender Regen über mir, strahlende Sonne hinter mir und vor mir, richtig vor mir, ein so vollkommener, farbenprächtiger Regenbogen, der viele Kilometer lang die beiden Felder links und rechts der Autobahn in einem makellosen Bogen miteinander verband –
Wie eine phantastische Brücke –
aus einem Stoff, den man nicht anfassen kann –
Auch Worte kann man nicht anfassen, und doch bilden sie eine phantastische Brücke.

Ich glaubte an die alle Kontinente miteinander verbindende Brücke.
Ich glaubte an die zwingende Kraft der Worte.
Ich glaubte, daß sie das »Wunder« vollbracht hatten.
War das nun aber das Wunder?

Es riecht nach Aufbruch
dabei ist erst Februar
ein Lachen streift durch
meinen Bauch und
glitzert durch die Poren
ich atme tief und fühl
das Prickeln auf der Haut
und manchmal hab ich Angst
vor so viel unverdientem Glück
es riecht nach Aufbruch
und mir wachsen kleine Flügel
mein Rücken ist nicht länger krumm
ich stehe schon
auf meinen eigenen Füßen
ein bißchen länger
Sonne noch und Wärme
und ich flieg
davon (Hans-Curt Flemming)

Teilstrecke 26
(Sterile Visite)

11.55 Uhr
Eine Karawane in Weiß betritt den Raum: »Guten Tag, Frau Sandkorn. Sie haben ja schon wieder Farbe im Gesicht. Sehr schön. Alles in Ordnung?« »Ja, danke, Herr Professor.« »Primaprima. Dann weiter alles Gute, Frau Sandkorn.« Der Chef macht kehrt – und im schweigsamen Gänsemarsch folgen ihm seine fünf Jünger zur Türe hinaus.

Knapp dreißig Sekunden hat das gedauert. Allerdings hatte ich auch keine Fragen, den Körper betreffend – und nur um ihn geht es hier. Jeder Patient weiß das – und leidet unter dieser halb-heitlichen Behandlungsmethode.

Bereits vor 2000 Jahren gab es einen griechisch-römischen Arzt, Galenus Galen, der seine Kollegen auf den Zusammenhang von Krankheit und Emotion hingewiesen hat. Doch in den Krankenanstalten wird sorgsam die »Maschine Organismus« herauspräpariert und kaum oder gar nicht Notiz genommen von der seelischen Komponente der Krankheit. Aber wer sollte es denn tun? Die Stationsschwester? Der Arzt? Der Chefarzt? Sie können nicht menschliche Nähe zu unzähligen, x-beliebigen Menschen aufbringen, und die berufliche Qualifizierung haben sie nicht, durch die sie sich der bisher ausgesparten Seele des Patienten annehmen könnten.

Vielleicht wäre alles ganz anders geworden, wenn uns ein Psychotherapeut betreut hätte, damals, als die UNHEILBAREKRANKHEIT zuschlug. Da gab es plötzlich Probleme, mit denen wir nicht umzugehen wußten und die sicher das Krankengeschehen beeinflußt haben. Angst und Verzweiflung waren da – aber hätte ich sie dem sterbenden Mann zeigen sollen? Doch sicher nicht, dachte ich, und so gedieh an seinem Krankenbett die falsche Rücksichtsnahme meinerseits und der falsche Eindruck des Unverstandenseins seinerseits: das Auseinanderdriften. Ganz bestimmt hätte ein seinerzeit anwesender Facharzt für Seelenheilkunde das zum Beispiel aufhalten können, und möglicherweise hätte er erkannt, daß der Wille zum Gesundwerden, den mein Mann hatte, in einem den Familienkern gefährdenden Egoismus verankert war. Vielleicht hätte damals diese wichtige Energie aus der Ichbezogenheit heraus und in die Partnerbezogenheit gelenkt werden können. Aber wir waren beide so jung und speziell in diesem Bereich völlig ahnungslos, so daß wir das Geschehen nicht begriffen und demzufolge auch keinen Einfluß darauf nehmen konnten. Und wer weiß, ob ein erfahrener Psychoanalytiker nicht gar den SEELISCHEN Kern der UNHEILBARENKRANKHEIT entdeckt hätte – und so die Krankengeschichte möglicherweise anders verlaufen wäre. Vielleicht hätte an der psychischen Voraussetzung für die physische Gesundheit gearbeitet werden können – und das Ergebnis einer so gearteten, ganzheitlichen Behandlung des Patienten hätte sich von dem tatsächlichen Ergebnis der nur auf die Organe beschränkten Behandlung dadurch unterschieden, daß es nicht nur Remissionen gegeben hätte, sondern vielleicht den Stillstand des bösartigen Wachstums; sicherlich wäre gleichzeitig der Boden kultiviert worden, auf dem die unbewußte Un-Ehe in die echte Ehe hätte überwechseln können. Recht wahrscheinlich wäre auf diese Weise unser Leben in eine andere Bahn gebracht worden, eine, die nicht über Ehekrise und Brustkrebs führen mußte. Wieviel Schmerz hätte uns – und unserem Kind – erspart bleiben können, wenn damals (und leider hat sich ja bis heute diesbezüglich nichts geändert) im Klinikbetrieb nicht nur dem Organismus Aufmerksamkeit zuteil geworden wäre . . .

Natürlich ist den Menschen in den Krankenbetten auch irgendwie zumute ... Sie leiden an ungelösten Konflikten, die vielfach daran schuld sind, daß ihre Organfunktionen durcheinandergekommen sind ...

(Horst-Eberhard Richter)

Ohne den Menschen zu betrachten, unmenschlich also, wird nach der Ursache der Krankheit gefahndet. Wenn die Ursache aber der Mensch selbst ist, wie kann dann ohne diesen Menschen der Grund für die Krankheit gefunden werden? (Erhard F. Freitag)

... weniger Sterilität, dafür mehr Menschlichkeit ...

(Albert Schweitzer)

Obwohl wir wußten, daß Geist und Psyche den Körper krank machen können, haben wir nicht darüber nachgedacht, wieweit wir bewußt auf diese Kräfte in uns einwirken können, damit sie den Körper wieder gesund werden lassen. (Carl Simonton)

Teilstrecke 27
(Mittagessen)

11.57 Uhr
Das erste Mittagessen nach der Operation. Auf einem Drei-Zonen-Teller liegen zwei große, fette Scheiben Schweinefleisch, ein Berg Rotkraut, fünf Salzkartoffeln. Daneben auf dem Tablett steht ein Becher Konfektionspudding. Aroma und Farbe: Schokolade.
Das verschlägt mir den Appetit. Dabei hatte ich Appetit. Aber fetter Schweinebraten und Rotkohl! Das ist etwas für Schwerarbeiter. Ich dagegen habe mich den ganzen Morgen so gut wie nicht bewegt, zum einen, weil alle meine Muskeln noch schlaff sind und zum anderen, weil noch immer jede Bewegung weh tut. Damit war mein Kalorienbedarf nahe bei Null. Aber Appetit habe ich. Mein »gesunder Instinkt« meldet an die Gehirnzentrale: »Bitte einmal Fisch mit Reis und Salat.«
In diesem Augenblick geht es mir schlechter als den Hunden in diesem, unserem Lande: Sie bekommen »Safthappen mit Herz«. Sie bekommen »Fido«.
FIDO FÜTTERT FIT. Zeitgenössische Ernährung ist heute ein vielbeachtetes Thema. Was für den Menschen gilt, gilt auch für den Hund. Unsere Vierbeiner bekommen leider noch viel zu oft Speisereste vorgesetzt, die zuviel Fett enthalten und träge machen. Die neue Fido-Mahlzeit dagegen ist ein Napf voll Saft und Kraft. Mit viel Eiweiß, allen wichtigen Vitaminen, Mineralien und Spurenelementen. Aber wenig Fett – gerade so viel, wie Ihr Hund für ein aktives und gesundes Leben braucht. Füttern Sie ihn fit statt fett. Geben Sie ihm Fido!
Ich möchte Fido! Ich möchte einen »Napf voll Saft und Kraft«! Was für den Hund gilt, gilt auch für den Menschen! Menschen bekommen leider noch viel zu oft Speisen vorgesetzt, die zuviel Fett enthalten und träge machen! Das wäre ein zeitgemäßes Thema für den vielbeschäftigten Ernährungsspezialisten einer Klinik! Hier fände er ein gutes Arbeitsfeld: Er könnte die zuständigen Stellen davon in Kenntnis setzen, daß der Kranke kein Bauarbeiter ist; daß er hier ist, weil irgend etwas in seinem

Organismus kaputtgegangen ist und nun regenerieren soll. Daß dazu der Körper alle seine Kräfte mobilisiert und es ebenso gedankenlos wie unvernünftig ist, ihm durch die Verdauung von so schwerer Nahrung eine nicht unerhebliche Menge Kraft abzuziehen. Mit so einem vollen Bauch im Bett wird die Genesung eines Patienten eher verzögert, nicht aber gefördert! Genesen muß er dann außerhalb der Institution, in die er sich begeben hat, um zu genesen!

Ich esse drei Salzkartoffeln und zwei Löffel Rotkraut.

Gestern um diese Zeit habe ich gar nichts gegessen. Heute morgen habe ich ein herrliches Frühstück genossen und ein paar Stunden später frischen Quark mit Früchten. Jetzt bewundere ich einmal aufs neue die Vielfalt der Gemüsesorten, die auf unserem Globus gedeihen: Jede mit einem ganz individuellen Eigengeschmack; jede eine fein abgestimmte Kombination von lebensnotwendigen Stoffen. Die Kartoffel zum Beispiel! Diese anspruchslose Pflanze aus Südamerika, die bei uns zum hochwertigen Volksnahrungsmittel Nummer eins avanciert ist aufgrund ihres inneren Reichtums: Vitamine A, B, C, H, K, Spurenelemente, Stärke, Rohprotein, Rohfett, Rohfaser und Asche. Wußte das Friedrich der Große, als er den Anbau in Deutschland entscheidend gefördert hat? Jedenfalls hat er sich dafür bestimmt den Zusatz »der Große« verdient. Und dann der Kohl: Wie viele verschiedene Sorten es davon gibt: roten, weißen, grünen, solchen mit glatten und solchen mit krausen Blättern, solchen mit Röschen und solchen mit Blumen im Herzen. Was für eine reichhaltige Tafel die Natur für uns gedeckt hat. Und was für ein Genuß, wieder daran teilnehmen zu dürfen. Schön!

Du kannst essen, um dich zu ernähren.
Du kannst essen, weil es dir Genuß verschafft.
Du kannst essen, weil diese Lust schließlich
in das Glück der Wahrheitserfahrung umschlägt.
(Gerhard Szczesny)

Teilstrecke 28
(Hunger trotz Überfluß)

12.20 Uhr
»Ja, Frau Sandkorn! Gar keinen Appetit gehabt?«
»Doch, schon. Aber so fettes Fleisch und einen Berg Rotkohl, wenn ich nur faul im Bett liege?« »Ja, etwas Frisches, leicht Verdauliches wäre das Richtige. Total verrückt diese Welt: ein Tablett voll Kalorien für einen leeren Magen, der das nicht brauchen kann, weswegen nun das Essen weggeworfen wird.« »Jaa – ein Jammer –«
Ein Jammer! Zwanzig Millionen Menschen verhungern im Jahr – und hier wird unverdorbene Nahrung in die Mülltonne versenkt. Täglich. In unzähligen Anstalten, Hotelküchen. In fast allen Ländern der Welt. Ein Jammer! Hätte ich das Fleisch doch lieber gegessen. Wäre so der Welthunger verringert worden? Ich höre die strengen Worte der Mutter: »Schämen solltest du dich! Die armen Negerkinder wären glücklich, wenn sie einen Teller Linsen bekämen. Der wird aufgegessen. Sünde wäre das, ihn wegzuwerfen.«
Sünde war das – aber nicht, weil ich Linsen nicht mochte, sondern weil ich damit im Schlafzimmer eingesperrt wurde, bis ich sie aufgegessen hatte. Wieviele Tränen blieben da (scheinbar) unbemerkt. Wieviel schmerzliches Verlassensein, obgleich die Mutter nebenan war. Wieviel Hunger, obgleich der Teller voll war. Qualen des Ekels. Daß sie die logische Folge vorausgegangener Erziehungsmaßnahmen gewesen waren, konnte ich damals nicht erkennen. Heute weiß ich, daß das, was da stundenlang in einsamer Zweisamkeit mit dem Linsenteller in mir tobte, Empörung über die Unberechenbarkeit, die Willkür dieser Welt war.
Jetzt kann ich das verbalisieren: »Erst habe ich schreckliche Schläge bekommen, weil ich das interessante braune Zeug, das da aus meinem Leib herauskam, hatte versuchen wollen, und nun soll ich solches braune Zeug nicht nur versuchen, sondern einen ganzen riesigen Teller davon essen. Wenn schon kein Verlaß auf die Reaktionen der Mutter ist, wie wird es dann erst

draußen zugehen? Wenn schon zu Hause irrwitziger Gehorsam mit grausamem Psychoterror erzwungen wird, was mag dann erst kommen, wenn die behütete Kindheit vorbei ist?«

So wurde das Linsengericht zum Symbol für Weltleid.

Weltleid ist einsamer, unverstandener Schmerz, ist von Gedankenlosigkeit gezeugter Kummer, ist das Produkt der Unfähigkeit zu lieben. Die Unfähigkeit zu lieben ist eine weltweit grassierende Seuche, und es gibt nur ein wirksames Gegen mittel: die Kunst des Liebens.

Wach zu sein im Denken und Fühlen, im Sehen und Hören, aufmerksam und geöffnet zu sein ist eine unerläßliche Bedingung für die Kunst des Liebens –

lesen wir bei Erich Fromm. Und Kyrilla Spiecker weiß:

Nur selbstvergessen kannst du wahrnehmen, was dem anderen fehlt.

Das ist es: Auch wenn wir konkret etwas für den anderen tun, sind wir selten oder nie ganz »selbstvergessen«. Unser Tun wird vom Ich bestimmt und kaum je vom Du. Deshalb geht so viel Zuwendung am Bedürfnis des anderen vorbei. Ich sehe uns alle beim Bogenschießen und nie (oder doch nur lächerlich selten) die Zielscheibe treffen. Anders der Bogenmeister, dem wir bei Eugen Herrigel (»Zen in der Kunst des Bogenschießens«) begegnen: Bevor er einen Pfeil abgehen läßt, versenkt er sich in den Punkt, für den er bestimmt ist, mit Interesse, Konzentration, Disziplin, Vernunft, Objektivität, Geduld, Demut – und kein Pfeil geht verloren. Würde gleiche Vorarbeit geleistet für Zen in der Kunst der Bedürfnisbefriedigung (eigener wie auch fremder), könnte jeder von uns »Bogenmeister« werden. Statt dessen wird weltweit Zuwendung gedanken- und folglich sinnlos verschossen. Auf riesigen gedachten Halden verderben riesige Mengen geistiger und materieller Gaben, die den Adressaten kaum tangieren konnten: Weltweites Mißlingen der Koordinierung von Bedürfnis und Bedürfnisbefriedigung – im Äußeren wie im Inneren. Globales Organisationsfiasko bei der Verteilung spiritueller und konkreter Darreichung. Da verdirbt der Überfluß – neben weltweitem körperlichem und seelischem Hunger. Vermeidbares Weltleid.

Jetzt konnte ich formulieren, was für ein Schmerz das gewesen war. Es war das Wissen um die Chancen, menschlicher miteinander zu leben, die ungenutzt weggeworfen werden…
Und die Schuld dafür hatte ich nur bei anderen, nur bei den Umständen, nur in meiner Umwelt gesucht…

(Heinz Körner)

Teilstrecke 29
(Fiebermessen)

13.52 Uhr
Gerade wollte ich einschlafen, da wurde das Fieberthermometer gebracht. Schön: Ich habe kein Fieber.
Schön, auf einer gläsernen Skala ablesen zu können, daß keine durch Stoffwechselprodukte oder Bakteriengifte bedingte Störung der Wärmeregulationszentren des Gehirns vorliegt. Schön, daß mein Organismus sich nicht veranlaßt fühlt, die Eigenwärme meines Körpers mittels gesteigerter, nervös gesteuerter Oxydationen zu erhöhen. Schön aber auch, daß es diesen Regulationsvorgang gibt, der einsetzt, wenn Schädlichkeiten in meinen Körper eingedrungen oder in ihm entstanden sind, und der diese abzubauen und auszuscheiden vermag, indem er den Stoffwechsel beschleunigt. Das vermehrt die Wärmeabgabe, und auch für diesen Fall wird gesorgt: Blutgefäße werden erweitert, der Blutumlauf wird beschleunigt, Schweiß sorgt für Kühlung.
Ich fühle mich in mir selbst geborgen. Geborgen in diesem kosmischen Regulativ, das die Durchschnittstemperatur eines gesunden Körpers innerhalb weniger Zehntel Grade hält, unabhängig von der Außentemperatur, aber auch diese fest im Griff hat: Die Mittelwerte des Makroklimas auf unserem Planeten sind so gut wie konstant und das seit über 10000 Jahren. Eine riesige Zahl. Riesig? Noch viel unfaßbarer ist, was ich neulich im Observatorium zu hören bekam:
KUGELSTERNHAUFEN sind mit 10 bis 15 Milliarden Jahren die ältesten Objekte des Milchstraßensystems. Das Licht benötigt von dort bis zur Erde 30000 Jahre...
KONUSNEBEL hat mit 2 Millionen Jahren erst 4 Zehntausendstel des Alters der Sonne.
DREIECKSNEBEL ist ein mittelgroßes Sternsystem mit 55000 Lichtjahren Durchmesser, und es ist 2,3 Millionen Lichtjahre von uns entfernt.
KREBSNEBEL gehört zu den »interessantesten« kosmischen Objekten, dehnt sich aus mit einer Geschwindigkeit von 1100 km/s. Der KREBSnebel –

Ich falle aus dem Kosmos zurück in mein Bett: Was für ein Winzling ich bin! Was für ein harmloses Nichtschen ist mein Krebs im Vergleich zu dem da draußen.
Es lächelt in mir. Es ist ein Lächeln, in dem Demut enthalten ist, in dem Zufriedensein schwingt –
Von diesem Lächeln soll mein Sohn eines Tages erfahren, wenn ich selbst einmal nicht mehr bin: Ich will ein paar Zeilen in mein Krebs-Tagebuch schreiben, das ich vor fünf Jahren begonnen habe, nach der ersten Amputation. Jetzt lese ich nochmal den Anfang:
Ich habe Krebs. ICH HABE KREBS!
Ich muß mich mit meinem Krebs arrangieren.
ICH MUSS MICH MIT IHM ARRANGIEREN!
Ich werde mich damit auseinandersetzen.
ICH WERDE MICH DAMIT AUSEINANDERSETZEN!
Ich weiß, das ist die Auseinandersetzung mit dem Tod.
Ich werde Abschied nehmen müssen von meinem Mann.
Ich werde Abschied nehmen müssen von meinem Kind.
Ich will ein Bild von mir zeichnen – ihnen zum Abschied.
Ich.
Ich liebe mein Kind und habe nie bereut, daß es geboren ist.
Ich möchte, daß ihm großer Kummer erspart bleibt, und kann es nicht abschirmen.
Ich hoffe, daß es daran nicht zerbricht, sondern wächst.
Ich habe vieles von ihm gelernt und danke ihm dafür.
Ich weiß nicht, wieviele Fehler ich mit ihm gemacht habe.
Ich weiß nicht, wie oft ich es unwissentlich gequält habe.
Ich hoffe, daß es nicht zu sehr gelitten hat, und wünsche mir sein Verzeihen.
Ich möchte meine Fehler gutmachen und weiß nicht, ob ich das kann.
Ich kenne mein Kind viel zuwenig und leide darunter.
Ich weiß, daß es in seiner eigenen Welt lebt und ich niemals dort eindringe.
Ich glaube, das ist das Gesetz des Lebens, dem ich mich zu fügen habe.
Ich.
Ich liebe meinen Mann und habe mich niemals beklagt ob seiner Krankheit.
Ich meine, daß wir kein Recht auf Gesundheit haben und keines auf Glücklichsein.

Ich glaube an die Liebe und Treue meines Mannes.
Ich würde gern meinen Mann glücklich machen und fühle, daß das nicht geht.
Ich weiß nicht, warum, und möchte so gern darüber sprechen, aber er nicht.
Ich vermute, er hat wilde Sexualphantasien und Angst mit ihnen.
Ich fürchte, er leidet und ist unbefriedigt.
Ich würde so gerne mit ihm sprechen und fühle, daß das nicht geht.
Ich weiß nicht, warum.
Ich bin nicht unglücklich mit unserem Streichelsex, mag diesen Orgasmus.
Ich finde das nicht unrecht.
Ich.
Ich finde mich hübsch, immer noch, aber weiß, daß ich nichts dafür kann.
Ich finde die Amputation schlimm, aber denke, es gibt viel Schlimmeres.
Ich hoffe, sie ist keine Wertminderung, fühlte mich gern innerlich angenommen.
Ich dachte, das käme im Alter – aber nun werde ich nicht alt.
Ich wäre gerne gescheiter – aber bin zufrieden und glücklich als Hausfrau.
Ich tue alles im Hinblick auf ein mögliches Feedback – bekomme keines.
Ich leide im echolosen Raum – möchte mit meinem Mann darüber sprechen.
Ich fühle, daß das nicht geht – und weiß nicht, warum.
Ich möchte dennoch kein anderes Leben, nehme dankbar jeden einzelnen Tag an.
Ich denke an den Tod.
Ich glaube, wenn es ihn nicht gäbe, würde das Leben auf der Erde zu einer unvorstellbaren Hölle. Es gäbe keine Chance, je erlöst zu werden von aller Pein, allem Leiden, allen Schmerzen. Ohne Tod keine Erneuerung. Ohne Erneuerung kein Leben. Der Tod ist die Voraussetzung für Leben.
Ich denke an den Tod.
Ich finde es eine widerliche Anmaßung, daß Menschen andere Menschen daran hindern, freiwillig in den Tod zu gehen, daß juristische und moralische Barrieren errichtet werden, wenn wir unseren eigenen Tod wünschen – aus welchen Gründen

auch immer, etwa, weil wir die Depersonalisierung durch Krebsfraß unseren Lieben nicht antun möchten.

Ich denke an den Tod.

Ich las, was Buddha über den Tod sagte: »Der Tod ist nicht die Verneinung des Lebens, sondern der äußerste Fall von Leben. Leben ist Veränderung, Bewegung, Verwandlung, immerwährende Unsicherheit und Unruhe, Sichtrennenmüssen und Abschiednehmen, Vergessen und Vergessenwerden. Wer stirbt, also in die Verwandlung eingeht, läßt alles und alle endgültig im Stich. Das Gesetz des Lebens wird nicht aufgehoben, sondern erreicht im Sterben seinen Höhepunkt. Dort, wo eine Gestaltwerdung endet und zurückgenommen wird zu neuem Anfang, kulminiert der Wille des Werdens zur Unbeständigkeit.« Und Epikur sagt vom Tod, er sei »nichts: solange wir da sind, ist er nicht da, und wenn er da ist, sind wir nicht mehr.« Und Platon: »Niemand weiß vom Tod auch nur, ob er nicht der Güter größtes ist; sie fürchten ihn aber, als wüßten sie gewiß, daß er der Übel Größtes ist.« Und Franz von Assisi: »Sei mir gegrüßt, Bruder Tod!«

Ich habe keine Angst vor dem sanften Tod und wünsche mir einen sanften Tod.

Ich will es rechtzeitig sagen: Sollte es nach mir gehen, möchte ich keine Beerdigungszeremonie und keine Blumen: der Leib sollte verbrannt und die Asche als Dünger verwendet werden, um so in den natürlichen Kreislauf des Lebens einzugehen.

Ich möchte keine Blumen: Sie sollten nicht an Leichen verschenkt werden, sondern an Menschen, die leben…

Mein Gesicht:

Jeder kann es sehen
jeder sieht eines
jedes ist anders

Alle diese Gesichter bin ich
und dahinter bin ich auch
irgendwo
obwohl jeder mich sehen kann

(Hans-Curt Flemming)

Teilstrecke 30
(Pulsmessen)

14.23 Uhr
»Kein Fieber. Prima. Schauen wir noch nach dem Puls.« Die Schwester ergreift mein Handgelenk und stellt die Sanduhr auf den Kopf.
Ich sehe zu, wie sich die Sandkörnchen am engen Durchgang drängeln und in den unteren Teil purzeln. Eine Minute brauchen sie dazu. In der gleichen Zeit wird mein Herz etwa 70 mal schlagen, also 70 kleine Blutwellen erzeugt haben, die nun gezählt werden... 7-8-9... Jede wird von der Aortawurzel bis zu den Kapillaren getrieben, mit einer Geschwindigkeit von vier bis zehn Meter in der Sekunde... 19-20-21... tagaustagein arbeitet diese Pumpe in meinem Inneren ununterbrochen... 30-31-32... Fünf bis sechs Liter Blut transportieren den Sauerstoff aus meiner Lunge und die Nahrungsstoffe aus meinem Darm an die diversen Bestimmungsorte, und – ungemein wirtschaftlich: nehmen die dort angefallenen Schlackstoffe auf, um sie meinen Ausscheidungsorganen zuzuführen... 42-43-44... Im Alltag ist das alles so selbstverständlich. Ich brauche die Krankheit, um über diese wunderbaren »Selbstverständlichkeiten« wieder staunen zu können... 56-57-58... Gerade waren es die astronomisch eindrucksvollen Zahlen, über die ich mich freute, jetzt sind es die klitzekleinen: Jedes meiner roten Blutkörperchen ist eine scheibenförmige Zelle von nur 0,007 mm Durchmesser. Und in dieser winzigen Schatzkiste befinden sich etwa dreißig verschiedene Stoffe, darunter jene, die – beim Gesunden – ständig auf dem Quivive sind, abrufbereit für den Kampf gegen Krankheitserreger oder andere Noxen... 68-69-70-71-72.
»Prima! Prima! Alles in Ordnung!«
Alles in Ordnung. Primaprima. Alles? Die Pumpe ist in Ordnung, die diesen komplexen Organismus betreibt, in welchem so vieles sich bewegt: Schönes-Häßliches-Heiteres-Trauriges... Da sehe ich ein Bild von Salvador Dali: eine Frau; in ihrem Körper viele Schubladen, geschlossene, offene, leere,

volle, randvolle, überquellende. Das bin ich. Ich. Was las ich vorhin in meinem Tagebuch?
Ich liebe meinen Mann. Ich glaube an die Liebe –
Es ist, als wäre das in einem früheren Leben gewesen. In nur fünf Jahren haben böse Unwetter die schöne Landschaft übel zugerichtet. Im Strudel der Emotionen paddle ich nun um mein Leben... Dieses Leben: Vor drei Stunden rollte ich in der Erinnerung jenem prachtvollen Regenbogen entgegen. Unter jenem Regenbogen hatte ich doch allen Ernstes geglaubt, die quälende Verlogenheit in unserer Ehe sei besiegt und vor allem: dieses dumpfe, mich austrocknende Schweigen sei gebrochen – ein für allemal. Doch das Schweigen kroch weiter durch die Tage und über den Brief, den ich im Jubel meiner Hochstimmung geschrieben hatte. Dann endlich ein Anruf. Ich voll freudiger Spannung in der Annahme, die ersten Worte aus der froh geöffneten Seele entgegenzunehmen... Nichts.
Umständlich bucklige Erkundigung, ob denn der Sohn zufällig gegebenenfalls am kommenden Wochenende vorhabe, den Vater zu besuchen. Ah-nein-gut. Und ich solle lieber nicht anrufen, denn das Telefonieren sei im Augenblick sehr, sehr schwierig, weil an den Leitungen irgendwie gearbeitet würde. »Überhaupt mag man es hier nicht gern, wenn an Wochenenden angerufen wird. Ansonsten nichts Neues. Also, dann tschüs.« Schluß.
Ein Hurrikan fegte völlig unerwartet über mein Land! »Trombe« nennt man diesen wirbelnden Wolkenschlauch, der sich in schweren Gewitterlagen über stark erhitztem Boden bildet, bis auf die Erdoberfläche herabgreift und selbst schwere Gegenstände in das kreiselnde Vakuum seines Inneren hochsaugt, fortreißt und wieder zu Boden schmettert. So wenig hatte ich ein solches Telefongespräch erwartet, daß ich wie hypnotisiert war. Erst als die Verbindung abbrach, kam ich zur Besinnung: Da hatte ich vom Wunder der Liebe phantasiert – der Welt »zwei Lieben« erhalten wollen – und dachte nicht anders, als daß eine Hülle gegenseitiger Zuneigung, Anerkennung, Aufrichtigkeit entstünde, in der wir fortan glücklich zusammen leben könnten. Und jetzt dies! Krumme Verrenkungen. Altbekannte, plumpe Verlogenheiten. Oder doch nicht? Das wollte ich wissen – und so rief ich an: Freitag abend, Samstag morgen-mittag-abend, Sonntag morgen-mittag-abend, Montag morgen: »Ja, jetzt ist Ihr Mann da. Ich verbinde.«
»Ich hatte damit gerechnet, daß du die Gradheit deiner Frau

erwidern würdest und bin zutiefst enttäuscht. Verlogenheit scheint deine Beziehung zu mir zu bestimmen – nach wie vor –, obgleich ich die Weichen für mehr Wahrhaftigkeit gestellt hatte – glaubte, gestellt zu haben. Ich war damit weit über meinen eigenen Schatten gesprungen – dir zuliebe – uns zuliebe – euch zuliebe. Zugegeben: Ich hatte ein positives Feedback erwartet. Und wenn schon nicht das, so doch wenigstens ein allererstes, noch so bescheidenes Angebot von Aufrichtigkeit, von innerem Geöffnetsein. Aber nichts. Nichts als miese Täuschungsmanöver!«
»Es tut mir leid.«
»Das wäre gut. Und ein Hoffnungsschimmer.«

> *Was ich will, ist eine partnerschaftliche Beziehung und kein unaufhörlicher Kleinkrieg.*
>
> (Veronika Horch)

Teilstrecke 31
(Kaffee)

14.55 Uhr
»Halli-hallo-halla: die Schwester mit dem Kaffee ist da! Und obgleich heute mittag der Teller nicht leergegessen wurde, bringe ich jetzt zwei Stücke Streuselkuchen statt eines.« »Sie verwöhnen mich.« »Ach, ich denke immer: eine Prise Freude trägt eher zur Genesung bei als die viele Medizin, stimmt's?«
Es stimmt. Und nicht nur im Krankenhaus. Auch draußen. Mehr als eine Prise Freude bekam ich von meinem Mann, als seine Kur zu Ende war und ich ihn abholte kurz nach meinem letzten Anruf: Er schenkte mir zwei Tage Ferien mit Gesprächen. Ich war selig. Obgleich es kaum oder gar nicht selige Übereinstimmung gab: Seine Bedürfnisse und Versprechungen lagen allesamt im konkreten und materiellen Bereich, während mein Unglücklichsein ein emotionales war und aus den vielen Verlogenheiten gespeist wurde. Geheilt würde unsere Ehe seiner Meinung nach, wenn es noch mehr Toleranz gäbe und weniger verletzende Reden. Ich frug, ob es verletzend sei, wenn Wahrheiten formuliert würden? Seine Antwort: »Wenn Wahrheiten wie grelle Scheinwerfer auf das Opfer gerichtet sind, wird es geblendet: Es schließt die Augen und sieht gar nichts mehr.« »Und sagt gar nichts mehr!« »Ich schwieg, weil ich zu keinem vernünftigen Gedanken mehr fähig war.« »Weil deine Gedanken ich-zentriert waren und nicht du-zentriert.« »Aber jetzt weiß ich, daß du unter größter innerer Bedrängnis gestanden hast – ähnlich wie ich, wenn du mit eisiger Ungerührtheit über meine körperlichen Beschwerden weggesehen hast.« »Die aber ein netter Telefonanruf aufzuheben vermochte. Und eisige Ungerührtheit ist das, was du dem entgegengebracht hast, was ich seit nunmehr neunzehn Monaten anstrebe: eine innere Begegnung.« »Anemone – nie mehr darf es dazu kommen, daß wir uns in so entsetzlicher Weise gegenseitig quälen! Es war ein Grauen. Aber ich habe die Hoffnung, daß das hinter uns liegt. Ich träumte heute nacht, daß dein Körper überall mit Eis ver-

krustet war und du furchtbare Schmerzen hattest von den Erfrierungen. Da begann ich, die Eisstücke abzukratzen.« »Kratzen kann aber weh tun. Das Eis schmilzt doch von allein, wenn du mich teilnehmen läßt an deinem inneren Geschehen. Es schmilzt in dem Maß, in dem das Vertrauen wieder wachsen kann. Und das Vertrauen wird wieder wachsen, wenn du ihm Licht gibst, das Licht der Offenheit.«
Es hatte wieder Worte gegeben! Sie fielen wie große Tropfen in das ausgedörrte Erdreich unserer Beziehung. Und allein die Bereitschaft zum Gespräch hatte die Kraft, Eismassen aufzutauen.

Erfroren
mitten im warmen Frühling
an der frostigen Atmosphäre
den lieblosen Worten
den kalten Berührungen

Erfroren
mitten im heißen Sommer
an der tristen Gewohnheit
der Interesselosigkeit
der tödlichen Gleichgültigkeit

Erfroren
mitten im angenehmen Herbst
an der Verachtung
den mißtrauischen Blicken
der Hoffnungslosigkeit

Auftauen
mitten im eisigen Winter
in einer warmen Hand
unter einem liebenden Blick
an einem Hauch heißen Atems

(Margot Bickel)

Teilstrecke 32
(Antibiotika)

15.22 Uhr
Die Schwester kommt mit der Antibiotikaspritze.
Antibiotika sind Stoffe, die das Wachstum von Krankheitserregern im Körper hemmen oder töten. Gibt es Antibiotika gegen die Noxen der Seele? Unaufrichtigkeit zum Beispiel ist ein klimatischer Faktor, der krank macht. Smog, der uns hindert, frei und leicht durchzuatmen. Werden die innerhalb der Sicherheitsgrenzen liegenden Meßwerte überschritten, gibt es Smogalarm. Smogalarm im Seelenraum: Es war ein Strohfeuer, dem die »Eismassen« zu weichen begonnen hatten. Kaum waren wir wieder zu Hause, erlosch es. Unartikuliert, undurchdringlich schwebte Negatives im Raum, belastete wie Smog.
Da kommt das Angebot einer Ferienwohnung. Mein Mann schwärmt: »... das eigene vertraute Nest am Urlaubsort – und überhaupt, wir könnten doch ganz an die See ziehen, wenn ich pensioniert bin.« »Sicher! Mal schauen, wie sich die Wohnung einrichten ließe.« »Ja schön – das ist etwas für meine kleine Innenarchitektin!« Ich gehe aus dem Zimmer, um Millimeterpapier zu holen. In dem Moment klingelt das Telefon – und ich werde Zeugin eines Turtelgesprächs, das nicht für mich bestimmt ist: »Schätzchen!! Ob du geahnt hast, daß ich in diesem Augenblick ganz intensiv an dich gedacht habe? Ich will eine kleine Wohnung für uns kaufen, ein Liebesnest, in das wir uns immer mal absetzen können!« »...« »Nein, nein: Anemone befaßt sich schon mit der Einrichtung. Sowas macht sie ja immer recht gut und auch gern: Sie tut es ja für uns – äh – ich meine für sich und mich.« »...« Die Welt dreht ab!
Ich sitze in einem wildgewordenen Karussell: Bilder, die ich zu fixieren suche, rasen davon. Will ich das eine erkennen, schiebt sich das nächste dazwischen! In atemberaubendem Wechsel! Ich werde seekrank von diesen perfiden Lügen! Und plötzlich habe ich jenes Kinderliedchen von dem frechen Spatz im Ohr, der sich in das Schwalbennest setzt. *NEIN!* ich bin keine »liebe Schwalbe«! Ich baue kein Nest für den »Spatz«! Ich mache nicht

die Arbeit für das Sonntagsvögelchen! Ich bin nicht die willige Werktagsfrau! Aschenputtel. Ernüchterung: Ist es das, wozu mein Mann mich braucht? Zwei Tage Gesprächsbereitschaft hatte er mir geschenkt, damit ich freiwillig in den Käfig des Alltags zurückging. Hinterlistiger Trick! Gemeiner Betrug! Haah – das war es! Wie konnte ich denn nur so gutgläubig blind sein?! Habe ich denn gar keine Augen und Ohren gehabt? Aber jetzt habe ich sie – und fortan werde ich sie aufsperren.
Wenige Tage später bringt Fleurop gänzlich überraschend einen prächtigen Blumenstrauß: *Meinen lieben Freunden ein Gruß zu Ostern von – Elke.*
Nunmehr hellhörig, fühle ich mich ausgeklammert: Die »Freunde« sind männlichen Geschlechts, ich nicht. Gewiß, gewiß, die Mehrzahlbildung orientiert sich am Maskulinum. Frauenrechtlerinnen haben sich auch diesem Territorium schon zugewandt. Aber es geht ja hier nicht um Grammatik, denn rhetorisch gibt es zahlreiche Wendungen, die mich in den Gruß einbezogen hätten. Statt dessen ist er für mich die negative Spitze der vorausgegangenen Kontaktvermeidung, die eindeutige Uneindeutigkeit zum Schluß. Schlußpunkt.
Jeder weiß es: Ein allerletztes, kleinstes Tröpfchen bringt den Krug zum Überlaufen. Jeder weiß es: Wenn Unstimmigkeiten in der Luft liegen, genügt ein winziger Funke – und das ganze Haus steht plötzlich in Flammen. Der Funke, das war der an sich lächerliche, grammatikalisch einwandfreie, rhetorische Schnitzer, an dem sich der offene Streit entzündete, als der glückselig gerührte Geliebte in akustische Begeisterung ausbrach: »Was für ein liebenswerter Einfall! Da müssen wir Elke gleich anrufen. Hinreißend: die Rosen mit den zarten Fresien!« »Für dich. Für mich unsichtbar: Schierling.« »Aber Anemone! Der Strauß ist doch an uns alle gerichtet!« »An die Freunde.« »Giftige Haarspalterei!« »Nicht vor dem Hintergrund der Phantasie von dem Liebesnest.« »Wie bitte?« »Nein danke!!«
Verteidigung – – – Warnung vor der schußbereiten Waffe – – – Gefährliches Reizen mit gespielter Ahnungslosigkeit – – – Eröffnung des Feuers – – – Schlacht. Schüsse hin und her:
»Du hast am Telefon gesagt...«

»Du schämst dich nicht, an der Tür zu lauschen?!«

»Du läßt dich blenden von ihr und einwickeln!«

»Du sollst ihr nicht immer böse Absichten unterstellen!«

»Du kümmerst dich einen Dreck um mich und denkst immer nur an dich!«

»Du bist eben leider nicht mehr wie früher!«

»Du willst, daß ich still bin, funktioniere und wegsehe!«

»Du bist einfach hysterisch und wahnsinnig eifersüchtig!!«

Türen knallen.

Er geht.

Ich bin allein.

Fühle mich elend.

> *Das Bedürfnis, auf Kosten des anderen einen Konflikt zu lösen, wird sichtbar, wenn wir mit einer »Du hast . . . , Du sollst . . . , Du bist . . . ,«–Aussage den Beginn des Konfliktgesprächs einleiten, anstatt von unseren eigenen Gefühlen und Bedürfnissen zu sprechen.*
>
> (L. Schwäbisch und M. Siems)

Teilstrecke 33
(Der neue Stationsarzt)

16.25 Uhr

»Heute morgen konnte ich Sie nicht persönlich begrüßen: Wenn der Chef dabei ischt, muß alles schnell gehen. Aber jetzt möchte ich mich vorschtellen: Wehrly. Ab heute wieder Schtationsarzt hier.«

»Ah – dann sind Sie das neue Gesicht auf der Station, das der Station ihr neues Gesicht gegeben hat?«

»Sie meinen die kleine Kunschtgalerie im Flur?«

»Ja. Ich habe diese Neuerung sofort und begeistert registriert. Früher waren die Wände im Gang steril, ein Appendix des Operationssaales. Die Bilder jetzt wirken nicht nur belebend, auch ablenkend, denn sie fordern zur Auseinandersetzung mit ihren Themen auf.«

»Das höre ich natürlich gern.«

»Sie kommen aus der Schweiz?«

»Ja. Aus Zürich. Der Schtadt der Schtudentenkrawalle.«

»Ob man je auf der Welt lernen wird, ohne Gewalt auszukommen? Aber es steckt doch schon in dem Wort Er-ZIEHUNG Ungeduld und Gewalt. Wenn dann der Jugendliche noch die Menge Gewalt sieht, die überall in Schrift und Bild zum Vergnügen konsumiert wird, kann man doch gar nicht überrascht sein, daß er nun seinerseits mit Gewalt gewisse Veränderungen erzwingen will. Er macht dabei nur einen Fehler: so ungeduldig mit den ›Großen‹ zu sein, wie die ›Großen‹ mit ihm als Kind waren. Zumal verbessernde Änderungen nur unendlich langsam vorangehen. So waren in unserer Stadt sieben Jahre ständigen Wirkens erforderlich, bis endlich ein Arbeitskreis gebildet wurde, der sich um die mangelhafte psychotherapeutische Situation kümmern sollte. Und wie lange wird es nun noch dauern, bis entsprechende Maßnahmen realisiert werden? Da kann einem schon die Geduld reißen.«

»Freilich ischt das entmutigend. Umgekehrt hat es wahrscheinlich noch nie eine so schnellebige Zeit gegeben, wie die unsere, in der wir gezwungen werden, einmal Erlerntes nach dreißig Jahren einer totalen Korrektur zu unterziehen. Damit ischt eigentlich jeder überfordert. Auch, weil er die immense Informationsflut kaum bewältigt, die in dieser Zeit über ihn hereinbricht.«

»Aber das liegt doch auch daran, daß der Mensch heute viel älter wird als noch vor einigen hundert Jahren. Alexander der Große hat nicht zweimal umdenken müssen, denn er ist mit dreißig Jahren gestorben, und das war damals nicht unüblich. Heute gibt es immer mehr Hundertjährige, weil man kaum noch an Lungenentzündung stirbt.«

»Ja – ganz selbschtverschtändlich bemühen wir uns, Leben zu verlängern. Dabei entschtehen manchmal Konflikte an Schtellen, wo man sie zunächscht überhaupt nicht erwartet.«

»Wollen Sie mir ein Beispiel zeigen?«

»Es gibt heute so viele Ehepaare, die über zwanzig Jahre verheiratet sind und durchaus damit rechnen können, mindeschtens nochmal so lange zu leben. Aber zwanzig Jahre Ehe, das ischt so viel, wie in biblischen Zeiten eine ganze Ehe dauerte, die dann durch den Tod aufgelöst wurde. Auch heute versprechen die Paare vor dem Altar, daß sie füreinander dasein wollen, bis daß der Tod sie scheidet. Doch dann kommt nicht der Tod, sondern schwere Konflikte. Und nun erleben sie die Ehe als unerträgliche Lascht. Sie meinen, schlechter als ihre Vorfahren zu sein, unfähiger für die Ehe. Schuldbewuschtsein beschleicht sie – obgleich sie nur einfach eben länger leben als jene.«

»Würden Sie meinen, daß die goldene oder diamantene Hochzeit eine Überforderung der meisten Paare ist?«

»Das können nur diejenigen schaffen, die gelernt haben, offen und in jeder Lebenslage miteinander zu kommunizieren, so daß jeder immer auf dem neuschten Schtand der Entwicklung des Partners ischt – oder diejenigen, wo einer der Partner – bisher meischtens die Frau – von der geischtigen Struktur her anlehnungsfreudig und bereit ischt, sich dem anderen unterzuordnen. Aber wo zwei gleichschtarke Individuen sind, nicht einer sich unterordnen kann oder will, aber auch nicht so groß und schtark ischt, daß er nicht darauf angewiesen ischt, zu beschtimmen – da ischt es heute doch recht schwierig, die Ehe aufrechtzuhalten, ›bis daß der Tod sie scheidet‹.«

Hier unterbricht der »Piepser« das Gespräch. Der Arzt wird abgerufen.

Ein Arzt, der außerhalb des rein dienstlichen Einsatzes mit dem Patienten spricht, und zwar von »Mensch zu Mensch«.
Das hebt das hierarchische Gefälle Akademiker-Nichtakademiker, gesund-krank, oben-unten, auf.
Das beseitigt ein Stück seelisches Unwohlsein, das sich sonst zu dem körperlichen Unwohlsein hinzugesellt und mit dem Gefühl des Ausgestoßenseins zusammenhängt.
Das vermittelt das Gefühl, nur eine Hälfte von mir sei schwach und krank, die andere aber sei so gesund wie bei ihm. Mit dieser hat er kommuniziert, sie also für gesund erklärt: Schon fühle ich mich halb genesen.

Das Symptom war physisch – die Krankheit emotional – und die Genesung ist spirituell. (unbekannt)

Teilstrecke 34
(Bettenmachen)

17.03
»So, jetzt wollen wir Sie aus den Federn werfen und dieweil wir das Bett frisch machen, dürfen Sie spazierengehen.« Blutflaschen abhaken. Schläuche in die Hand. Beine auf den Boden. Alles geht schon besser. Die beiden Schwestern ziehen das Bettuch stramm, schütteln die Kissen auf. Nach zwei Minuten liege ich wieder lang.
Ein schönes Gefühl, in die frisch aufgeschüttelten Kissen zu sinken. Man sollte sie viel öfter aufschütteln! Eben! Hätte ich die Kissen, auf denen unsere Ehe liegt, öfter aufgeschüttelt, läge sie heute vielleicht nicht in einer so tiefen Kuhle. Aber ich glaubte, die Kissen nicht bewegen zu dürfen, weil der kranke Mann das nicht verträgt. Wie er es tatsächlich vertragen hätte, wenn ich ihn gleich zu Anfang an das Aufschütteln gewöhnt hätte, weiß ich natürlich nicht. Jetzt jedenfalls kann er es nicht ausstehen. Während er unsere ersten Auseinandersetzungen damit beendete, daß er einfach auf ein anderes Thema überwechselte, also den Diskussionsraum im Geiste verließ – was mich hilflos rasend machte –, hatte er den Raum des Osterstrauß-Streites realiter verlassen. Nicht nur den Raum, das Haus hatte er verlassen.
Das war eine neue, eine ungewohnte Situation. Ich war verblüfft. Unsicher. Wußte nicht weiter. Wollte aber eine Bereinigung anstreben, als mein Mann wiederkam: »Es tut mir leid, daß ich vorhin so aggressiv war. Aber ich möchte dich doch bitten, Verständnis dafür zu haben, daß ich – nach der vorausgegangenen Begegnung mit deiner Doppelzüngigkeit – Hinterlistigkeit in den Blumen versteckt sehen mußte und erst recht in diesen dürftigen Worten.« »Elke hat dir geschrieben, hat sie gesagt.« »Ach? Dann hast du bereits angerufen?« »Danke gesagt.« »Mich läßt du wochenlang auf eine verbale Zuwendung warten, sie kaum zwei Stunden. Umgekehrt würde ich es besser finden.«
Nach langem, langem Schweigen kam dann in der Tat ein Brief

von meiner früheren Freundin, der jetzigen Geliebten meines Mannes. Immer noch von dem intensiven Wunsch beseelt, nicht das Negative obsiegen zu lassen, schrieb ich sofort eine ganz positive Erwiderung. Doch im Trubel des Tages blieb sie liegen, ebenso wie ein dringlicher Brief meiner Cousine, und so sagte ich nach dem Abendessen: »Ich will noch versuchen, einen brauchbaren Brief für Clivia zustandezubringen.« »Also, ich finde das wirklich schön, wie du ihr zur Seite stehst, seit sie ihren Mann verloren hat. Ich kümmere mich um die Küche, geh du nur gleich hinunter in dein ›Schreibatelier‹.«
Wenig später fällt mir ein, daß wir heute gemeinsam Elke anrufen wollten. Bei dem so labilen Gleichgewicht unserer augenblicklichen Situation scheint es mir besonders wichtig, dieses nunmal gegebene Versprechen einzuhalten. Also eile ich hinauf in die Wohnung.
Erste Überraschung: Das Telefon wurde von der Diele in die Intimität des Schlafzimmers gebracht. Zweite Überraschung: Die Türe ist zu. Wie angewurzelt bleibe ich stehen: Drinnen wird bereits telefoniert – mit Elke. Und in diesem Moment weiß ich auch, warum ich neulich nicht sofort den Ärger über das abgehörte Telefongespräch vorgebracht habe: Weil ich mir die Möglichkeit einräumen wollte, noch mehr Wahrheit zu erfahren. Jetzt habe ich sie: »Mein Schätzchen – ich hatte dich ja heute morgen extra nochmal angerufen, damit du darauf vorbereitet bist, daß die Familie Sandkorn heute ihre telefonische Aufwartung bei dir zu machen gedenkt. Aber daraus wird nichts: Berndt mußte weg – und Madame Anemone hat es vorgezogen, in ihr Kellerloch hinabzusteigen: Sie meint mal wieder, die Probleme dieser Welt schriftlich lösen zu können. Naja, lassen wir sie. Um so besser für uns!« »...« »Aber nein! Wichtige Briefe sind so schnell nicht geschrieben! Sei ohne Sorge. Außerdem habe ich mich ins Schlafzimmer zurückgezogen.« »...« »Aber du bist doch viel, viel mehr bei mir, als du dir denkst: Dir gehört der erste Gedanke des Tages, und da bist du so bei mir wie in unseren schönsten Stunden. Und mit dir stehe ich dann unter der Dusche – wunderbar – Duu –« »...« »Aber das habe ich dir doch schon gesagt: So groß war die Belastung durch diese Gespräche nun auch wieder nicht. Ich habe das ganz gut überstanden und durchgehalten und werde mich auch künftig nicht unterkriegen lassen. Es ist alles nur eine Frage der Organisation: Sie kriegt, wenn es sein muß, ein Gespräch, und du kriegst alles andere, okay?«

SCHMERZ!
Sturz vom Dach des Empire State Buildings! Lautlos gellender Schrei!
SCHMERZ!!
VERLOGENHEIT!
Das also war es! Und es hing in der Atmosphäre. Und ich spürte es, lange bevor ich die Bestätigung hatte.

> *Meine Geduld hat ein Ende.*
> *Ich will nicht länger auf ihn warten. Will anfangen, mich zu ändern, was für mich zu tun. Das erscheint mir vielversprechender.* (Veronika Horch)

Teilstrecke 35
(Abendessen)

17.24 Uhr
Diesmal scheint die Küche meine geheimsten Bedürfnisse geahnt zu haben, und ich delektiere mich am Dargebotenen.
Zufällig trifft es genau in meine Wunschvorstellung. Immer ist die Erfüllung von Wünschen Zufall, wenn sie nicht Folge ihrer Verbalisierung ist. Früher dachte ich, in »guten Ehen« würde man die Wünsche an den Augen des Partners ablesen können. Das glaube ich nicht mehr; schon gar nicht, seit ich das Buch »Anleitung zum sozialen Lernen« von Schwäbisch und Siems gelesen habe: *Wir stellen uns vor, wie uns der Partner sehen oder haben möchte. Diese Vermutung haben wir häufig nicht geprüft, weil die Prüfung einen Konflikt transparent machen könnte. Und so richten wir uns nach unseren Vermutungen über den Partner, die allzuoft falsch sind.*
Waren sie alle falsch, meine Vermutungen? Alles, was ich glaubte, ihm von den Augen abgelesen zu haben, war Einbildung? Dann hätte er sich gewehrt. Sicher. Außerdem wurde ja unmißverständlich ausgesprochen, was ich zu seiner Bedürfnisbefriedigung tun sollte und auch tat, so gut und so schnell ich konnte. Früher. Ständig wurden neue Aufträge und Wünsche nachgeschoben. Verbarg sich dahinter die »nicht zu stillende Sehnsucht nach Befriedigung derjenigen Bedürfnisse, die aus Angst vor Konflikten vor sich selbst und anderen verborgen bleiben« mußten? Konnte er deshalb nie zufrieden sein, weil es ja gar nicht die »wahren Bedürfnisse« waren, die ich zu befriedigen versuchte? Die ich zu befriedigen versuchte, waren ganz konkrete Bedürfnisse. Gab es dahinter andere? Wünsche, die ewig unerfüllt bleiben müssen, weil sie versteckt bleiben. Bleiben müssen? Auf seiner Seite.
Und auf meiner?
Einer Amöbe gleich habe ich stets mein Sosein den (vermeintlichen?) Anforderungen meiner Umgebung angepaßt. Bis die zweite UNHEILBAREKRANKHEIT über uns herfiel. Sie absorbierte Kräfte, die ich anderswo abziehen mußte. Sehr viel

Kraft zum Beispiel hatte ich immer im Einsatz, um das Gefühlsdefizit auszugleichen, unter dem ich all die Jahre gelitten hatte – lange unbewußt – allmählich aber mehr und mehr bewußt. Nun konnte und wollte ich nicht mehr verschweigen, daß meine affektiven Bedürfnisse unbefriedigt geblieben waren – mangels intimer Kommunikation, mangels offener, direkter Mitteilungen aus dem Gefühlsleben, meinem und seinem. Jetzt brauchte ich meine Kräfte im Kampf gegen den Krebs – und glaubte, sie dort wegnehmen zu können und zu dürfen, wo sie den Mangel an Seelennahrung auszugleichen hatten. Aber seit ich begonnen habe, um Seelennahrung zu bitten, stürzt unsere Ehe von einer Krise in die nächste – und die Aufrechterhaltung unserer Beziehung wird von einem Gespräch zum nächsten immer schwieriger.
War es doch einfacher, zu schweigen, als die eigenen Wünsche zu formulieren? Ihre Befriedigung zu ermöglichen? Gegen die Bedürfnisse des Partners durchzusetzen? Ganz offenbar gilt sein Sehnen nicht – wie meines – dem offenen Gefühls- und Gedankenaustausch in der Ehe. Aber ganz offenbar war ich auch »nicht sehr geschickt«, ihm den Weg zum verbalen intimen ehelichen Verkehr zu zeigen... Ich war unfähig, ihn dafür zu begeistern. Ich bin unfähig, ihm meine Wünsche sichtbar zu machen – und nicht mehr fähig und willens, auf die Befriedigung meiner Bedürfnisse zu verzichten. Aus der Phase des Schweigens – die fast ein halbes Jahrhundert gedauert hat – bin ich ausgebrochen, und in der Phase des fähigen Sprechens bin ich noch so unerfahren, daß ich die gleichen Fehler mache wie er.

Da, wo wir ständig darauf achten, nicht die Harmonie zu stören, werden wir uns zwangsläufig stark kontrollieren müssen... Müssen wir darauf achten, uns ja nicht unseren Ärger oder unser Mißfallen an dem anderen anmerken zu lassen: Wir spielen eine Rolle, sind nicht mehr wir selbst, und die Beziehung wird unecht... Wenn in einer Beziehung individuelle Wünsche jedoch nicht geäußert werden, so kann sich diese Beziehung auch nicht so entwickeln, daß sie diesen Wünschen entspricht. Wenn aber eine Beziehung den Wünschen der Beteiligten nicht mehr entspricht, so verliert sie an Attraktivität, sie wird eher eine Belastung als eine Bereicherung.

(L. Schwäbisch und M. Siems)

Teilstrecke 36
(Das Rosenbad)

18.31 Uhr
»So, nun haben Sie Ihre schönen Rosen lang genug angeschaut; jetzt bringe ich sie in die Badewanne. Die abgebrochene im Kompottschälchen bleibt bei Ihnen. Wirklich, man kann ihn kaum schleppen, diesen Riesenstrauß Rosen!«
Ja, man kann ihn kaum schleppen. Immer wieder drohte ich unter seiner Last zusammenzubrechen. Ja. Und mit jeder neu hinzugekommenen Rose wurde es schwieriger, den Strauß im Arm zu halten. Würde ich noch weitere Rosen tragen können? Sollte diese abgeknickte die letzte des Straußes sein? Signalisiert sie das Ende? Das wollte ich noch immer nicht. Und so war dieser Brief entstanden:

Ferne Elke –
zwar sehr spät die Kontaktaufnahme Deinerseits, aber ich danke Dir dafür. Neulich las ich im ›Gotteskomplex‹ von H. Richter über »Angehörige helfender Berufe« – zu denen Du ja gehörst – daß sie denjenigen Beruf wählen, in dem sie von Krankheit und Hilflosigkeit anderer umgeben sind, um sich selbst so grandios vorzukommen, wie sie es gern möchten. Sie brauchen einen Beziehungspartner, der leidet, damit sie sich groß und stark fühlen können. Und Du schreibst es: »... dank meiner neuen Sicherheit...« Dein Geliebter gibt Dir die – und holt sich bei Dir, was er zu Hause nicht mehr bekommt, nämlich die Anerkenntnis jenes Teils seiner Leiden, der neurotisch, also unnötig ist, der in der begonnenen Paartherapie hätte behandelt werden sollen. Das käme ja auch ihm selbst zugute – doch Du bietest ihm einen neuen Zufluchtsort, weil Du – geschäftige Ameise – in ihm die Blattlaus erkennst, die Dir den süßen Saft spendet – und er genießt es, weil er glaubt, das sei Liebe. Eine gekonnte Symbiose.
Was sollte mich da noch hoffen machen, daß er bereit wäre, an einem echten gleichberechtigten Ehemodell zu arbeiten? Daß

auch mein zweiter Krebsfall meinen Mann nicht hat dazu bewegen können, von seinen Vorrechten – Gewohnheitsrechten – zurückzutreten, ist die Folge Deines Einsatzes, Deines Angebots. Mal ganz abgesehen davon, daß mir die beiden Brustamputationen erst da schmerzhaft bewußt wurden, als Wolfgang es vorzog, einem unversehrten Busen zu huldigen. Weder die (befreundete!) Krankenschwester, noch der (um mich ach so besorgte) Ehemann scheinen sich je darüber Gedanken gemacht zu haben. Auch das spricht eher gegen beide! Und gegen beide spricht auch die Falschheit, sichtbar geworden durch jene Telefonate, die das Dreieck Elke-Wolfgang-Anemone unerträglich gemacht haben.
Auf der Suche nach einer neuen Lebensformel fand sich die »Glückskuchen-Philosophie«: ein globaler Glückskuchen, der für alle da ist, durch den alle Menschen miteinander verbunden sind – indirekt. Für Wolfgang war/ist dies der praktikable Schlüssel für einen Modus vivendi, der unsere befristete Zeit lebenswert erhalten könnte: Jeder steht vor dem »Glückskuchen« – jeder verteidigt das Stück Glück, das er erwischt hat oder glaubt, erwischen zu können: Lebens-Schluß-Verkauf! Und jeder fährt nach Hause mit dieser seltsamen Mischung von Stolz und Glück und Schuldgefühl, etwas aus dem Knüllerangebot ergattert zu haben, dem anderen vor der Nase weggeschnappt zu haben.
Ein wenig zögernd habe ich zugegriffen, wenngleich jede Faser meines Ichs dabei ihre Sternstunde erlebte und so aus dem unerquicklichen Dreieck ein ausgewogenes Viereck wurde: Elke-Wolfgang und Anemone-Alexander. Gewiß schön. Aber ich bin anders als Du. Mir liegt der monogame Alltag mehr, in dem ich auch das sparsame Schöne mit dem Alletagepartner erleben darf und kann: Das wäre die Idealversion meines Lebens. Und ich hoffe trotz allem immer noch, daß es mir gelingt, sie zu verwirklichen. Eines Tages. Trotz allem. Und mit meinem Mann.

Anemone

Jede Eifersucht deckt Anspruch auf
(Kyrilla Spiecker)

Meine vage Hoffnung

Ich weiß nicht
wie es weitergeht
Ich weiß nicht
was richtig ist
& was falsch

Ich hoffe nur
daß ich im
entscheidenden Moment
weiß
was ich will (Hans-Curt Flemming)

Teilstrecke 37
(Das ganz sichere Schlafmittel)

20.01 Uhr
Die »Pillenbar« rollt herein. »Ihre Rosen liegen bereits im gesunden Regenerationsschlaf. Und damit der auch zu Ihnen kommen kann, gibt's ein Pillchen für ihn und eines gegen den bösen Schmerz. Und nun ist der erste Tag nach der Operation geschafft. Schlafen Sie gut bis morgen früh.«
Die routinemäßige »Eindrogung«: praktisch, schnell, billig. Mag es gerade noch angehen, daß ein frischoperierter Patient, der aller Wahrscheinlichkeit nach nur kurzfristig durch akuten Schmerz am dringend benötigten regenerierenden Schlafen gehindert wird, entsprechende Pillen bekommt – aber die werden ja an alle verteilt, auch an Langzeitkranke, obgleich man weiß, daß Beruhigungsdrogen schon bald abhängig machen. Ob nicht auch in diesem Punkt der Einsatz eines Psychotherapeuten auf lange Sicht billiger wäre und ganz bestimmt besser als Psychopharmaka? Tiefenpsychologische Beruhigung statt Valium? Schlaf durch Hypnose statt durch Medomin! Wegen der Schläuche in meinem Leib und der Schmerzhaftigkeit jeder unbedachten Bewegung nehme ich meine beiden »Pillchen«, auch weil mir jetzt kein Hypnotiseur zur Seite steht – aber von dem abgesehen steht mir seit ein paar Tagen ein besseres Mittel zur Verfügung: Ich fühle mich endlich wieder angenommen, verstanden, geliebt. Süß und selig schlafe ich in den Gedanken an meinen Geliebten ein. Im Traum bin ich bei Alexander.

Wir träumten voneinander
und wir sind davon erwacht.
Wir leben, um zu lieben,
und sinken zurück in die Nacht.

Du tratst aus meinem Traume
aus deinem trat ich hervor.
Wir sterben, wenn sich eines
im anderen ganz verlor.

Auf einer Lilie zittern
zwei Tropfen, rein und rund –
zerfließen in eins und rollen
hinab in des Kelches Grund.

(Friedrich Hebbel)

Teilstrecke 38
4. Krankenhaustag – Vormittag
(Rosendurst)

Eine wahre Regenerationsnacht war das! Ich spüre, daß sich die Dinge gebessert haben. Diese nur geahnte Sicherheit will ich gleich unter Beweis stellen: Ich hake die beiden Blutflaschen aus, nehme sie in die Hand, die Schläuche dazu, rutsche zur Bettkante, Beine herunter – und stehe. Allein!

Was für ein wundervolles Gefühl! Was für ein kostbares Geschenk: so viel Kraft, daß man allein auf den eigenen Beinen stehen kann. Ein glückliches Lächeln gleitet in kleinen Wellen über meinen Körper. Dankbar nimmt er es auf und nickt der Seele freundlich zu: »Naa – haben wir nicht wieder gute Nachtarbeit geleistet?« »Oh jaa«, antwortet diese ein wenig verschämt, »Sie waren großartig, Herr Körper.« »Frau Seele meinten ja, das würde sich nicht mehr lohnen – aber ich war dann doch so frei, mich über Ihren Widerstand hinwegzusetzen.« »Ach, es ist mir ja wirklich peinlich, daß ich Ihnen so viel Mühe gemacht habe. Hoffentlich können Sie mir verzeihen.« »Na, gewiß. So einen Schwächeanfall kann jeder mal bekommen. Und Sie sind ja sonst eine bemerkenswert stabile Dame, Frau Seele.« »Sehr freundlich von Ihnen, Herr Körper.« »Doch jetzt zu meinem Tagewerk: Es gibt noch viel zu tun. Gehaben Sie sich wohl, Frau Seele!« »Das gleiche für Sie! Und nochmals Dank, Herr Körper!«

Ohne fremde Hilfe unternehme ich eine größere Wanderung: betrete den Flur und verschwinde hinter der nächsten Türe. Der ganz alltägliche Vorgang gehört wieder ganz allein mir. Danach gehe ich meine Rosen besuchen. Trauriges Erschrekken: Sie liegen im Trockenen. Vermutlich war der Stöpsel nicht richtig festgedrückt worden. Jetzt dusche ich sie ab, dann kürze ich die Stengel und stecke eine Rose nach der anderen in die wasservolle Vase...

schlimm zugesetzt hat der große Durst den schönen Rosen! Ich kenne das mörderische Gefühl, wenn das Wasser abfließt. Ebbe. Ebbe des Lebens. Liebesebbe in meiner Ehe. Nie mehr

Flut? Und wenn das Wasser doch wiederkommt, wird dann alles so sein wie früher?
Nein!
Ich kann die unreflektierten Gewohnheiten des Alltags, die eigentlich Fahrlässigkeiten sind, nicht mehr ertragen. Und die Vertraulichkeiten, die eigentlich Respektlosigkeiten sind, auch nicht.
Nein!
Wir müßten umziehen, in eine neue Form des Lebens. Vielleicht ist das der Schmerz der Liebesebbe: das Wissen, daß man nicht in das alte »Haus« zurückkann.
Nein!
Denn in der Zeit der Ebbe lief ein anderer über den Strand und hinterließ Spuren. Und die Spuren des Lebens können niemals ganz ausgelöscht werden...
Schwächeschweiß auf der Stirne. Die letzte Rose ist in der Vase, doch die ist zu schwer. Meine Kräfte reichen gerade eben aus, mich selbst bis zu meinem Bett zurückzubringen.
Dann kommt die Post. Ein Brief von – Alexander.
Wir kennen uns erst so kurz – und ewig. Da war die gleiche Wellenlänge, das Zueinanderfinden im Gespräch. Da war die gleiche Freude über die innere Begegnung, das Staunen über das Wunder, das Gesuchte gefunden zu haben. Frühlingsgeschehen in der Herbstlandschaft. Herbstblumen zum Frühlingstreiben.

Geliebte Anemone,
heute Nacht lag ich lange wach: die Nacht vor Deiner Operation. Ich habe an Dich gedacht und an Deine Gedanken. Du sprachst von der »Unsymmetrie« Deines Körpers. Gewiß, Du bist ein Ästhet. Aber das ist ja nichts Beschämendes: Die Schönheit des Leibes ist eine Gabe der Schöpfung, für die man sich nicht zu rechtfertigen braucht, die gepflegt werden darf und – restauriert. Daß Du das an Dir vornehmen lassen willst für den Mann, dem Du das »hinreißende Erlebnis des Angenommenseins« dankst, hat mich zutiefst bewegt. Aber glücklich macht es mich, daß Du »überhaupt keinerlei Zweifel daran« hast, daß ich Dich »auch ohne diese kosmetische Ausbesserung« lieben kann. Das eben ist wichtig, daß Du das weißt, Anemone. Ich erlebe Dein Ja zum Wiederaufbau Deiner Brust als ein glühendes Zeichen Deiner Zuneigung, von dem wir beide wissen, daß es dessen eigentlich nicht bedarf. Und ich sehe in diesem Ja auch Dein Ja zum Leben.

Dieser totale seelisch/körperliche Einsatz ist es, der mich begeistert.
Während ich das schreibe, wirst Du vielleicht gerade operiert.
Es gibt keine Faser meines Seins, die in diesem Augenblick nicht bei Dir ist. Anemone, ich beatme Dich. Liebestransfusion.
Ich freue mich, daß ich es sein durfte, der Dir das Gefühl hat wiedergeben können, geliebt zu sein, Du wunderbare Frau. Wobei dies nicht nur eine ästhetische Beschreibung ist (trotz des versehrten Busens), es bezieht sich auch nicht allein darauf, daß Du eine Frau bist, mit der liebend vereint zu sein eine schöne Erfüllung großer Sehnsucht ist, sondern Du bist es, der ganze Mensch, dessen Freundschaft mein Leben bereichert hat. Eine Welle tiefer Glücksempfindungen hast Du in mir ausgelöst. Ich denke an Deine Augen, die Liebe ausstrahlen können, die manchmal frech und lustig blitzen. Wenn Dich diese Zeilen erreichen, dann sind sie wieder offen, wach. Ob sie schon wieder lachen? Erleichtert, daß der chirurgische Eingriff vorbei ist? Vielleicht plagen Dich Schmerzen. Quält Dich Unsicherheit, ob es so geworden ist, wie Du gedacht hast. Hab keine Scheu: Ich werde Deine neue Brust liebhaben, ganz sicher. Und wir werden beide eine möglichst gute, eine roborierende Beziehung zu Deinem verletzten Körper behalten – Du, weil Du ihn brauchst, um das zu leben, was Du leben willst, und ich, weil ich das Wesen liebe, das sich in ihm und durch ihn verwirklicht. Alle Kraft meiner Liebe lege ich in die guten Wünsche, die den Raum ausfüllen, in dem Du bist.

Dein Alexander

Umsorgen kann nur ein menschliches Herz
Versorgen kann auch ein Apparat
(Kyrilla Spiecker)

Wirkliche Liebe ist ein Ausdruck der inneren Produktivität und umfaßt Fürsorge, Respekt, Verantwortlichkeit und Wissen. Sie ist kein ›Affekt‹ in dem Sinn des passiven Getriebenwerdens, sondern ein aktives Streben nach der Entfaltung und dem Glück der geliebten Person, das in der eigenen Fähigkeit zur Liebe wurzelt. (Erich Fromm)

Was ist Liebesfähigkeit? Sie ist das Öffnen der Sinne, entgegen aller Angst. Sensitivität, als Offenheit der Sinne, führt zur Zuwendung.

Das Seelische besitzt eine größere Bedeutung als das Physische, besonders für den körperlich ausgereiften, erwachsenen Menschen.
Wer das Gefühl der Liebe in sich fühlt, hat bereits genug bekommen, Energie ist in ihn eingeströmt und hat die Liebe erzeugt. (Peter Lauster)

Teilstrecke 39
4. Krankenhaustag – Nachmittag (Patientenzentrierte Visite)

»Guten Tag, Frau Sandkorn! Nun, wie geht's Ihnen heute?«
»Guten Tag, Herr Doktor Wehrly! Danke – gut.«
»Keine Fragen? Keine Reklamationen? Nichts?«
»Fieber-Puls-Herz-Stuhl-Harn: alles in Ordnung.«
»Und sonscht?«
»Es kommt mir so vor, als versuche man hier auf der Station patientenzentrierter zu sein als anderswo.«
»Hmm.«
»Schön finde ich das. Das Gespräch mit Ihnen gestern hat mich sehr beschäftigt. Daß man früher Ehekonflikte still tragen konnte, bis der Tod sie auflöste, weil er bald kam und nicht wie jetzt, spät – und damit oft zu spät.«
»Es müßte uns in der Schule beigebracht werden, welche anderen Möglichkeiten es gibt, mit Konflikten umzugehen, außer der altbekannten: sie schtill mit sich herumzuschleppen. Aber die meischten von uns sind ja nicht nur unfähig, ›gesund‹ mit Konflikten umzugehen, die meischten von uns verhalten sich wie die erschten Bauern, die noch nicht wuschten, daß das Ackerland auslaugt, wenn man es nicht düngt. Wenn dann die Ernte nicht mehr gut war, zogen sie halt einfach weiter. Neues Ackerland wurde durch neue Brandrodung gewonnen – anschtatt zu bemerken, daß das alte nur einfach ausgezehrt ischt, Dünger braucht: Liebesnachschub.«
»Liebesnachschub. Der hat bei uns nicht funktioniert. Und brach gänzlich zusammen, als dann auch noch der Krebs kam. Da hat es mein Mann vorgezogen, neues Ackerland durch Brandrodung für sich zu gewinnen.«
»Jaa – leider ischt das herrliche Geschlecht zwar mit größerer Muschkelschtärke, aber häufig dafür mit größerer Seelenschwäche versehen.«
»Ich bekam von ihm Seelenschwäche; er forderte aber von mir Seelenstärke: Als er auf den onkologischen Stationen lag, konnte er sich nicht genug empören über diejenigen, die ihren kranken Partner verließen. Ich habe die Amputation meiner

Brüste nicht als Tragödie erlebt, weil ich glaubte, einen zwar hübschen, aber doch nur peripheren kleinen Bestandteil meiner Person zu verlieren und danach so wertvoll zu sein wie zuvor. Schon deshalb hielt ich die äußerliche Wertminderung für negligeabel, weil das Brustimplantat eine ästhetische Alternativlösung ist, die mir akzeptabel zu sein scheint. Um so mehr schmerzt mich das Verhalten meines Mannes: Kaum daß ich der erotischen Zierde verlustig gegangen bin, hat er sie woanders gesucht und gefunden. Womit ich um so weniger glaubte rechnen zu müssen, als ich angenommen hatte, meinen Teil Zuwendung und Durchstehvermögen im Zusammenhang mit seiner UNHEILBARENKRANKHEIT geleistet zu haben und erwartete, daß ich Vergleichbares nun umgekehrt von ihm für MEINE UNHEILBAREKRANKHEIT empfangen würde.«

»Und jetzt erleben Sie die Situation wie jemand, der einen Unfall gehabt hat, sich an seine Versicherung wendet – an die er ein Leben lang hohe Prämien entrichtet hat – und erfährt, daß sie für diese Sorte Unfall aber nicht zuschtändig ischt.«

»Genauso ist es!«

»Und nun schtehen Sie wütend und machtlos da und schtudieren das ›Kleingedruckte‹ Ihres Vertrags.«

»Ja. Wütend, weil die andere jetzt von dem Baum erntet, den ich mit so großer Mühaufwendung gehegt und gepflegt habe. Machtlos, weil sie hat, was ich nicht mehr habe. Wenn ich das akzeptiere, profitiere ich indirekt davon, weil mein Mann dann zufrieden ist. Lehne ich mich dagegen auf, ist er unzufrieden, und das bekomme ich direkt zu spüren. Liebe ich ihn aber, muß ich ihm sein Glück eigentlich gönnen. Und liebe ich ihn nicht, dann habe ich gar kein Recht auf meinen Schmerz.«

»Bloß schtellt sich der Schmerz eben nicht nur dann ein, wenn man ein Recht auf ihn hat.«

»Das ist es! Er ist da, der Schmerz! Trotz aller gescheiten Überlegungen. Trotz aller Bemühungen, gut zu sein. Tolerant, großherzig sein zu wollen. Er ist da, weil ich einen Fußtritt bekommen habe und hinausgeschmissen wurde, als ich mit dem ungeliebten Kind an der Brust – dem Krebs – heimkam. Er ist da, weil ich erwartet hatte, nicht verjagt, sondern aufgenommen zu werden – aufgrund der aufopferungsvollen Dienste, die ich vorher geleistet hatte in ebendiesem Haus. Der Schmerz ist vielleicht nicht einmal so sehr die andere Frau: Es gibt Qualitäten, die sie hat und ich nicht; verständlich, daß der so Angelockte da in die Falle geht. Das wäre ein Schmerz, weil etwas zu Ende gegangen ist, und das muß nicht rückwirkend ätzen. Daß aber mein Mann mich in dem Moment verlassen hat, wo ich ohne Kraft war, leistungsunfähig, zeigt doch, daß er immer nur meine Leistung ›geliebt‹ haben muß und nie mich selbst, denn mich gab es ja noch, die Leistung dagegen nicht. Also muß ich mich rückwirkend ungeliebt fühlen. Schmerz, der Gegenwart UND Vergangenheit betrifft; offenbar bin ich schon immer getäuscht worden und hat dieser Ehe die Basis der Liebe gefehlt. Wenn es so ist, wird sie sterben.«

»Sie schtecken also mitten in einem tiefen Konfliktgeschehen und wissen nicht weiter. Wahrscheinlich ›wollten‹ Sie deshalb partout nicht aus Ihrer Narkose heraus: eine somatische Veranlassung dafür war nicht gegeben.«

»Hmm. Vielleicht ›dachte‹ ich, daß es besser ist, wenn ich selbst in den Tod gehe, als wenn ich ihn meinem Peiniger wünsche. Da ist meinem Mann wider Erwarten ein Stück Leben geschenkt worden, und er verwendet es, um es so schmerzhaft wie möglich zu machen für Frau und Kind.«

»Ja – der Tod ischt sozusagen das ›natürliche Lösungsmittel‹ für jeden Konflikt. Deshalb haben wir als Kinder Vater, Mutter, Geschwister, Lehrer schon mal ins Jenseits gewünscht. Daß der Tod ein ganz großer Schtreitschlichter ischt, erkennt man auch daran, daß fascht jeder Ehepartner ein Heiliger wird, wenn er nur erscht mal tot ischt. Und wie oft wird gemordet, eben weil der Tod alles und daher auch jeden Konflikt auslöscht. Daß ein Mord dann andere Schwierigkeiten bringt, wird als das kleinere Übel angesehen. Aber reifes Menschsein zeigt sich unter anderem darin, daß Konflikte auch anders als nur mit dem Tod gelöst werden können. Voraussetzung dafür ischt das Wissen um den Konfliktpunkt, das Erkennen des Konfliktschtoffes, die Bereitschaft, sich damit auseinanderzusetzen und auf keinen Fall zurückzuschrecken, wenn dabei Wahrheiten frei werden, Lebenslügen entdeckt werden. Und mir scheint, auf diesem Weg sind Sie doch schon ziemlich weit fortgeschritten. Werfen Sie nicht das Handtuch so kurz vor dem Durchbruch!«

Und verweigert man das alte Rollenspiel, kommt es zu unerquicklichen und destruktiven Konflikten.
Der psychisch und sozial gesunde Mensch, den bislang Beruf und Familie im wesentlichen enttäuschten, wird einen Ausbruchsversuch wagen. [...] Gelingt eine solche Neuinterpretation und Füllung in kritischer Nähe zur eigenpsychischen und sozialen Realität, kann der dritte Lebensteil der erfreulichste und gelungenste werden.

(Rupert Lay)

Teilstrecke 40
5. Krankenhaustag
(Liebes-Glück = Anti-Krebs)

»Einen wunderschönen guten Morgen, Frau Sandkorn! Gut geschlafen?«
»Guten Morgen, Herr Doktor Wehrly. Ich habe bestens geschlafen.«
Er wirft einen Blick auf die beiden Blutflaschen: »Jawohl, heute werden wir die Drainageschläuche herausnehmen und unter den Verband gucken.« Jetzt sehe ich erstmals das Brustimitat. Die Narben noch dick und rot – aber darunter eindeutig weiche, weibliche Rundungen. »Die haben den Vorzug, daß sie nie schlaff werden und noch hübsch und fescht sind, wenn Sie mal siebzig sein werden.« »Am Ende wird man mich noch darum beneiden.« »Sarkasmus ischt ein Zeichen von Schwäche. Die will ich Ihnen am dritten Tag nach der Operation noch zugeschtehen. Und auch beim Anblick eines noch nicht vollschtändig reschtaurierten Busens. Aber wenn alles schön verheilt ischt, dann wird ein Tätowierungskünschtler noch eine Mamille auf das Kunschtwerk setzen – und dann ischt dieses Kapitel abgeschlossen!« klingt es überzeugt, aufrichtend, aufmunternd, eindringlich an mein Ohr...
Ein schöner Tag! Ich möchte jauchzen!
Herrlich so ohne den Ballast der Schläuche und Blutflaschen! Und das bedeutet gleichzeitig: Befreiung vom Büßer-Hemd. Wunderbar!
Ich wähle einen Schlafanzug und ziehe übermütig in die »Naßzelle« – DA LIEGEN DIE ROSEN WIEDER OHNE WASSER IN DER BADEWANNE!
Die zweite traumatische Ebbe-Nacht. Dabei hatte ich gestern abend eigenhändig und ganz bewußt den Stöpsel fest eingedrückt. Offenbar ist er kaputt. Die armen Rosen... Aber ich kann die Katastrophe nicht ungeschehen machen – und so wende ich mich, nachdem ich getan habe, was ich habe tun können, dem Glück des neuen Tages zu:
Sich waschen ohne Behinderung durch zwei Flaschen, die am Körper festgemacht sind. Am liebsten würde ich die zurücker-

langte Freiheit mit riesengroßen Bewegungen feiern – begnüge mich jedoch vorsichtig mit wieder möglichen kleinen, freue mich und mache den Tag zum beauty-day: Mit Trockenschampoo löse ich die Fett- und Schweißschicht aus den Haaren nach fünf Tagen Bettaufenthalt und kröne die üppige Schönheitskur mit einem kleinen Make-up. Das sieht eine der Putzfrauen: »Oh – Frau gut – heute wieder schöngemacht! Gut – immer schönmachen – das gut sein!«
Ja, und dann kommt die Post. Ein winziges Päckchen für mich.
Wieder weiß ich sofort, von wem. Heute ein Schächtelchen – darin zwei Personenzugwagen:

... zwei aneinandergekettete Waggons, verschiedenfarbig, schon etwas alt(modisch) – ist das falsch? Das dicke Verbindungskabel wirst Du nicht sehen: Es ist ein unsichtbares Kabel, durch das die gleiche Kraft zur gleichen Zeit durch beide Wagen strömt, auch dann, wenn sie räumlich getrennt sind – so wie jetzt Anemone und

Alexander

Ein Glücksschauer durchrieselt mich.
Wie kam es zur Koppelung dieser beiden Waggons?
Es war zunächst eine rein platonische Freundschaft: zwei Erwachsene, die sich etwas zu sagen wußten. Verbales Teilnehmen am Leben des anderen. Austausch von Tagebuchblättern:
Berndt hat die Rolle des stummen Statisten abgelegt, ist aus dem Hintergrund in den Vordergrund des Geschehens getreten. Ich bewundere seinen an den Vater gerichteten Klartext: »Die ständigen Mißverständnisse beruhen nicht darauf, daß du keine Kraft hast, sondern darauf, daß du nicht zuhörst. Zum Zuhören braucht man keine Kraft, nur eine ausgefahrene Antenne.« Und wie reagiert der Vater? »Da habe ich offenbar auch versagt. Diese Krankheit!« Darauf Berndt: »Das ist nicht die Krankheit, sondern das Gemäuer, das du aus Mißverständnissen zusammenbaust und aus dem du dich nicht wieder herausholen läßt.« Der Vater: »Ich muß einfach erst mal wieder zu mir finden – allein sein.« Berndt: »Eben, kaum sagt man was, gehst du in Isolation. Man kann nicht mit dir reden.« »Was willst du denn aber mit mir reden?« »Wenn ich sage, was mich ärgert, reagierst du wie auf einen Gralsbruch. Zum Beispiel deine Art, aus allen möglichen Ecken Krankengeschichten ins Haus zu holen und bei Tisch aus-

zubreiten – wie zur Bestärkung deiner eigenen Krankheit. Man kriegt den Eindruck, die Welt bestehe nur aus Kadavern! Und bedauert schon sich und dich und alle – und dann, wenn man so richtig schön im Stimmungstief suhlt, klingelt das Telefon: Wie mit einem Zauberstab ist die Kadaverwelt verschwunden, und du benimmst dich wie ein normaler Mensch.« Darauf der Vater empört: »Du glaubst wohl, ich simuliere meine Krankheit? Das ist der Zusammenbruch unseres gegenseitigen Vertrauens!« Berndt in maßvollem Zorn: »Explosion! Tragödie! Immer das gleiche. Aber es kann doch nicht sein, daß ein vernünftiger Mensch einfach nicht versteht, was man sagt.«
Vielleicht führt diese gezielte Vorgehensweise unseres Sohnes doch noch zu einem Durchbruch? Eigentlich kann ich mich darüber freuen, jetzt so unerwartete Unterstützung zu bekommen. Aber schon fängt der Vater wieder an, mir leid zu tun. Schon fühle ich mich wieder in die Rolle der Beschützerin gedrängt, immer besorgt. Sanft unschlüssig – aber dann wieder rasend vor Ärger über sein krummes Schleichen, über die Art, wie ich zum dummen Hausmuttchen degradiert werde, das über den Horizont des Herdes ganz gewiß nicht hinauszudenken vermag und brav glaubt, daß das Telefonnetz einer Klinik übers Wochenende blockiert bleibt. Also nein! Rebellion in mir! Da hat mich vorhin eine tolldreiste Idee gepackt: Was wäre, wenn ich einen fingierten Geliebten neben die tatsächliche Geliebte stellen würde? Sehen, wie das einschlägt. Ob überhaupt? Wäre das nicht vielleicht doch etwas, was neue Bewegung in die festgefahrene Situation bringen könnte? Zum Beispiel Alexander gegen Elke ausspielen. Theoretisch, meine ich. Sehen, was passiert, und dann einrenken: »Es ist ja nichts. Ich wollte nur, daß du endlich aufmerkst, Wolfgang.«

Anemone, liebe Anemone!
Wieder ein Brief von Dir, der mich bewegt hat! Und Tagebuchblätter, die mich berührt haben! Immer wieder Deine Anstrengung, neue Wege zu suchen. Und jetzt die ›tolldreiste Idee‹: mit dem Freund – dem fingierten Geliebten – die Geliebte des Ehemanns austricksen! Ein gefährlicher Salto! Es könnte ein Salto mortale werden. Es genügt der Bruchteil einer Sekunde, eine winzige Unachtsamkeit – und der Sturz ist das Ende. Ich möchte irgend etwas tun, Dir beistehen – und kann es nicht. Vielleicht könnte es ein Rechtsanwalt? Vielleicht könntest Du dich beraten lassen, einfach um Bescheid zu wissen, damit Du nicht ahnungs-

los in eine Falle läufst, nicht etwas tust, was Dir dann – im Ernstfall – das Genick bricht: Sturz beim Salto mortale ohne Netz ... Es ist ein kühner Versuch auf jeden Fall, den Du da vorhast –, aber je länger ich darüber nachdenke, desto klarer ist mir, daß Du diesen Weg gehen mußt, es ist eben DEIN *Weg. Ein ungewöhnlicher Weg. Genauso ungewöhnlich und mutig, wie der tolldreiste Gang in den Sex-Shop: »Bitte ein Buch über Gruppensex!« Das ist im doppelten Sinne mutig: einmal, daß Du in Deiner jetzigen Situation (Ehefrau-Gatte-Geliebte) an so etwas zu denken bereit bist – und dann, daß Du es nicht beim vagen Denken belassen, sondern einen realen Schritt unternommen hast. Einmal ganz abgesehen davon, daß das Betreten von Neuland immer Mut erfordert und ein Sex-Laden für Dich »Neuland« war. Aber das paßt in Deine konsequente, an der Realität einer Situation ausgerichteten Haltung. Und so wird wohl auch der Salto mortale hineinpassen und hineingehören – wenngleich ich mit zitternder Beklemmung und angehaltenem Atem im Zuschauerraum sitze ... Ich werde an Dich denken und wünsche Dir, daß ihr einen Weg zueinander, miteinander findet – ich wünsche es Dir, weil ich weiß, wie sehr Du leidest – aber ich möchte Dir auch sagen, daß ich nach Ostern acht Tage in Köln sein werde – mit sehr viel Zeit für Dich. Wäre das nicht schön für uns beide, uns dort zu treffen? In jedem Fall aber darfst Du versichert sein, daß ich Dir ganz unverbrüchlich zur Seite stehe, freundschaftlich nicht nur, auch als liebevoll Vertrauter, auf den Du bauen kannst.*

Dein Alexander

Mit diesem Brief in der Tasche übte ich im Geist den »Salto mortale« und wartete auf die Gelegenheit, ihn auszuführen.

Hallo, Alexander!
Das war also die »Vorstellung«. Ich war auf Blitz und rollenden Donner gefaßt – nichts. Keine Bewegung – keine Emotion – keine Entrüstung – keine Fragen – eben nichts. Nach einer kaum nennenswerten Atempause wurde die Kiste der vorgefertigten Reden geöffnet und etwas Passendes herausgeholt: »Wer im Glashaus sitzt, wirft nicht mit Steinen.« Ende der Durchsage.
Merkwürdig. So als hätte ich gesagt: »Du, ich habe mir einen neuen Hut gekauft.« Und selbst diese Mitteilung würde ganz sicher mehr Worte provoziert haben als es die Mitteilung getan hat: »Ich habe einen Geliebten.« Merkwürdig. Ich bin nicht so sicher, ob ich lieber beleidigt sein soll oder traurig oder amüsiert. Belei-

digt, weil es scheinbar wurscht ist, wer mich berührt. Traurig, weil da ja kaum noch Liebe sein kann, wenn selbst eine derartige Novität keinerlei Reaktion auslöst. Amüsiert, weil ich winziges Sandkörnchen mich wieder mal viel zu ernst genommen hatte: Da dachte ich, die Welt würde einstürzen – wegen mir! – und siehe da: nichts, rein gar nichts ist passiert!
Auch gut. Oder habe ich die Dinge damit nun doch überstürzt? Sie in eine Richtung getrieben, die das Schwebende erst recht zu meinen Ungunsten konsolidieren wird? Hätte ich den Schwebezustand länger aushalten sollen? Ich konnte nicht. Da war keine Kraft mehr. Und ich spüre schon: Mit Alexander im Hintergrund kann ich diese Elke ganz anders ertragen. Das Dasein scheint jetzt besser lebbar als das, was vorher war. Dennoch kann ich meinen Ehering nicht so einfach abstreifen – ich möchte Deine liebenswerte Einladung nach Köln nicht annehmen. Sei mir bitte nicht böse – bestimmt schreibe ich nach Köln – und ich freue mich über einen Brief aus Köln: Deine Briefe sind die Barkassen, in die ich mich retten kann aus dem tobenden Meer meines Daseins. Ich danke Dir für Dein Da-sein – Du liebevoll Vertrauter

Deiner Anemone.

Als die Antwort auf diesen Brief kam, war ich noch ganz warm von der »Sonne des verbindenden Gesprächs«, das mein Mann mir im Schwarzwald geschenkt hatte, glücklich in dem Gefühl, daß »die Eismassen endlich zum Schmelzen gebracht« würden. Aus daher unerwartet großer Entfernung las ich die lodernd auffordernde Liebesbeteuerung:

Meine liebe Freundin – liebste Anemone!
Im Geist sah ich Dich den Gefahren dieser bösen Welt ausgesetzt, machte mir Sorgen um Dich. Ich danke Dir, daß Du mich so schnell von meiner Unruhe befreit hast. Entwarnung also. – Es hat mir so weh getan, daß ich Dir so wenig habe helfen können. Ich möchte die Un-Schuld unserer Verbindung bewahren. Aber ich weiß auch, daß ich unsere Beziehung vertiefen möchte, weil ich immer mehr spüre, wie beglückend sie ist. Anemone, Du bist das Ziel meiner Sehnsucht. Du hast neue Bewegung in mein Leben gebracht, es erweitert, verändert. Ich möchte Dich lieben und Dir glückliche Stunden schenken dürfen – und nicht nur in Köln. Ich weiß, daß Du nicht eine Frau bist, die sich schnell mal zu einem kleinen erotischen Abenteuer einladen läßt: Anemone, bestimmt wäre es mehr als das, denn ich weiß von den tiefen,

ernsten Gefühlen in mir, die schon lange Dir gehören, die Dich überschwemmen wollen, die sich über Deine Narben ausbreiten wollen, damit sie das Trauma des stahlkalten Skalpells vergessen können. Ich habe keine Angst vor Deiner Verstümmelung und kann und möchte die Stelle lieben, an der das Drama Deines Lebens stattgefunden hat. Deine Narben, geliebte Anemone, könnten die gemeinsame Aufgabe sein, die wir haben. Sie sind Teil Deines Kleides, das die Jahre zerfetzt haben. Deiner Innerlichkeit konnten sie nichts antun, im Gegenteil – sie aber kann nicht sein ohne ihren Körper, »dem soeben der zweite Teil der weiblichen Zierde abgeschnitten worden ist«. Anemone, ich habe nicht das Nebeneinander von selbstverständlichem Annehmenwollen einer schicksalshaften Unveränderbarkeit und kaum zu verkraftender Trauer über die vollzogene Zerstörung vergessen können, die da in Deiner Stimme miteinander rangen. Aber jetzt willst Du noch konsequenter sein und über die stattgefundene Amputation hinaus die totale Abtrennung Deines ganzen Körpers vornehmen! Ungeliebt wird er nicht gesund bleiben wollen. Komm mit ihm nach Köln! Ich freue mich, wenn Du ja sagst – und bin glücklich, daß es soviel Wertvolles gibt, das uns verbindet und unverändert bleibt, auch wenn Du nein sagst – das erst vergehen wird, wenn es uns beide einmal nicht mehr gibt. Doch jetzt gibt es uns, Anemone, und es wartet auf Dich

Dein Alexander

Nach diesem Brief kam der »Osterstrauß« mit all dem, was er nach sich zog bis hin zum »Sturz vom Empire State Building«. Damit war dann schließlich das Maß dessen, was ich an Kränkung, Demütigung und Enttäuschung zu tragen fähig war, endgültig voll: Die immer neuen Verlogenheiten zeigten mir, daß tief drinnen etwas falsch war, in einer Zone, die für mich unerreichbar ist – und so überließ ich mich schließlich doch dem verlockenden Sog eines wild schleudernden Gedankenkaleidoskops, dessen Motor in Köln stand *** »Liebe zwischen zwei Menschen ist etwas so Kostbares, daß man es nur verwundert als ein Geschenk erleben kann« *** soll ich es annehmen? *** Darf ich? *** Eben noch Verzicht auf das körperliche Zueinanderwollen aus Liebe, aus Rücksicht, Umsicht, aus Ichweißnichtwas *** es mahnt, es bremst *** es drängt, es verführt *** Köln, jubelnde Bewegung in mir *** Bestätigung, angenommen zu sein, so wie ich jetzt bin *** jetzt *** Liebesland in Sicht *** der eben noch felsenstarke Wille, die krebskranke Ehe zu

retten, ist gebrochen *** die letzten Hammerschläge der Verlogenheit haben meine Treue geschleift *** ich spüre den Kurswechsel in mir *** ein Gefühl sinnlichen Taumels erfaßt mich *** ich mag das körperliche Ineinander nicht, wenn es nicht Ausdruck des seelischen Ineinander ist, und Köln verspricht gelebte Bestätigung einer längst schon tragfähig gewordenen geistigen Verbundenheit *** beglückendes Annehmen und Angenommenwerden *** jaa *** Köln *** JA!
Ein Telefongespräch – Herzklopfen hüben und drüben – Seligkeit.

Anemone! Meine Liebe!
Gestern fielen mir die Melodie und der Text eines Liedes ein, an das ich seit zig Jahren nicht mehr gedacht hatte: Ein Lied voll zärtlicher, aber auch trauriger Sehnsucht. Ich habe eine schlafarme Nacht hinter mir mit vielen Gedanken an Dich, leidenschaftlichen, aber auch vernunftgeleiteten; sie kreisten um Köln: ja-nein-ja-nein. Vorhin hast Du angerufen: »Ja!« Ich fühle mich wie ein junger Bräutigam! So beschwingt! So erwartungsfroh! Ich möchte Dein Lebensgefühl steigern können, so, wie Du meines gesteigert hast. Ich möchte Dir vom Kostbarsten geben, was ich besitze: von meinem Leben. Und ich bin glücklich, daß Du das annehmen willst. Daß Du das annehmen kannst. Über das Annehmen-Können wollen wir in Köln sprechen. Wer nämlich immer nur gegeben hat, nur Rücksicht auf andere genommen hat, ist nicht nur einfach böswillig ausgebeutet worden, sondern war auch unfähig zu nehmen, war nicht mutig genug, auch den eigenen Interessen Raum zu verschaffen. Viele Jahre lang hast Du unsägliche Belastungen ausgehalten, weil Du sehr stark warst – aber auch, weil Du zu schwach warst, Dich zu wehren, wegzulaufen. Jetzt hast Du begonnen, Dich zu wehren. Jetzt willst Du weglaufen. Ich sehe darin den endlich aufbrechenden Willen, zu Dir selbst zu stehen – und ich meine, daß das gut für Dich ist. Du mußt endlich lernen zu erkennen was gut für DICH *ist. Laß uns darüber sprechen, wenn wir in Köln sind. Ich freue mich darauf, Dich in den Bannkreis meiner Zuneigung zu ziehen.*

Dein Alexander

Köln. Bahnhofgewimmel –
Zwei Augenpaare fanden sich – auf einem anderen Stern – wo es ein mir bis dahin unbekanntes Miteinander gab – wo zwei Wesen eins waren und zwei blieben: Eins wurden im gegensei-

tigen Sich-Mitteilen, im Einbringen der eigenen Gefühlswelt in die partnerschaftliche Interaktion, in der Freude an der intimen Kommunikation – die aber nicht die Aufgabe der Individualität des anderen verlangte, sondern gerade die eigenständige Gedankenwelt des anderen mit Interesse und Wohlwollen zur Kenntnis nahm. Da war angstfreies Offensein; da war Wachsein im Denken und Spüren; da war Aufmerksamkeit im Sehen und Hören. Und jeder war immer sowohl für das Glück des anderen als auch für sein eigenes Glück verantwortlich.
Und so gingen wir zusammen in unsere erste gemeinsame Nacht – Unsicherheit brach nun doch über mich herein – Scheu, den verstümmelten Körper dem Liebespartner zuzumuten – aber er breitete seine Wärme darüber und die Narben spürten seinen Atem – AUFTAUEN – MITTEN IM EISIGEN WINTER – IN EINER WARMEN HAND – UNTER EINEM LIEBENDEN BLICK – ein Paar glitt widerstandslos in das Mysterium der Liebe.
Aufwachen neben dem geliebten Mann –
spätstücken mit dem geliebten Mann –
sprechen mit dem geliebten Mann:
»Du hast eine Tote zum Leben erweckt. Du hast das Grauen des Verlassenwordenseins aufgelöst. Früher dachte ich immer, man liebe nicht mich, sondern das mich umgebende Gefäß; diese Sorge hat der Krebs von mir genommen: Du hast mich um meiner selbst willen geliebt – und das JETZT: wo der Herbst begonnen hat, die Haare weiß zu färben.«
»Anemone, ich fühle deine Dankbarkeit, aber sie beschämt mich. Was habe ich dir gegeben? Doch eigentlich nichts als den Tatbestand meines Glaubens an dich. Ich meine ›rationalen Glauben‹, im Sinne von Gewißheit, die sich im Verlauf des Kennenlernens entwickelt hat. Wir kennen die komplizierten Wege nicht, auf denen bestimmte Kräfte zu uns hereinkommen und einfach da sind, wenn es darum geht, Mut zu haben, bereit zu sein, gegebenenfalls Schmerzen und Enttäuschung zu ertragen. Und nun gab es gar keine. Ich durfte ›eine Tote zum Leben erwecken‹. Kann es überhaupt irgend etwas Wunderbareres geben für einen Mann?«
»Gar keine Enttäuschung. Alexander, du hast mich äußerlich und innerlich glücklich gemacht, so glücklich wie nie. Aber ich möchte, nein, ich muß dir auch sagen, was dich vielleicht nun doch ein wenig enttäuschen wird. Ich muß es sagen, weil ich auf keinen Fall Lüge zwischen uns haben will. Ich will nicht, daß du

glaubst, was nicht ist. Ich möchte schlicht, daß du weißt: Ich hatte keinen Orgasmus.«

»...«

»Um mich brauchst du dir deshalb keine Sorgen zu machen: Ich finde Orgasmus zwar natürlich wunderbar – aber für mich hat er nicht den allerhöchsten Stellenwert. Den hat das Abstrakte, das Innere: Geist und Seele. Und da gab es gar keine Enttäuschung.«

»Anemone, du merkst, ich habe Mühe, adäquate Worte zu finden. Merkwürdig, es muß wohl so etwas wie ein kleiner Schock sein, den dieser einfache Satz ausgelöst hat: ›Ich hatte keinen Orgasmus‹ – einfach so – prägnant – kristallklar – umwerfend wahr. Staunen darüber, daß es ein solches Maß an mutiger Wahrhaftigkeit überhaupt geben kann. Dabei hatte ich es ja eigentlich selbst gemerkt, wenn ich ehrlich bin. Aber vielleicht wollte ich mich ein bißchen drumherummogeln. Das kann ich jetzt nicht mehr. Du hast den roten Punkt auf unseren Standortplan gesetzt: HIER IST IHR STANDORT – von dort aus können Sie da und da hingehen, aber Ihr Standort ist hier und nicht dort, wo Sie vielleicht meinen zu stehen.«

»Aber wenn wir uns in einer fremden Stadt zurechtfinden wollen, geht es doch nur, wenn wir genau wissen, wo wir stehen.«

»Gewiß. Es ist ganz wichtig, daß wir den genauen Standort kennen. Wenn wir da und da hinwollen, müssen wir so und so gehen.«

»Es gibt gesperrte Straßen, Einbahnstraßen; und es ist nicht immer der kürzeste Weg der beste und schönste; manchmal ist es vorteilhaft, sogar sehr große Umgehungsstraßen zu benutzen.«

»Wir werden diese fremde Stadt gemeinsam kennenlernen – lernen, uns darin zurechtzufinden, jetzt, wo wir unseren Standort kennen.«

»Schön, daß wir noch soviel Zeit dafür haben.«

Am Nachmittag ein paar Stunden Walraff-Museum. Später gemeinsames Abendessen. Dann die zweite gemeinsame Nacht.

Ich suche nach Worten.

Müssen es denn Worte sein? Kann man denn nicht einfach keusch das Licht ausgehen lassen, die Kamera zur Seite schwenken, so, wie es in unzähligen Liebesfilmen gemacht worden ist? So kann man es machen. So wurde es mit mir gemacht, damit ich keusch und züchtig in den Ehestand eintreten sollte –

jungfräulich am besten. Ob meine Eltern eigentlich wissen, daß das nicht ganz so geklappt hat? Was mag wohl die Zeit, in der ich groß geworden bin, dazu bewogen haben, Sexualität ganz und gar auszuschalten? Da es die Pille nicht gab, wäre es doch erst recht notwendig gewesen, die jungen Menschen aufzuklären! Unterließ man es, um dann richtig zuschlagen und schmähen zu können, wenn neues Leben aus der verbotenen lustvollen Vereinigung erwuchs? Schaffte man sich so die »schwarzen Schafe«, die offenbar jede Zeit braucht? Diese unsinnige Moral, die den Menschen in zwei Teile spaltet, einen, den man akzeptieren und zeigen darf, und einen, den man verstecken muß. 187 Seiten für den einen Teil – und keine einzige für den anderen? Mag es Leute geben, die irritiert den Kopf schütteln und die Intimität respektiert sehen wollen. Ich glaube erkannt zu haben, daß überall, wo der Paravent »Intimität« aufgestellt wird, Konfliktstoff dahinter versteckt wird. Hinter der »Intimität« wird alles gestapelt, was wir nicht sehen wollen – Tod etwa – und was wir nicht zeigen wollen: Sexualität. Warum muß sie hinter verschlossenen Türen leben? Warum dürfen Kinder nicht zusehen? Immerhin gibt es Völkerstämme, wo sie es ganz selbstverständlich tun und wo Lust-Rezepte ausgetauscht werden wie bei uns Kochrezepte. Obwohl ich es nicht nachprüfen kann, denke ich, daß dort ein ungleich gesünderes »inneres Klima« herrscht als bei uns, daß dort die stickige Luft geschlossener Räume unbekannt ist, weil jeder alles sehen darf und keiner etwas verbergen muß. Oh, paradiesischer Zustand vor dem Sündenfall!

Aber bei uns kam ja die böse Schlange in das europäische Paradies. Es ist dies nicht das gleiche wie das außereuropäische. Und auch die Schlange ist bei uns anders als anderswo: Dort symbolisiert sie das ewige Leben und ist von männlichem Geschlecht. Hier ist der Giftzahn das Wesentliche an dem Tier – und, wie irreführend, es ist weiblich – trotz der unübersehbaren phallischen Eigenschaften: das Reptil »gleitet« und »erigiert«. Dieses wundersame Geschöpf hat die Verwirrung in den paradiesischen Zustand gebracht – und das Bedürfnis nach Intimität geweckt: Der erste Paravent war ein Feigenblatt. Nicht nur die Menschen mehrten sich – auch die Feigenblätter taten es; aus ihnen wurden spanische Wände gefertigt – und eingekeilt zwischen ihnen können wir selbst unseren Nächsten nur mehr im Schattenriß sehen, überzeugend dargestellt in den Bildern von Hans Thiemann.

Hans Thiemann, »Im Atelier des Aktmalers«

Ich will die Intimität der »spanischen Wände« nicht mehr haben, weil sie mir verdächtig ist – und so gehe ich auf die Suche nach Worten für diese zweite, mit meinem Geliebten verbrachte Nacht.

Ratlosigkeit: Wieso gibt es kein schönes, wohlklingendes Wort für »Geschlechtsverkehr«? Eines, bei dem man Herzklopfen bekommt. Ein zartes Wort. »Verkehr« ist nichts Zartes. Was für ein Blödsinn, »miteinander schlafen«: Man schläft ja gar nicht! Und welch ein Wort für das »Delta der Venus«? »Delta« ist falsch. »Scheide« – entsetzlich: Da denke ich an Schwert und Blut; furchtbar. »Vagina« – schönes Wort, aber mit medizinischem Touch; schade. »Muschel« – ist zwar innen schön weich, aber außen scharfkantig. Es hat durchaus Gliedmaße gegeben, die einer Venusmuschel zum Opfer gefallen sind. Kastrationsphantasie. Also, »Muschel« ist gänzlich unpassend. »Schoß« – an sich ein sympathisches Wort, aber es wird zu oft in anderem Zusammenhang benutzt, ein Requisit der Mutter-Kind-Symbiose. »Scham«? Nein! Auch nicht! Ich schäme mich nicht. Ganz schlimm: »Kitzler«. Kitzeln ist etwas ganz und gar anderes! Hier ist das lateinische Wort viel schöner: »Clitoris«. Aber das haben wieder die Mediziner beschlagnahmt. Ratlosigkeit.

Ich suche in der Literatur. Goethe. Er war kein Asket und fand

für alles passende Worte. Viele Liebesgedichte gibt es von ihm – doch die Liebenden bleiben hinter »spanischen Wänden«: Nur Schattenrisse deutet er an mit seinen verbalen Pinselstrichen. Und der Körperteil, der auch Goethe die süße Lust schenkte, heißt bei ihm »Meister Iste«. Ist das schön? Nicht besonders. Obwohl von Goethe.
Stratosphärensprung von Goethe zu Erika Jong: ›Angst vorm Fliegen‹. Dreihundert Seiten Politisches, Soziales und anderes, treffend und »salonfähig« geschildert. NUR für die etwa fünfzig Sex-Seiten verwendet sie Ausdrücke aus dem negativen Repertoire. Vielleicht will sie durch diese ganz spezifische Wortwahl, mit der alles Sexuelle in einen lichtlosen, schmutzigen Raum abgeschoben wird, zeigen, daß es noch immer nicht die harmonische Fusion von Sexualität und dem Rest des Menschen gibt: »Glitschige Möse«! Pfui!
Wenn in der seriösen Literatur keine schönen Worte für die Dinge der Sexualität zu finden sind, dann vielleicht in der erotischen? (Und wieso ist die UN-seriös?) Was für eine lebensfeindliche Gesellschaft muß das gewesen sein, aus der meine Generation hervorgegangen ist, so lebensfeindlich, daß sie keine Anstrengung gescheut hat, Barrikaden über Barrikaden genau dort zu errichten, wo das Leben im Ursprung pulsiert. Über diese Barrikaden hinweg betrat ich, bereits geübten Schrittes, einen Sex-Laden: Diese wohlerzogene Tochter aus gutem Hause bekennt sich zur Erotik, und das am hellichten Tage! Eine mutige Tat! Die Reste früherer Unsicherheit werden mit betonter äußerer Sicherheit überdeckt: Lässig blättere ich in einigen Büchern und wähle »Softgirls«. Warum? Der Text ist von Bettina von Heuenstein. Adel! Eine adelige Frau suhlt nicht im Schlamm. Zu Hause studiere ich – unbeobachtet – das Wörterarchiv, aus dem er und sie in diesen Blättern schöpfen: *du zärtlich befahrene Hölle – du zuckender Menschenspalt – oh weiches, warmes, schwelliges, feuchtes Loch – Schwanzfängerin – sacksaugende Blume – pulsierender Köcher – schwanzgeiler Lippenblütler – oh du mein Schwelleschwanz – Wonnepimmel – Mammutzahn – Fickgehänge – Grottenolm – Schnackelschweif – Zauberflöte – Fickturm – Rammler* – Also, so edel scheint nicht alles zu sein, was von Adel ist...
Edel, viel edler hingegen ist (war?) die Sexualität in China, wo die Vagina ein »Jadebecher« oder eine »Jadepforte« ist, der Penis ein »Jadestamm« und der Samenerguß die »Jadequelle«, rein und kostbar. Der Koitus ist »der Weg des Yin und des

Yang«: die Vereinigung des Weiblichen und Männlichen. In Indien und Nepal findet man sie an vielen Tempeln dargestellt, weil dort Vollkommenheit – also Göttlichkeit – nur in der VEREINIGUNG der beiden Prinzipien erreicht werden kann. Ein Gott erlangt Göttlichkeit erst durch seine Shakti, die Frau. Gott und Göttin repräsentieren These und Antithese. Göttlichkeit ist die Fusion aller einander entgegengesetzten Prinzipien, die Aufhebung des Dualismus.
Daß bei uns Gott nur Mann ist, zeigt allein schon die Schizophrenie unserer Kultur. Und daß seine Nur-Männlichkeit im Verlauf der Geschichte unserer Hemisphäre noch eine Verdreifachung erfahren hat, wir beherrscht werden von einer geballten Männlichkeit in der Dreieinigkeit, das kann ich nicht als Segen empfinden. Eher ahne ich, daß hier der Ursprung unserer Unfähigkeit liegt, eins zu sein mit den uns umgebenden Gesetzen der Natürlichkeit. Statt daß wir die Natur belauschen, von ihr lernen, haben wir uns bemüht – bibelgehorsam –, sie uns »untertan« zu machen. Wo wir konnten, haben wir ihr Gewalt angetan – und das war und ist weder für sie noch für uns gut. Vielleicht am wenigsten dort, wo wir uns gegen die Natur in uns selbst sperren und sträuben.
Wie die Darstellungen in Bild und Stein glauben machen, haben Hindus ein unbefangenes Verhältnis zur Sinnlichkeit. Der Akt der Zeugung ist ein Sakrament – ein fröhliches. Im Liebesakt ist nicht nur der Mann mit dem Weibe vereint, sondern der Mensch mit der Gottheit. Der Koitus ist die Vereinigung aller Kräfte des Lebens, ist Teilhaben an der ewigen Erneuerung des Lebens, ist Einbezogensein in den schöpferischen Zyklus der Natur. Die Sinneslust ist Bejahung des Lebens und damit dessen, der Leben schenkt – also jubelnde Religiosität! Im Sinne von re-ligio: Wiederverbundensein mit dem Schöpfungsgeschehen. Auch Konfuzius hat niemals sexuelle Enthaltsamkeit und Keuschheit gefordert und gelehrt: Eine Frau, die den Akt der Zeugung erduldet ohne Vergnügen und ohne Lust, ist nicht besser als jene, die Freude am Geschlechtsverkehr hat.
Geschlechtsverkehr.
Da ist wieder dieses harte Wort für etwas, das zart und wunderbar war, für eine Nacht, in der die Inseln miteinander verschmolzen – die Lust am anderen ungehindert herüber- und hinüberwogen konnte – die Wellen der Wonne durch die verschlungenen Körper rollten, als wären sie ein einziger – in der Umspannung einer einzigen, sehnsüchtig bebenden Haut – die

berührt sein wollte – und berührt wurde – überall suchende – hauchende – findende – schenkende Lippen – – – – überall überall überall zärtliche Fingerkuppen – kreiselndes Streicheln – sinnliches Erwandern – beglückendes Verströmen – genießendes Entgegennehmen – überflutende Zärtlichkeit – jauchzende Sinnlichkeit – schmiegsames Aneinander – lustvolles Zittern – leise Glücksschauer – winzige Gurrlaute – vibrierende Weichheit – pulsierender Sinnestaumel – jubelndes Erbeben – flüsternde Liebeslaute – sanftes Zueinanderdrängen – schweben in federndem Nichts – prickelnd wundersamer Einklang – wohliges Entrücktsein – entrücktes Zueinanderfinden – tastende Zartheit – sachtes Ineinandergleiten –

er ganz still in mir – zärtlicher Druck in mir – sanftes Anklopfen in nicht sichtbarer Tiefe – sich gewöhnen an das Ungewohnte im weichen innersten Raum – köstliches Vertrautsein mit dem willkommenen Fremdkörper in mir – zitternde Grüße an die umfangende warme Enge – leise flimmernde, wispernde Glücksmelodie – zaghaftes Sichregen in feuchter Wärme – sanfte, gefühlvolle Reibung – süße Seufzer –

zwei Seelen wie Venusfächer auf dem Boden des Unergründlichen von glückseliger Leidenschaft in weiche, wellenhafte Bewegung gebracht –

leises Stöhnen – wiegende Seligkeit – junges Gleichschwingen –

erregender Wogengang der Sehnsucht –

glücksüberströmender Gleichklang –

abheben in schwellende Höhen –

Erfüllung –

grenzenloses sanftes Herniedergleiten

endloses Sinken aus den Ewigkeiten in sammetweiche Ruhe

purpurne Träume.

»Es war das hinreißende Erlebnis des Angenommenseins – – DANKE – Es war die beglückendste Nacht meines Lebens – – DANKE – –«

»Es war die Frucht deines Mutes zur Wahrhaftigkeit. Wie richtig und wie wichtig es gewesen war, es zu sagen und wie du es gesagt hast: ›Ich hatte keinen Orgasmus.‹ Wahrscheinlich hatte ich das Fehlende nicht sehen ›wollen‹ – und dann hätte es kaum noch die Chance gehabt, sich einzustellen. War das deine Befürchtung gewesen?«

»Nein, daran hatte ich nicht gedacht. Ich wollte nur nicht, daß du zu den vielen gehörst, denen Orgasmus vorgespielt wird, wenn keiner da ist. Ich habe so viel gelitten unter der mich umgebenden Verlogenheit, daß ich anfangen muß, sie abzutragen. Ich möchte gerne noch viel mehr Wahrheit leben – aber diese verharschte Gesellschaft antwortet auf jede unangenehme Wahrheitsäußerung mit Sympathieentzug – was auch wieder leiden macht. Vielleicht müssen viele einzelne Wahrheitszellen zusammenkommen, die sich allmählich miteinander verbinden – ein Netz bilden – ein Wahrheitsnetz. Ich wollte mit dir eine Wahrheitszelle ins Leben rufen. Dieser Satz gestern sollte nur der Wahrheitserweiterung dienen.«

»Die hat er gebracht. Deine blitzklare Aussage hat den Willen zur Auseinandersetzung in mir geweckt. Ich erkannte die Spur Unzufriedenheit in mir, die dich wohl gerne als Sündenbock verwendet hätte. Doch mit deinem Mut zur Offenheit hast du wahrscheinlich unsere ganze Beziehung gerettet, denn hättest du geschwiegen, wäre eine winzige Enttäuschung zur nächsten winzigen Enttäuschung gekommen, jeder wäre mit seiner kleinen Enttäuschungssammlung nach Hause gefahren und im Untergrund hätten die kleinen unausgesprochenen Enttäuschungen unsere Beziehung unterhöhlt, vergiftet, bis sie auseinandergebrochen wäre. Anemone – ich bin glücklich, daß du gestern morgen so unverblümt aufrichtig gewesen bist! Denn jeder Selbstbetrug schwächt – und zunehmende Schwäche führt zu neuem Selbstbetrug. Deine spröde, unbequeme Aufrichtigkeit hat unsere Liebe felsenfest gemacht – –«

Hier hätte die Zeit stehenbleiben sollen. Aber sie blieb es nicht. Obgleich es stundenweise so aussah. Die Tage vergingen – auch der letzte Tag. Die letzte Nacht. Die letzten Worte im Bahnhofstrubel. Was tun Liebende, die brachiale Schicksalsgewalt voneinander trennt? Sie schreiben Briefe:

Du – – ein Du, in dem mein Glücklichsein liegt – Du – – Alexander – –

Du hast mir die Welt der vollkommenen Begegnung gezeigt – alles war schöööön – alles – auch die dissonanten Einschübe: kontrastierende Farbtupfer, die unserem Zusammensein seinen eigenen Reiz verliehen haben. Zwischenmenschlicher Herzensjubel! Glücksstrudel!! Seit heute nacht weiß ich, daß er in einem Kästchen aufbewahrt wird, das ich im Traum fand und öffnete: Da lag auf rotglänzendem Polster ein goldener Siegelring: das Mysterium der Liebe.

Es hat mich vergessen gemacht, daß ich eine Verfolgte bin, auf der Flucht vor dem Krebs. Wer weiß, vielleicht hat er die Fährte verloren, weil Du mich in »den Bannkreis« Deiner Zuneigung gezogen hast? Und vielleicht hast Du mich auf diese Weise aus dem Bannkreis jenes bösen Raubtiers befreit? Wenn emotionale Zustände eine Krankheit auszulösen vermögen, dann müssen positive Emotionen auch Genesung vollbringen können. Ich glaube ganz fest daran. Ganz fest will ich daran glauben, wenn ich morgen wieder ins Krankenhaus fahre. Das Wichtigste in meinem Gepäck wird die Erinnerung an Köln sein. Sie ist mein neuer »Schrittmacher«, Fabrikat Alexander. Er wird mir Kraft und Mut und alles geben, was man da so braucht. Ich bin ganz zuversichtlich. Unendlich dankbar und glückselig rieselt es durch das Gemüt

Deiner Anemone.

Krebs ist das Symptom der falschen, der pervertierten, der nicht gelebten, der mißverstandenen Liebe. Krebs hat nur Respekt vor der wahren Liebe. Symbol der wahren Liebe ist das Herz. Das Herz ist das einzige Organ, das vom Krebs nicht befallen werden kann.

Liebe macht heil,
weil sie die Abgrenzung öffnet und das andere hereinläßt,
um damit eins zu werden. (Thorwald Dethlefsen)

Teilstrecke 41
6. Krankenhaustag
(Über die Kunst, einen Kranken zu besuchen)

Nur wenige Menschen beherrschen diese Kunst, obgleich fast alle einmal einen Kranken zu besuchen haben – und sich dann irgendwie recht und schlecht (mehr schlecht als recht) durch die Sache mogeln müssen. Je schwerer die Krankheit, desto kritischer der Krankenbesuch. Je kritischer der Krankenbesuch, desto hilfloser, desto unsicherer und desto zerfahrener der Besucher. Da prallen zwei Welten aufeinander, die der Gesunden und die der Kranken – und jeder ist Gefangener in seiner eigenen. An dieser Stelle manifestiert sich einmal mehr unsere innere Unfreiheit, manifestiert sich die Unfähigkeit, von sich selbst loszukommen. Ängste blockieren das ungehinderte Zirkulieren des Sympathiestroms, die Angst des Gesunden, hineingerissen zu werden in den Sog des Krankenelends; die Angst des Kranken, herausgerissen zu werden aus der mühsam erarbeiteten Eingewöhnung in das Krankendasein; die Angst des Gesunden, den Erwartungen des Kranken nicht gewachsen zu sein; die Angst des Kranken, den Gesunden unnötig zu belasten; die Angst des Gesunden, die unbekannte Gefühlswelt des Kranken zu betreten; die Angst des Kranken, im Zusammentreffen mit dem Gesunden, dem Hereinbrechen des Angststurms nicht mehr gewachsen zu bleiben. Denn im Zusammentreffen mit dem Gesunden manifestiert sich ja das ganze Ausmaß des Krankseins, die eigene Schwäche, die eigenen Schmerzen, die eigene Unbeweglichkeit, das Abgeschnittensein von draußen. Es ist ein inneres Abgeschnittensein, das dem Kranken dann entsetzlich klar wird, wenn der Gesunde das Draußen hereinbringt. Das Draußen muß draußen bleiben, weil der Kranke ein ganz anderes Erlebnisraster hat, in das das Draußen nicht hineinpaßt. Das Draußen bleibt draußen, weil es einen anderen Lebensrhythmus hat und in bedrängenden Synkopen gegen den Lebensrhythmus des Kranken hämmert, der diesem Geschehen hilflos ausgeliefert ist, der sich vielleicht wehren möchte und nicht kann, der sich vielleicht dem guten Willen des Besuchers verpflichtet fühlt, alle möglichen Anstrengungen macht und nun erst richtig bewiesen bekommt, daß er gar nicht mithalten KANN. Mit großem Unbehagen wird das unsichtbare Fremde registriert, das da zwischen dem Kranken und dem Gesunden wirkt. Es wirkt wie eine Glaswand zwischen dem Schalterbeamten und dem Kunden; es ist omnipräsent; es geht auch mit, wenn der Kranke sich in die Telefonzelle der Klinik begibt. Zwar sieht diese aus wie eine ganz normale Telefonzelle – aber weil sie auf exterritorialem Gebiet steht, stellt sie andere als normale Verbindungen her, Verbindungen, die »zensiert« werden durch die Anwesenheit der Krankheit. Und auch der Fernseher sieht aus wie ein ganz gewöhnliches Gerät – aber die Mitteilungen dringen undeutlich an das Ohr dessen, der im Krankenhaus ist, die Sendungen sind laufend »gestört« – gestört aufgrund der geistigen Abwesenheit des Konsumenten, für den einzig die aktuelle Welt im Klinikum Bedeutung hat. Wenn nun der Gesunde seine Welt hereinbringt, wird dem Kranken so richtig bewußt, daß er weit, weit weg ist. In der Gegenüberstellung erkennt er, daß seine Uhr ganz anders geht als die des Besuchers. Das macht Angst. Das macht die Angst bewußt. Gemessen an der Uhr des Gesunden geht die Uhr des Kranken falsch. Das ist beunruhigend. Gemessen an der Uhr der anderen Kranken geht sie richtig. Das ist gut. Im Vergleich mit dem Gesunden sind die Entbehrungen des Kranken eine schwer zu ertragende, bösartige Zumutung. Im Vergleich mit anderen Kranken läßt sich fast immer Trost in der Parallele finden. Der Zwang zum Verzicht ist in Gesellschaft anderer Verzichtender ungleich leichter.

Natürlich spürt das der Gesunde. Schuldgefühle, wennzwar unberechtigte, behelligen ihn, Fragen, wieso der eine so leiden muß und der andere sein Nicht-Leiden »verdient« hat. Scheu bremst den unverdientermaßen Gesunden, auf den unverdientermaßen Kranken zuzugehen. Und so schlittert er unsicher in das Krankenzimmer. Je dominierender sein eigenes Unbehagen ist, desto zahlreicher werden die Ausrutscher und Stürze auf dem ungewohnten Parkett sein, desto verlegener, desto unbeholfener, desto betretener wird er seine Kür absolvieren. Je größer die Unsicherheit, desto phantasieloser wird sie ausfallen. Phantasielosigkeit greift zur Schablone, zum Klischee. Klischee ist der Verzicht auf Persönliches. Da gibt es dann die unverfänglichen Pralinen. Sind sie Boten der Verlegenheit, erschöpft sich in ihnen auch schon der ganze Krankenbesuch, mehr kann kaum nachkommen. Die meisten Schwerkranken machen diese traurige Erfahrung, die wir auch in den Tagebuchaufzeichnungen der krebskranken Maxie Wander – ›Leben wär' eine prima Alternative‹ – finden:

Heut mein erster Besuch: Annerose, sie ist etwas hilflos [. . .] Sie erzählt mir von unseren gemeinsamen Freunden, von dem Problem Horst-Rüdiger, ich kann's aber in meiner Lage nicht als Problem sehen, sie leben doch und sind gesund. Bin erschöpft und geh ins Bett.

Alle kennen das Phänomen: Der Besuch geht, und der Kranke sinkt erschöpft in seine Kissen. Warum? Muß das so sein? Könnte es nicht auch so sein, daß der Kranke ein Gefühl der Frische zurückbehält, Auftrieb in sich verspürt nach einem Gespräch mit dem Gesunden? Das gibt es – aber leider sehr selten. Ich versuche der Frage nachzugehen, wodurch sich für mich das »erfrischende« vom »ermüdenden« Krankengespräch unterscheidet:

Ganz sicher ist es für mich überhaupt kein bißchen erfrischend, wenn man an meinem Krankenbett steht und mein Leiden mit heiterem Trost bagatellisiert: »Na, das wird schon wieder werden! Wäre doch gelacht, wenn du das nicht schaffen würdest!«

Verlogen erlebe ich auch die Anstrengung des Besuchers, mich zu umgehen. Seine Anstrengung, irgendwie um den Kernpunkt, um das, was den Krankenbesuch überhaupt erst notwendig gemacht hat, herumzulavieren, überträgt sich auf mich und macht mich müde und matt, wirkt wie ein negativer elektrischer Strom, den kein Widerstand auffängt. Wenn ich körperlich geschwächt bin, werde ich von allen seelischen Strömungen überwältigt. Was ich in gesundem Zustand mit einem nachsichtigen Lächeln an mir abgleiten lasse, ist, wenn ich krank bin, so mächtig, daß es mich voll trifft. Was trifft mich?

Das Unwahre. Das Trennende.

Wie ein hochempfindlicher Seismograph registriere ich jedes Täuschungsmanöver. Sollte das nur mir so gehen?

Vielleicht ist es so, daß körperliche Robustheit den seelischen Seismographen übertönt – und wir erst und nur dann die feinen Beben registrieren, wenn der Körper geschwächt ist.

Vielleicht sind Sympathie und Antipathie Substanzen, die strahlen, so wie Uran – und unser Strahlenschutz ist die körperliche Gesundheit. Ist sie intakt, erreichen uns nur die bewußt ausgesandten, kanalisierten Strahlen – ist sie nicht intakt, erreichen uns auch die Strahlen, die der andere nicht bewußt aus-

strahlt, die diffusen, die verborgenen Strahlen, die ihres Wegs gehen, obgleich der andere das gar nicht wirklich will, die unerlaubt von anderen weggehen und zu mir kommen.
Vielleicht ist Gedachtes und Empfundenes viel substanzieller, als wir immer glauben, und teilt sich dem Mitmenschen viel unbehinderter mit, als wir es wissen oder gern hätten – vor allem dem körperlich Geschwächten.
Vielleicht ist Krankheit der »Verstärker« des Seismographen.
Vielleicht zieht sich die körperliche Gesundheit immer dann diskret zurück, wenn es Zeit ist, auch mal die Taten und Tätlichkeiten der eigenen und der anderen Seelen zu erkennen.
Vielleicht entdecken wir dabei die Kraft der Gedanken und erkennen mit einiger Überraschung, daß alles Gedachte und Empfundene IST...
Es sollten deswegen nur diejenigen einen Kranken besuchen, die ihm ein lauteres Sympathiegefühl entgegenbringen, denn er wird spätestens jetzt Unlauterkeit erkennen.
Jede Schwäche, jede Unsicherheit, jede Angst wird sich ihm mitteilen – wenn auch nur auf dem Weg unbewußten Assimilierens. Und auf ebendiesem Weg überträgt sich die Anstrengung des Besuchers, das Wesentliche im Krankenzimmer zu umgehen: die Krankheit. Und es assimiliert der Kranke die Angst, die den Gesunden befällt beim Betreten des Raumes.
Krankheit gehört nicht in das Leben des Gesunden, ist nicht integriert ins Dasein des modernen Menschen. Krankheit ist der Schatten des Todes. Der Tod aber ist ein Tabu unserer Gesellschaft. Man erträgt es nicht, daran erinnert zu werden, was einem selbst mit Sicherheit bevorsteht. Das Allersicherste im Leben – der Tod – wird verleugnet, solange es irgend geht.
Natürlich auch im Krankenzimmer – solange es irgend geht. Dabei sitzt der Tod mit im Krankenzimmer. Der schwache Kranke fühlt es, und der starke gesunde Besucher fühlt es auch. Doch während der Kranke begonnen hat, sich – nolens volens – damit auseinanderzusetzen, sträubt sich der Gast im Krankenhaus, es zu tun.
Jetzt stehen sich zwei feindliche Lager gegenüber. Das innere Getrenntsein liegt in der Atmosphäre. Der Tod, der das eigentlich Verbindende aller Lebewesen ist, wird, wie der schwarze Peter, dem Kranken zugeschoben: mag er sich damit abfinden. Der Gesunde hat scheinbar nichts damit zu tun. Diese innere

Abwehr teilt sich dem Kranken mit, vermittelt ihm das Gefühl, ausgestoßen und elend zu sein, machtlos und allein dem Tod ausgeliefert.
Es sollten deswegen nur diejenigen einen Kranken besuchen, die bereit sind, sich mit ihm zu identifizieren, die im Bewußtsein ihrer eigenen Vergänglichkeit ans Krankenbett treten, damit der Kranke sich zugehörig fühlen kann. Das ist überhaupt die Voraussetzung für den »erfrischenden« Krankenbesuch: Einen Schwachen besuchen sollte nur, wer seine eigene Ohnmacht als Teil des Menschseins akzeptieren kann, wer erkannt und anerkannt hat, daß jedes Leben eine Kreisbahn beschreibt:
Wenn sich die Linie aber zu einem Kreis schließt, dann führt sie automatisch wieder zurück. Dann bedeutet Nach-vorn-Gehen schließlich ohnehin eine Rückkehr zum Anfang. Aber Rückkehr ist in diesem Fall keine Kapitulation, sondern umgekehrt eine aktive Vollendung des Lebenszyklus [...] Wer sein Leben als Kreis begreift und darin alle Phasen gleichermaßen bejahen kann [...] akzeptiert sich sowohl als stark wie als gebrechlich [...] und deshalb kann er sich auch auf offene Kommunikation mit Menschen [...] einlassen, die das repräsentieren, was er gerade nicht ist [...] Er kann sich offen dem Bedürfnis nach sympathisierender Verbundenheit überlassen [...] (aus: ›Gotteskomplex‹ von Horst-Eberhard Richter)
»Sympathisierende Verbundenheit« – das sollte der Schlüssel für die Türe zum Krankenzimmer sein – überhaupt der Schlüssel zum Partner. Aber der Schlüssel allein öffnet keine Türe: Eine geschickte Hand muß ihn dem Schloß zuführen, genau an der richtigen Stelle in die Verzahnung hineintasten, mit nicht zuviel und nicht zuwenig Kraft vorgehen. Die Kraft, die die Tür zum Du öffnet, ist das Gespräch. Nicht die belanglose Unterhaltung, nicht das unverbindliche Geplauder, sondern das partnerzentrierte Gespräch. Und das ist dann auch ein »erfrischendes« Krankengespräch.

Das hilfreiche Gespräch wird eine Beziehung der Verbundenheit und Nähe, des Vertrauens und der Zuneigung zwischen den Gesprächspartnern wachsen lassen. Insofern ist der ›Helfer‹ nicht nur gebender, sondern auch empfangender Teil [...] Beide Partner erleben also gleichermaßen eine angenehme zwischenmenschliche Begegnung [...] Die Form der Hilfe, die in einem offenen, klärenden Gespräch geleistet wird, beruht darauf, daß sie es einem andern Menschen ermöglichen, sich auszusprechen. Sie geben ihm damit die Möglichkeit, seine Erlebnisse und Gefühle näher kennenzulernen und anzunehmen. An den Sachverhalten, die für den Gesprächspartner zum Problem geworden sind, können sie durch ein solches Gespräch nichts ändern. Dennoch wird ihr Partner durch eine offene Aussprache fähig werden, das Problem zu bewältigen. Er wird durch ihre Einstellung des Akzeptierens eher in die Lage versetzt, sich als Person mit seinen individuellen Empfindungen anzunehmen und mit ihnen fertigzuwerden. (L. Schwäbisch und M. Siems)

Teilstrecke 42
7. Krankenhaustag
(Erdbeben)

»Sie wirken flatterig, unruhig. Wie Lampenfieber.«
»Hmm – vielleicht so etwas wie Lampenfieber. Ich bekomme Besuch.«
»Wenn der Sie aufregt, hätten Sie ihn verschieben sollen.«
»Mein Mann kann später nicht. Er wollte heute kommen.«
»Ihr Mann?! Und Lampenfieber?«
»Jaa – so ist das.«
»Soll ich Ihnen ein Valium bringen?«
»Neinnein! Ich werde es schon auch so überstehen.«
»Das klingt ja wie vor einer Schlacht.«
»Ich hoffe, es wird keine.«
»Ah – da ist schon Ihr Besuch.«

»Tag, Anemone.«
»Tag, Wolfgang.«
»Das war ja ein Gepansche auf der Straße bei diesem Sauwetter. Daß es aber auch gerade heute so schrecklich regnen muß – wirklich furchtbar, was da alles vom Himmel herunterkommt. Als hätte es jahrzehntelang nicht geregnet. Und ich dachte, bei euch hier wäre es besser als bei uns. Aber keine Spur. Wirklich, ein Wetter, bei dem man keinen Hund vor die Türe jagen sollte.«
»Der Garten wird anders denken.«
»Jaja – naja: jedem das Seine. Er mag den Regen; ich nicht.«
»– – –«
»Ein schönes Zimmer. Ist das zweite Bett nicht besetzt?«
»Nein. Jetzt nicht.«
»Und die prächtigen, alten Bäume hier vor dem Fenster!«
»Wirklich schön sind die, ja.«
»Ist das vorhin die Stationsschwester gewesen?«
»Ja.«
»Sehr nette Person, nicht wahr?«
»Ja.«
»Genau. Ich dachte es mir, das sieht man sofort.«

»– – –«
»Ich habe gestern mit deinem Chirurgen gesprochen. Er sagt, daß alles in Ordnung sei. Und er meint, wir hätten das ganze Kapitel jetzt überstanden.«
»So? Meint er das?«
»Ja. Das hat er gesagt, und es klang absolut überzeugend.«
»Schön.«
»Eben. Ich finde das auch.«
»Na, dann kann ja alles so weitergehen, wie gehabt, ja?«
»Du solltest endlich eine Putzfrau nehmen.«
»Wer das alles gehört hat, konnte vielleicht denken, du seist ein sehr um deine Frau bekümmerter, liebevoller Ehemann, der sich beim Arzt nach ihrem Wohlbefinden erkundigt und eine Putzfrau zu zahlen bereit ist.«
»Aber ist es denn nicht liebevoll, wenn man bereit ist, eine Putzfrau für seine Frau zu bezahlen? Manche Frau wäre dankbar.«
»Ja, wenn sie eine haben wollte. Aber ich glaubte, es oft und deutlich genug gesagt zu haben, daß es nicht der Haushalt ist, der mich zugrunde richtet, sondern unsere Ehe – und keine Putzfrau wird in der Lage sein, die zu reinigen, oder?«
»– – –«
»Ich will keine Putzfrau, sondern einen Mann, der mit mir zusammen unsere Ehe reinemacht, sie befreit von all dem Verlogenheitsschmutz. Ich will einen Partner, der nicht andere, sondern mich fragt, wie es mir geht; der mit mir an der Verbesserung der Kommunikation in unserer Ehe arbeitet. Ich will nicht mehr vermuten müssen, was du vielleicht denken könntest. Ich will, daß wir uns das ungehindert sagen können – die direkte Mitteilung der Gefühle – die Öffnung nach innen – und das nenne ich ›intimes Gespräch‹. Das wünsche ich mir – aber du findest nur Worte für das Thema Wetter, jämmerliches Versatzstück eines Gesprächs, Vermeidung eines Gesprächs; jederzeit greifbarer und leicht zu handhabender Wandschirm, hinter dem das gestapelt liegt, was du wirklich denkst, offenbar das, was ich nicht erfahren soll: Lügenpaare. ›Wirklich schön‹, daß ich Clivia schreibe und verächtlich ›Madame glaubt, schreiben zu müssen‹.«
»Jetzt holst du wieder diese ollen Kamellen aus der Schublade.«
»Ich merke mir nicht dauernd neue Beispiele.«
»Offenbar gibt es keine.«

»Merke ich sie mir, bin ich nachtragend; merke ich sie mir nicht, dann gibt es sie nicht. Wollen wir so weiter zanken?«
»Ich glaube, es gibt Punkte, wo ich dich vielleicht heute besser verstehen kann als früher.«
»Und welches sind diese Punkte?«
»Ich glaube, daß du in einer tiefen seelischen Not warst, in arger Bedrängnis, in der du Ansprache erwartet hast, zu der ich nicht in der Lage war.«
»Weswegen du lieber zu einer Frau geeilt bist, die gerade nicht in Bedrängnis war. Statt mir zu helfen, wenn ich in Not bin, hilfst du lieber dir. Fahnenflucht.«
»So war es nicht gedacht. Elke hatte mich von der Hypnoseklinik abgeholt – irgendwie war es mir einfach peinlich, in dem Hotel dann zwei Einzelzimmer zu nehmen – außerdem, wir mögen doch alle Elke gern, nicht? Und ich war sehr gut erholt, ich fühlte mich gesund, hatte viel Selbstvertrauen. Und da dachte ich eben so: ›Jetzt will ich auch mal leben! LEBEN! Kannst du das verstehen?«
»Oh ja, ich verstehe. Ich verstehe, daß du, wenn es dir gut geht, leben willst und zu diesem Zweck zu einer anderen Frau gehst – wenn es dir schlecht geht, kommst du zu deiner Ehefrau. Sie hat sich bewährt in deiner nunmehr zwanzig Jahre währenden Krankenkarriere. Ich bin die Mami, bei der man anrückt, wenn man ein Wehweh hat – und ist das wieder gut, dann springt man zurück zum Spielplatz, wo die kleine Freundin schon wartet. Mich brauchst du wie einen uneingeschränkt belastbaren Karren für deine zahllosen Leidensgepäckstücke – und hast du mal kein neues, dann läßt du mich stehen, um dich woanders zu amüsieren. Und das sogar, wenn du mich in ›tiefer Not‹ zu wissen glaubst! Ich kann sehen, wo ich bleibe. Das erste Mal blieb ich beim Psychotherapeuten. Dort habe ich gelernt, mit mir und meinen Kraftreserven so umzugehen, daß ich erst einmal den an mich gestellten Anforderungen gewachsen war. Und meine endlich freigewordene Sexualkraft habe ich dann nicht irgendwem geschenkt, sondern dir. Doch du bedankst dich für meine Treue mit deiner Treulosigkeit!«
»Aber ich bin doch nicht ausgezogen!«
»Äußerlich. Jawohl. Und aus gutem Grund. Weil ich bestens funktioniere, wenn du mich brauchst. Aber ›brauchen‹ ist etwas anderes als lieben. Als sich meine Zweifel an deiner Liebe im Krebs konkretisierten und ›die Brust über dem Herzen zer-

riß‹, da hat dein Verhalten die Zweifel bestätigt. Dein Verhalten steht nämlich nicht im Einklang mit deinen Worten. Deine Worte hören sich zuweilen sehr schön an: ›Was kann ich tun, um dir zu helfen?‹ Ich sage dir, daß ich den Nebel der Verlogenheit nicht mehr ertragen kann, und was geschieht?«

»– – –«

»Mit Schweigen hat unsere Ehe begonnen. Mit innerem Schweigen meine ich. Und als ich schließlich erkannte, daß das Verbalisieren von Gefühlen besser ist als das Verschweigen, war die UNHEILBAREKRANKHEIT da, und ich schwieg weiter aus Rücksicht.«

»Aber ich habe doch auch geschwiegen aus Rücksicht, als du seelisch krank, in Psychotherapie warst.«

»Das war vor fünfzehn Jahren. Inzwischen habe ich millionenmal gesagt, daß wir nicht mehr schweigen dürfen. Ich habe dir – und ihr! – Zugang zu meinen inneren Kammern erteilt, womit ich glaubte, umgekehrt Wahrheit und Offenheit provozieren zu können, damit Offenheit und Wahrheit auf mich zurückfallen würden. Nichts fiel auf mich zurück. Nur das große Schweigen. Wie jetzt. Ich dachte, du seist gekommen, um mit mir zu reden? Über unser inneres Auseinanderdriften?«

»Ich wollte sagen, daß die Elke gesagt hat, daß sie sich zurückziehen will.«

»– – –«

»Sie hat mir einen Brief geschrieben, in dem sie auf das Gespräch mit dir und auf deine Briefe eingeht. Sie hat erkannt, wie du unsere Amerikareise hast erleben müssen und eben überhaupt unser Verhältnis.«

»– – –«

»Du stehst im Mittelpunkt ihrer Gedanken.«

»– – –«

»Sie meint, daß du, aufgrund der spezifischen Situation mit deiner Krankheit, unsere Treffen nicht ertragen kannst.«

»– – –«

»Sie meint, daß du dich selbst überfordert hast.«

»Hast du mir diesen Brief von Elke mitgebracht?«

»Der Brief ist an mich gerichtet. Es wäre ja wohl indiskret, wenn ich ihn anderen zeigen würde.«

»Warum sollte ich ihn nicht lesen, wenn ich sein Thema bin?«

»Ich sagte schon, das wäre eine Indiskretion ihr gegenüber.«

»Aha. Und ist es auch eine Indiskretion, wenn ich außer der üppigen Mitteilung dessen, was die Elke meint, vielleicht auch noch in Erfahrung bringen wollte, was mein Mann meint?«
»Ich meine, Elke hat Recht.«
»– – –«
»Ich meine auch, es ist richtig, wenn wir auseinandergehen.«
»– – –«
»Wenn Elke und ich auseinandergehen, meine ich mit ›wir‹.«
»Hmm –«
»– – –«
»Ende der Durchsage, ja?«
»Was soll ich denn noch dazu sagen?«
»Also, wenn es nicht so traurig wäre, müßte ich lauthals lachen. Da habe ich nun NOCHMAL den inneren Gedankenaustausch, die Mitteilung der Gefühle gewünscht – und jetzt bringst du eine ja nicht unbedeutende Aussage nüchtern und trocken, wie man vielleicht den Pythagorassatz vortragen könnte – und selbst der ließe sich mit mehr Farbe vorbringen, als du verwendet hast für die Mitteilung, daß die Geliebte meines Mannes beschlossen hat, ihren Geliebten wieder an dessen Ehefrau zurückzudelegieren. Soll ich jetzt begeistert sein? Zu Tränen gerührt? Soll ich mit Jubel meinen Mann aus den gnädigen Händen einer Edeldirne zurücknehmen: ›Da! Nimm den ausgebrauchten Knochen wieder, er paßt nämlich nicht in meine Sammlung!‹ War eure USA-Reise ein Fiasko? War die Liebe doch nicht eine so lodernde Flamme, wie ich glaubte? Ich bin überrascht, daß du so abgeschoben wirst.«
»Sie wollte – sie hat mich nicht abgeschoben, sondern dich in deiner Not gesehen.«
»Jetzt auf einmal. Noch vor wenigen Wochen gab es nur dich und deine Not, jedes Wort galt DEINER Verteidigung. Und das, obgleich ich nicht erst seit heute Krebs habe, also eigentlich – im Vergleich zu dir und ihr – die Schwächere bin. Die Krebskranke.«
»Daß du krebskrank bist, kann man nicht erleben. Das muß man sich rational vergegenwärtigen. Elke hat das getan und glaubt, daß du sie nicht mehr aushalten kannst. Deswegen will sie gehn.«
»Mich überzeugt das wenig. Ich glaube eher, sie geht, weil sie es nicht aushalten kann, daß ich von ihrer Begegnung mit dir

weiß. Sie will kein Mitwissen, weil sie nicht gelernt hat, zu dem Mann ihrer Wahl auch öffentlich zu stehen. Alle ihre Männerbeziehungen sind geheim geblieben – außer dieser. Das ist neu für sie – und unsympathisch – so unerträglich, daß sie es vorzieht, diesen Mann lieber wieder zu seiner Frau zu schicken. Und nun kommt also dieser Mann zu seiner Frau. Nolens volens. Das kam in der schalen Eröffnung des Gesprächs zum Ausdruck. Wäre es nämlich dein eigenes, drängendes Anliegen gewesen, mich von der neuen Konstellation zu informieren, dann hättest du gleich und spontan davon zu sprechen begonnen: ›ICH habe mir überlegt...‹ oder ›ICH will zurück zu dir...‹ und du hättest lodernd-überzeugende Worte gefunden oder auch sanft-strahlende, eine leise beschwörende Verkündung. Aber deine Worte waren farblos und trocken wie Stroh. Eine staksige, eher das Gegenteil ausdrückende Bemerkung: ›Ich meine, Elke hat Recht.‹ Punkt. Aus. Nicht die geringste emotionale Beteiligung! Da gab es keine Darstellung deiner oder eurer Gefühlslandschaft. Nichts. Tote Worte. Leere. Da soll es zwar Sorge um mich in einem Brief geben, aber ich darf ihn nicht sehen. Merkwürdig, was?«

»– – –«

»Merkwürdig auch, daß es überhaupt einen Brief gibt. Gibt es zwischen euch orale Kommunikationsprobleme? Dann scheint das ja in der Sonntagsehe nicht anders zu sein als in der Werktagsehe. Was mag anders gewesen sein? Und in dieser Frage wird eine andere wieder lebendig: ›Was hat dich veranlaßt, dich sterilisieren zu lassen? Wo du doch durch Strahlen zeugungsunfähig gemacht warst?«

»Das habe ich doch nun x-mal gesagt: als die Hydrozele operiert werden mußte, ist das gleich mitgemacht worden.«

»Sterilisation trotz Impotenz. Einer deiner Hauptvorwürfe mir gegenüber war ja der, daß ich dich in den ›sexuellen Notstand‹ getrieben hätte. Hatte sie dich denn aus dem ›sexuellen Notstand‹ befreit? Bist du bei ihr ohne Potenzstörungen gewesen?«

»– – –«

»Offenbar ein Thema, über das du nicht sprechen kannst. Zeigt das nicht, daß du hier mindestens so verklemmt bist, wie ich es war?«

»Sexuell war ich immer unglücklich mit dir. Ehrlich.«

»Aber du hast mir Blumen und anderes – bis einschließlich

einer kostbaren Perlenkette – geschenkt zum Dank für die Liebesfeste, bei denen ICH erotisches Glück fand – wofür ich dir dankbar bin.«

»Das freut mich.«

»Gewiß, es gab nicht viel beglückenden Sex in unserer Ehe – aber mehr als du jetzt bereit bist zuzugeben. Du hast das vergessen müssen, damit du vom Ballast der Schuldgefühle befreit zu deiner Geliebten hast gehen können. Die Schuld an deinem erotischen Un-Glück soll bei mir liegen – obgleich ich an der Beseitigung MEINER sexuellen Verklemmung gearbeitet habe. Wäre es nicht an der Zeit, du würdest die Ursache für deine sexuelle Unzufriedenheit in dir selbst suchen, statt immer die UNHEILBAREKRANKHEIT und/oder mich für deine Misere verantwortlich zu machen?«

»– – –«

»Nun habe ich materielle Beweise aufzählen müssen, weil dein dazugehörendes emotionelles Erinnern tot ist! Das ist zu gleichen Teilen tragisch für dich, wie entwürdigend und ernüchternd für mich! Es ist das Verletzendste überhaupt, was du als Mann einer – deiner – Frau hast antun können! Und damit hast du mich an das Ende unserer Beziehung getrieben! Ich habe das Ende geahnt – aber wollte es nicht wahrhaben – mochte nicht glauben, daß du davon überzeugt bist, ich hätte nur deshalb all die Jahre dich tagaus, tagein versorgt und gepflegt, weil kein anderer Mann mich gewollt hätte!!!«

»– – –«

»Einmal abgesehen davon, daß das eine kaum noch überbietbare Beleidigung ist, fällt es ja wohl auf dich selbst zurück: Hast du also keine bessere Frau an dich binden können, als eine, die niemand wollte?«

»– – –«

»Ich erlebe diese maßlose Kränkung wie den Sturz vom Dach des Empire State Building! Du hast meine entsagungsreiche Hingabe entwertet. Die Vernichtung meiner Lebensleistung gewollt. Das kommt dem Tatbestand des versuchten Totschlags nahe. In immer kleinerwerdenden Abständen scheinst du das Bedürfnis zu haben, mich einem tödlichen Schmerz auszuliefern: ICH HABE ANGST VOR DIR! ICH SPÜRE, DASS ICH WEITERE STÜRZE NICHT ÜBERLEBE – und du gibst mir keine Garantie, daß du mich kein weiteres Mal in die Tiefe maßloser Enttäuschung stoßen wirst.«

»– – –«

»Dein Schweigen ist Bestätigung. Aber du mußt begreifen, daß ich diese Art der Gesprächsverweigerung nicht mehr ertragen will – daß ich diese, deine Verhaltensweise nicht mehr länger ertragen kann – aber du kannst nicht anders sein – und ich kann nicht mehr sein, wie ich war – wäre es da nicht besser, wir trennten uns?«

»Das willst du nicht.«

»Doch.«

»Aber ich habe doch immer, sobald ich nur konnte, gearbeitet, um das Geld für dich und für Berndt zu verdienen!«

»Du hast nicht nur für uns gearbeitet, sondern auch für dich. Du hattest das Glück, immer wieder arbeitsfähig zu sein und eine Arbeit zu haben, die dir Erfolgserlebnisse schenkte.«

»Aber wir hätten nicht das Haus bauen, die Reisen machen können, wenn ich nicht soviel gearbeitet hätte!«

»Ja. Und ich nicht so gut gewirtschaftet hätte. Und jahrelang auf jedes Vergnügen verzichtet hätte zugunsten deiner Promotion. Dein Kollege Z. ist nicht dümmer als du, er hat nur eine andere Frau, die ihm nicht geholfen und das Geld verpraßt hat.«

»Aber ich habe doch gar nicht bestritten, daß du mir immer sehr viel geholfen hast.«

»Gut. Denn es liegt mir daran, daß du in Zusammenarbeit mit deiner Frau zu Wohlstand gelangt bist, sie kein Parasit ist.«

»Das habe ich auch nie anders als so gesehen.«

»Wie gut wir harmonieren, wenn es um Arbeit und um Geld geht. Schön ist das. Aber wahrscheinlich hat mir immer etwas gefehlt: intime Kommunikation, Liebe. Zwischen uns kann es das scheinbar nicht geben. Darum meine ich, sollten wir uns jetzt trennen.«

»Anemone, du hast doch gesagt, du wolltest mit keinem anderen Mann verheiratet sein. Ich habe das in meiner Ehrlichkeit –«

»EHRLICHKEIT!! ohgottohgott – Ehrlichkeit! Ich glaube, du kannst gar nicht mehr unterscheiden zwischen wahr und nicht wahr. Dein Organismus ist schon gänzlich durchlogen. Wie ist es sonst möglich, daß du im gleichen Atemzug todsterbenselend und putzmunter bist? Warum kannst du nicht reden? Weil du Angst hast, daß etwas dabei herauskommt, was du vor mir verstecken willst: Lügen! Deine Lebenslüge!«

»Ich fühle mich überfordert. Du stellst zu hohe Ansprüche.«

»Ich meine, deine Sonntagsgespielin zu hören: zu hohe Ansprüche. Sie scheint sich in das System lebendiger Verlogenheit sehr gut einfühlen zu können und weiß daher von sich, daß ein gerader Typ zuviel von Typen, wie ihr seid, verlangt, wenn er Offenheit will. Deshalb werden sich unsere Wege trennen. Ich meine, es sollte nun äußerlich vollzogen werden, was innerlich längst passiert oder schon immer gewesen ist. Ist das nicht eine Entlastung für dich?«

»— — —«

»Aber es stimmt: Ich habe gesagt und ich habe es lange auch gedacht, daß ich mit keinem anderen Mann verheiratet sein wollte. Das war, als ich noch an dich glaubte, an deine Lauterkeit, an deine Treue, an deine Liebe. Ich glaubte an deine Liebe. Bis die Lügen kamen. Und selbst da glaubte ich noch an dich. Ich hielt noch immer das Schweigen in unserer Ehe für etwas, was sich nur aus falschverstandener Rücksichtnahme eben so eingeschlichen hatte. Ein Wort – das gegenseitige überraschte Staunen – das Sichfinden im offenen Gedankenaustausch – und dann die strahlende, lebendige innere Begegnung! Und im gemeinsamen Eintauchen in das neue Erleben würde eine Welle ungeahnten, bis dahin unbekannten Glücks uns erfassen – und die Verlogenheit unseres Daseins wäre geschleift. So, genau so hatte ich mir das vorgestellt – aber dieses wunderbare Bild haben deine immer neuen Lügereien vernichtet. Ganz und gar. Alle Liebe, alle Hoffnung – alles kaputt.«

»Anemone – bitte – können wir uns denn nicht versöhnen?«

»Seit zwanzig Monaten will ich das. Seither streiten wir. Aussöhnung und Verzeihen ist nur möglich, wenn die Fehler erkannt, anerkannt werden. Das ist die Voraussetzung für eine Verhaltensänderung.«

»Dann sag mir doch, was ich falsch mache!«

»– – Das verschlägt mir den Atem! War ich unfähig, mich auszudrücken? Oder hast du keine Ohren? Doch, du hast Ohren. Aber Antennen hast du nicht. Dein Sohn war es, der das festgestellt und dir auch gesagt hat. ANTENNEN! Und weil du die nicht hast, deshalb kannst du das alles nicht begreifen. Und weil ich das nun zu erkennen glaube, will ich die Trennung. ICH GLAUBE NÄMLICH NICHT MEHR, DASS DU VERSTEHEN WILLST! UND WENN DU NICHT VERSTEHEN WILLST, WIRST DU MICH IMMER UND IMMER WIEDER VOM DACH DES EMPIRE STATE BUILDINGS HERUN-

TERSTOSSEN!! ICH HABE ANGST WIEDER UND IMMER WIEDER AUF DAS PFLASTER DEINER BLOCKIERTEN ICHZENTRIERTHEIT ZU STÜRZEN!! ICH HABE ANGST VOR DEINEM EGOISMUS!! ICH HABE ANGST VOR DEINEM SCHWEIGEN!!! DENN IN DIESEM ALLES ERDRÜCKENDEN SCHWEIGEN VERSTECKT SICH DEINE VERLOGENHEIT!! UND DEINE VERLOGENHEIT HAT MEIN VERTRAUEN KAPUTTGEMACHT! MEIN VERTRAUEN IN DICH IST KAPUTT!! HÖRST DU?? GANZ KAPUTT!!!«

»– – Mein Gott, wer hat das aus meiner Frau gemacht?!«

»Haahh!! WER HAT DAS AUS DEINER FRAU GEMACHT!? Jaa – das ist typisch! Das hättest du gern, daß es jemand gibt, der das aus deiner Frau gemacht hat, der sie gegen dich aufgewiegelt hat, den man deswegen beschuldigen kann. Jawohl, den gibt es: DU BIST DAS! DU hast das aus deiner Frau gemacht! DU hast sie gegen dich aufgewiegelt – DU – DUUU! Wenn du in all diesen Monaten nicht einmal begriffen hast, daß es DEIN Verhalten ist, das mich gegen dich aufgebracht hat, das mich kaputtgemacht hat – dann war jede Mühe umsonst. Schade um die Kraft, die mich das gekostet hat und um die verlorene Zeit.«

»Anemone – ich will dein Mann bleiben. Ich will dir helfen.«

»Mir helfen? Ich glaube, du solltest jetzt erst mal dir selbst helfen, indem du dich von deinen Lebenslügen befreist. Ansonsten wird es dir niemals bessergehen. Solange du glaubst, ich sei Schuld an deinem sexuellen Notstand und Schuld an deinem glücklosen Dasein wirst du niemals da herauskommen. Du mußt lernen – wir müssen lernen, die ›Schuld‹ am eigenen Elend auf die eigene Schulter zu nehmen und uns selbst helfen, sonst wird es uns niemals bessergehen.«

»Aber ich habe doch nun heute gar nicht über mein Elend geklagt.«

»Das stimmt. Du hast nicht geklagt – in Worten. Du hast das pantomimisch getan: Mit grauem Leidensgesicht hast du hier gesessen, gebeugt unter der Last des Schicksals, das dir DIESE Frau angetan hat! Märtyrer! Schweigend hast du gelitten. Und wenn du gesprochen hast, hast du es mit einer kraftlosen, farblosen Stimme getan – einem Sterbenden gleich.«

»Aber ich habe doch mit dir gesprochen.«

»Du hast gesagt, die Elke habe gesagt, daß es besser sei, daß ihr euer Verhältnis beendet. Mickrig – jämmerlich hast du das vorgebracht. Soll ich Mitleid haben, weil du wieder zu DIESER schrecklichen Frau zurückgeschickt worden bist?! Und du hast gesagt, daß du meinst, was die Elke meint. Und dann kam NICHTS weiter. NICHTSER ALS NICHTS!! Obwohl es Pausen gab, die du hättest ausfüllen können. Aber NICHTS kam! GAR NICHTS!! Mit NICHTS kann man natürlich NICHTS falschmachen!! Darin steckt die ganze Perfidie! Perfidie!! Genau darin besteht die Schwierigkeit, dich zu packen! Wenn man nicht ganz genau hinsieht, findet man keine Ansatzmöglichkeit: ein Topf ohne Henkel. Perfidie! Wie du dich erinnern wirst – nein – weil du dich nicht erinnern wirst, erinnere ich dich daran, daß es dein Sohn war, der das Wort erstmals in Zusammenhang mit dir gebracht hat, als du dich bei ihm beschwert hast, daß ich dich mit der Mineralwasserflasche bedroht hatte. Da hat er geantwortet, daß du die Mutter, seine Mutter, auf eine wesentlich PERFIDERE Art bedroht hättest in all den zurückliegenden Jahren, als das jetzt mit der sicht- und faßbaren Flasche sein konnte! PERFIDIE! Das hat dein Sohn mit seinen Antennen – diese Dinger, die dir fehlen – völlig fehlen – mit seinen ANTENNEN hat Berndt das Wort assimiliert – erfaßt – erspürt! Und mit diesen ANTENNEN würde er längst gefühlt haben, daß ich am Ende meiner Kräfte bin – aller meiner Kräfte – jetzt und überhaupt – ganz am Ende meiner Kräfte – daß ich es satt habe, an dich hinzureden, wie an eine graue Mauer! Er würde mit seinen Antennen spüren, daß ich NICHT MEHR KANN!!! UND NICHT MEHR WILL!!! BITTE GEH JETZT! – GEH!!! DENN ICH KANN NICHT MEHR!! GEH!! – GEHHH!!!!!«

Die Hölle sind wir (Jean-Paul Sartre)

Es ist wahrhaft entsetztlich, wie's nicht mehr darüber hinweggeht, wenn uns ein geliebter Mensch gezwungen hat, immer und immer wieder zu verzichten für ihn, mag er sich nun mühen, wieder gut zu machen, s'gelingt nicht, nicht darum, weil wir grollen, s'nicht gut sein lassen wollen, nicht darüber hinweg wollten – sondern, weil eine öde Strecke entstanden ist, die leer und darum trennend bleibt, ob wir wollen oder nicht. Wir mußten uns entwöhnen, um leben zu können, nun sind wir entwöhnt. Wir mußten uns verschließen, um leben zu können, nun sind wir verschlossen. Es heißt, wir haben eine Verödung an uns vornehmen müssen, nun läßt sich's nicht wieder anpflanzen – da ist dürres Land. (Aus dem Tagebuch einer Unbekannten)

Deine Tür
spaltlos verschlossen
da dringt
keine Träne durch (Hans-Curt Flemming)

Teilstrecke 43
8. Krankenhaustag – Vormittag
(Tidenhub)

Tränen an der Fensterscheibe – sie rollen langsam, unentschlossen abwärts – sammeln sich am Fensterrahmen – verlassen dann die Scheibe – immer neue Tränen folgen – viele, viele Tränen –
Tränen auch drinnen –
im Seelenraum –
sie rollen langsam, unentschlossen, wissen nicht wohin –
sie wissen aber, woher sie kommen:
aus der Enttäuschung – aus der geschleiften Hoffnung.
Ich weiß nicht, was jetzt ist – was weiter sein wird –
wie es weitergehen soll.
Geht es weiter?
Das Unwetter hat mich aus der Geborgenheit des Erdreichs gerissen.
Ich fühle mich entwurzelt.
Heimatlos – Zigeuner – fahrendes Volk: ›bähh!‹
Blinder Passagier an Bord eines Schiffes, das in See sticht. Ziel unbekannt. Schiff hat abgelegt. Kann nicht mehr zurück. Tränen.

Und Wolfgang?
Vielleicht denkt er: ›Ich habe ihr die Gelegenheit geboten, mal alles von sich zu geben. Nun breiten wir eine schöne Schweigedecke drüber, und dann ist alles wieder gut.‹ Wie oft ist es so gegangen. Und unter der freundlichen Decke blieb das Gebäude seiner Phantasieseligkeit stehen, in das ich mich immer wieder habe hineinstecken lassen. Nun bin ich ausgebrochen. Da ist daraus eine uneinnehmbare Festung geworden. Keine Festung ist so gut zu verteidigen wie die, die weglaufen kann! Umgekehrt ist gerade dadurch, daß sie immer weggelaufen ist, eine Festung daraus geworden. Eine Festung in höchster Alarmstufe, in Kriegs- und Kampfzustand. Die Worte prallten an diesen überdimensionalen Schutzmauern ab. Dahinter lebt ein Mann, den ich seit dreißig Jahren kenne: ein Fremder!

Dieses gräßliche innere Schweigen!
Ich hasse dieses Schweigen!
Ich hasse!
Oh Gott!
Hasse ich?
Entsetzen!
Ich hasse!
Was mache ich falsch, daß ich keinen Frieden finden kann, nach dem ich mich aber doch mehr sehne als jemals zuvor?
Ich hasse!
Was mache ich falsch, daß ich das Glück nicht halten kann, obgleich ich meine, mit so wenig zufrieden sein zu können?
Ich hasse!
Ich hasse die Nähe dieses fast unbekannten anderen.
Mit zornigen Fäusten habe ich an die verriegelte Tür gepoltert. Versprach mir ein Miteinander in jenem verschlossenen Raum.
Ich hasse jetzt diesen verschlossenen Raum!
Es ist der Raum des bedrohlichen Vorbehalts. Ich sehe mich umzingelt von Beschränkungen, Bestimmungen, Bedingungen, Voraussetzungen, Verpflichtungen, Erwartungen. Die Phantasie des Krieges ist plötzlich stärker als der Wille zum Frieden. Im Kriegsgeschehen ist die Erinnerung an glückliche Stunden getötet worden, gefallen.
Aber ich war in den Krieg gezogen, um meine Ehe zu retten.
Es ist ein blutiger Kreuzzug geworden.
Ich war ausgezogen, um für eine heile Partnerschaft zu kämpfen.
Ein wüster, zerfleischender Kleinkrieg ist daraus geworden.
Ich hasse diesen Kleinkrieg!
Ich wollte gleichen Wert und gleichen Anspruch für beide erzwingen – aber der Partner ist schreiend – nein, schweigend weggerannt.
Ich hasse diesen Partner!
Ich hasse seinen Lebenswillen!
Ich hasse diesen klebrigen Leidensblick!
Oder zeigt er Lebensunfähigkeit an?
Ich hasse diese Lebensunfähigkeit!
Trotz und Verbitterung und Erstarrung in mir!
Wut, denn es ist mir nicht gelungen, Aufrichtigkeit zu erpressen.
Mißerfolg.

Ich hasse diesen Mißerfolg.
Im Schaufenster habe ich eine strahlend schöne Idealehe gesehen, die wollte ich haben!
Ich habe sie nicht gekriegt.
Hat sie vielleicht eine andere gekauft?
Ich hasse diese andere!
Und will nicht zurück in meinen Eheknast!
Ich hasse meine Ehe!
Sie ist gletschertief erkaltet!
Ich weiß nicht mehr, ob es je warm war dort –
hat es irgendwann doch menschliche Nähe gegeben?
Ich sehe nur noch das Gemurkse im Bett!
Ich hasse dieses Bett!
Es hat keine körperlich-seelische Fusion gegeben:
Wir waren meilenweit voneinander entfernt.
Waren wir das?
Immer?
Sonnenfinsternis in der Erinnerung.
Ich hasse diese Sonnenfinsternis.
Ich hasse den, der die Sonnenfinsternis gemacht hat!
Ist er das?
Ich hasse ihn!
Bin ich das vielleicht?
Ich hasse mich!
Ich hasse dieses Stück von mir, das die Sonnenfinsternis bewirkt! Aber ich habe es im Visier. Ich habe es vor mich hingestellt und nicht im Geist verborgen. Ich habe es konkretisiert, mit einem Wortleib versehen. So ist es greifbar geworden. Und ich kann es abschleudern, wenn ich es nur ganz ernst wünsche, davon befreit zu werden. Ich kann nicht befreit werden von etwas, wenn ich nicht weiß, daß es ist, was es ist. Auch Prentice Mulford empfiehlt in seinem Buch ›Unfug des Lebens und des Sterbens‹, alle Gedanken in Worte zu fassen, auch und gerade die bösen, denn *dadurch sind sie etwas physischer geworden und können mit physischen Mitteln entfernt werden – das Wort ist der Wagen, der das Unedle aus der Seele wegträgt.*
Es ist ein schwer beladener Wagen.
Ich fühle mich sterbeelend – todnah erschöpft –
Das kommt aber auch von der schweren Arbeit, die ich heute Nacht im Traum geleistet habe: Da hatte ein entsetzlicher Sturm einen riesengroßen Nadelbaum entwurzelt. Der lag nun quer über dem Weg. Jemand zog den Baum weg. Ich half die

Fichte tragen – unsere Ehe. Es war eine furchtbare Anstrengung. Scheinbar war ich nicht das »Tapfere Schneiderlein«... Nicht sehr tapfer, dieses »Schneiderlein«!
Was da unter der Bettdecke liegt, ist ein zusammengeschlagenes, jämmerliches Geschöpf, ist ein trauriges Bündel zitternder Seelenzellen – das nicht weiterkann – den Weg nicht sieht, den es zu gehen hat. Natürlich, es liegt ja auch die riesengroße Fichte im Weg! Wie war das doch mit dem »tapferen Schneiderlein«? Dieser quirlige Munterling, der in jeder Lage die Oberhand behielt? Ich bin kein »tapferes Schneiderlein«. Müde und mutlos schaue ich den Tränen an der Fensterscheibe zu.
Da setzt sich ein Spatz auf den Sims. Ich mag Sperlinge. Sie sind so robust und werden mit jedem Klima fertig. Überall gibt es die dreisten Vögelchen – selbst in Manhattan, wo der Mensch so gut wie alles zubetoniert hat, vom Gras bis zum Himmel: Die Spatzen sind geblieben! Munter und beherzt flattern sie zwischen den Wolkenkratzern herum und finden ihren Lebensunterhalt.
»Mein« Sperling hopst jetzt die Fensterbank entlang, findet ein paar Brotkrumen, pickt sie weg und schwingt sich hinüber in die Krone der alten Eiche.
Eiche – real gewordener Gedanke Gottes.
Sperling – unbekümmert fröhliches Lied Gottes!
Regen – ja Regen!
Regen – unendlich segenvolle Gabe Gottes!
Wo kein Regen ist, ist Tod. Die Wüste ist tot. Dreißig Millionen Quadratkilometer der Erde sind Wüste. Jubel des Lebens muß uns erfassen, wenn wir Regen geschenkt bekommen! Regen gibt Nahrung! Regen schenkt Leben!
Animalische Seligkeit beginnt sich in mir zu regen. Wo Regen fällt, regt sich Leben. Wo Tränen sind, ist Bewegung. Bewegung ist Leben. Oh ja! Leben regt sich in mir! Ich atme! Ekstase des Atmens! Aber sicher: ich lebe ja!

Lebe ich? Schmerzzerschlagen und elend in diesem Krankenbett? »Jeden Tag sich schönmachen – gut sein«, hat sie gesagt, die Putzfrau. Typisch unsinniges Geschwätz einer Frau, die eben täglich putzt. Macht sie schön? Wozu? Weil sie Geld braucht. Sonst könnte sie die Putzerei lassen. Und dann? Würde der Dreck liegenbleiben. Erst wenig. Dann immer mehr. Und die meisten Menschen würden sich unbehaglich fühlen. Denn die Mehrheit mag es »schön« – fühlt sich wohl im

Schönen – macht »schön«, um sich wohlzufühlen – strahlt Wohlgefühl aus im Wohlgefühl – provoziert Wohlgefühl durch Wohlgefühl – empfängt das durch das eigene Wohlgefühl im anderen hervorgerufene Wohlgefühl – akkumuliert Wohlgefühl – undsoweiter – ein positiver Circulus vitiosus – in Gang gesetzt durch die Lebensphilosophie einer einfachen Putz-Frau: »Jeden Tag schönmachen – gut sein...«
Ich stehe auf. Aus dem Spiegel über dem Waschbecken schaut mich ein aschfahles Gesicht erschrocken an!
»Mein Gott, ich muß mich verheerend fühlen, so, wie ich aussehe!! Welches Leiden paßt zu diesem Gesicht? Vielleicht die Galle, die macht so grüngraue Ringe um die Augen! Galle? Ich habe noch nie etwas an der Galle gehabt. Dann eben die Leber. Ja, natürlich Leber! Leberentzündung! Natürlich, ich bin ja ganz gelbgrün im Gesicht! Leberzirrhose! Fängt mit allgemeiner Verstimmung und Müdigkeit an! Eben! Genau! Leberzirrhose! Aber ich habe doch Krebs! Krebs!? Oh du mein Schicksal: Leberkrebs!!!«
Da bemerke ich die hypochondrische Eskalation! Und greife zum Antidot: Lachen. Zwar macht es sich noch ein wenig unwillig und zögernd an den Mundwinkeln zu schaffen, aber die verspannten Gesichtszüge im Spiegel lösen sich schon sichtlich auf.
Dusche. Gezielt setze ich den Wasserstrahl auf sagen wir 95 % meiner Körperoberfläche, den Verband aussparend. Schon wieder 95 % des Gesamtvergnügens! Hautzellen wachen auf! Animalische Seligkeit! Ekstase des Lebens! Ich will gut zu meinem Körper sein. Was schrieb Alexander? »Wir werden beide eine möglichst gute und freundliche Beziehung zu deinem Körper behalten – Du, weil Du ihn brauchst, um das zu verwirklichen, was du leben willst...« Andere Worte von ihm fallen mir ein: »Ich finde, die Schönheit des Körpers ist ein Geschenk der Schöpfung... das gepflegt werden darf...« Ich lasse einen Klecks Körperlotion in die Handfläche fallen und streichle damit über die abgetrocknete, warme Haut. »Schön!«, sagt sie und atmet den zarten Duft ein. Inzwischen sind »Gallenleiden« und »Leberzirrhose« vergessen – aber die Blässe im Gesicht ist geblieben. Dem werde ich abhelfen, es kann ja die Haut nichts dazu, daß über dem Krankenbett nicht die Sonne steht. Klinikversiert habe ich eine Tube selbstbräunende Creme mitgenommen, für mein Gesicht. Dabei werfe ich einen Blick auf den Beipackzettel:

... jederzeit braun – bei schlechtem Wetter – bei trüber Stimmung (das ist für mich!) *... nach 2–3 Stunden wird die Bräune sichtbar.*
Genau das will ich. Wenn ich blaß und elend ausschaue, fühle ich mich blasser und elender als ich bin. Außerdem werde ich von den Mitmenschen mit sorgenvollem Blick gemustert. Ein solcher Blick unterstützt, verstärkt die Leidensbestandteile in mir (und wann bin ich schon mal gänzlich ohne?) und verdrängt, minimiert die Glücksbestandteile (wovon es fast immer welche gibt!). Ein mitleidvoller Blick unterstellt »leiden«, suggeriert »leiden«. Die Gefahr, daß ich einem solchen Blick »gehorche« und »leide« ist groß. Jedenfalls leide ich mehr als nötig, wenn mein Gegenüber glaubt, eindeutige Anzeichen für »leiden« an mir gefunden zu haben. Selbstverständlich gilt dies nur für den Grenzfall zwischen »leiden« und »nichtleiden«. Jetzt zum Beispiel befinden sich »Leiden« und »Nichtleiden« in einem äußerst labilen Gleichgewicht: Ein trauriger Blick – und das ganze Elend meiner sterbenden Ehe würde mich überwältigen, in ein sinnloses Tief stürzen. Ein munterer Blick, ein aufmunternder hingegen wird aber das Positive meiner allmählich fortschreitenden Rekonvaleszenz hervorholen, es verstärken. Mehr körperliches Wohlergehen wird auch seelisches Wohlergehen nach sich ziehen – es kann mir also nur an einem »aufmunternden«, das Frohe in mir verstärkenden Blick gelegen sein – und den provoziere ich durch Sonnenbräune. Sie signalisiert Gesundheit. Nun ist mein Gegenüber nicht genötigt, Zeit und Energie in Gespräche zum Thema »Krankheit« zu stecken, was hier und jetzt eher sinnlos wäre – dafür können frische Gedanken eingebracht werden. Das bringt auf »andere Gedanken« – fördert auf diese Weise das Gesunden. Wenn ich Gesundheit signalisiere, wird Gesundheit auch gefördert. Ich muß also vor allem Gesundheit wollen – dann ist die Chance, daß sie sich einstellt, größer.
Gesundheit. Das ist unter anderem auch Bewegung. Noch vor ein paar Tagen hatte jede Bewegung unter dem Fallbeil der Narkose geendet. Danach bremsten Schmerz und Schwäche das Aufkommen von neuer Bewegung. Jetzt gibt es schon wieder Bewegungen, die nicht schmerzhaft sind. Ich beschließe, mich heute ganz ausschließlich der animalischen Freude am Körperlichen zu widmen. In Zeiten seelischen Unbehagens halte ich diese Reduzierung des Menschseins für einen zulässigen Trick, der Zeitgewinn bringt und ablenkt von dem, was ge-

rade in dem Moment nicht geht, dafür hinlenkt auf das, was gerade in dem Moment geht. Und was da alles geht! Wieder geht! Ich versuche mich in Gymnastik: rechtes Bein aus der Hüfte drehen, Fußspitze abwechselnd nach außen und innen drehen, zehnmal; das selbe links; dann rechtes Bein schwungvoll gestreckt heben, möglichst hoch, Beifallklatsch unter dem Knie (Beifall – das ist wichtig!) und das gleiche links; dann auf dem rechten Bein stehen und das linke locker-lustig vor und zurück schwingen, zehnmal – hach, was für ein herrliches Gefühl, selbst bestimmen zu können, welches Glied welche Bewegung zu machen hat! Potenzgefühl! Tolldreist mache ich noch fünf Kniebeugen! Herzklopfen! Die Pumpe funktioniert fühlbar! Und zwar einfach so, immerzu, ohne daß ich mich darum kümmern müßte! Überhaupt dieses vegetative Miteinander in meinem Körper, das alle notwendigen Lebensfunktionen regelt! Ekstase der funktionellen Einheit! Ekstase der Wechselbeziehungen!

Wechselbeziehungen. Es gibt solche und solche. Es gibt störungsfreie und gestörte. Je komplizierter sie sind, desto störanfälliger. Klar. Die Wechselbeziehung zwischen zwei Menschen ist hochkompliziert – und daher äußerst störanfällig. Manchmal irreparabel. Unsere Ehe scheint irreparabel gestört. Keiner weiß, warum wir uns soviel Schlimmes haben antun müssen. Sicher ist es nicht vorsätzlich geschehen. Aber es ist uns nicht gelungen, über unseren eigenen Schatten zu springen: irgendwo glaubt sich jeder im Recht. Vielleicht ist auch jeder im Recht – und es gibt zwei unterschiedliche Rechtssysteme, die nicht in Einklang zu bringen sind.

Aber Wechselbeziehungen erhöhen nicht nur das Risiko eines Ausfalls – sie vermindern es auch umgekehrt: Je mehr Teile zusammen ein Ganzes bilden, desto größer die Wahrscheinlichkeit, daß der Ausfall von einem einzigen Teil nicht den totalen Ausfall des Gesamtsystems zur Folge haben muß. Die nicht erkrankten Teile werden das Gesamtsystem eine Weile tragen können, den Ausfall des einen Teils überbrücken können, bis dieses wieder einsatzbereit ist.

Zuversicht erfaßt mich: Eine große Weisheit scheint da am Werke zu sein. Die Weisheit eines Schöpfungsdenkens, das darauf bedacht ist, den komplizierten Organismus eines Säugers mit ZWEI Lungenflügeln, mit ZWEI Vorderpfoten, mit ZWEI Hinterbeinen zu versehen, damit im Falle der Verletzung des einen Teils der andere einspringen kann. Wir haben

ZWEI Augen und ZWEI Nasenlöcher. Ein Schnupfen verstopft meistens nur eines von beiden. Und wenn beide blockiert sind, können wir noch durch den offenen Mund zu Sauerstoff gelangen: ZWEI Möglichkeiten also, den Lungen Sauerstoff zuzuführen: ZWEI Systeme vereinen sich zum Gesamtgeschöpf Mensch: Körper und Seele. Wird der Körper krank, ist es für sein Überleben wichtig, ja notwendig, daß er von der Seele getragen wird, vom positiven Wollen der Seele. Wird die Seele lebensmüde, ist es umgekehrt wichtig, daß der gesunde Körper sie daran hindert, ihren Todeswünschen nachzugeben. So sorgen sie füreinander – wie Mann und Frau in einer guten Ehe... Eine Art Seinsverschmelzung zweier unterschiedlicher Größen, ein Gespann, das zusammen den Lebenswagen zieht: Psyche und Soma.
Psyche ist geschwächt und traurig heute. Aus ihr kann kein Antrieb kommen, kein Lebensschwung. Beides konnte aber Soma liefern. Und so, wie der paralysierte Körper zurück zur Bewegung gefunden hat, wird auch die Seele zurückfinden zum Licht. Ich muß ihr nur ein wenig Zeit lassen.
Und schon erkenne ich das Morgengrauen.
Schon lächelt es in mir wieder – noch zaghaft –, aber doch so, daß ich bereits die nächste Welle kommen fühle, die mich aus dem Tief des Gestern emporhebt, dem Morgen entgegenträgt.
Es wird fluten.
Flut und Ebbe.
In der Bretagne steht ein Kraftwerk, das den dort besonders ausgeprägten Tidenhub in Energie umwandelt. Man sollte sich das zu eigen machen: jedem sein eigenes Kraftwerk, das allein aus und mit dem inneren Auf und Ab betrieben wird...
und ein großer Tidenhub ist auch faszinierend...
mit großen Abwechslungen verbunden...
wenn Ebbe ist, kann man Dinge sehen, die man sonst nicht sehen würde...
eigentlich ist das ein Gewinn...

Wir sind alle Seiltänzer:
Der Wille, das Gleichgewicht
zu erreichen und zu behalten.
(Prentice Mulford)

Teilstrecke 44
8. Krankenhaustag – Nachmittag
(Gespräch im Park)

Keine Tränen mehr. Nur noch ein paar vereinzelte Wolken am Himmel. Ich beschließe, im Klinikgarten ein wenig spazierenzugehen und nehme mein eigens für diesen Zweck erstandenes »Kaminkleid« aus dem Schrank: hübsch, mollig, farbenfroh. Prentice Mulford hat mich zu diesem Kauf animiert, nachdem ich das Kapitel »Religion der Kleider« aus ›Unfug des Lebens und des Sterbens‹ gelesen hatte. Jedes Kleid, so schreibt er, nimmt unsere Gedanken auf und gibt sie auch immer wieder an uns ab, die alten, eigentlich ja überlebten Sorgen und Ärgernisse. Mit alten Kleidern belastet man also sein neues Ich mit dem alten, toten Ich vergangener Jahre. Neue Kleider aber befreien, machen den Geist leicht; sie sind die frische, die äußerste Haut über die Epidermis hinaus, noch nicht gefüllt und beschwert mit den geistigen Emanationen vieler Tage. Wenn wir, sobald wir nicht mehr ganz jung sind, unsere Kleidung vernachlässigen, so ist das in den Augen Mulfords ein Todeszeichen, unser Körper hat zu sterben begonnen, wir »lassen uns gehen« und zwar in den Tod, wir geben auf!
Nein, ich gebe nicht auf! Und so steige ich in das flott-fröhliche neue Kleid. Wohlwollender als heute früh betrachte ich mich im Spiegel und spüre, daß Herr Mulford bestimmt Recht hat, wenn er meint, es sei heilsam, sich mit farbigen Dingen zu umgeben, weil das das Auge freut, es erfrischt den Geist, und was den Geist erfrischt, erfrischt den Körper. Diese neue äußerste Epidermis erfrischt mich und macht mir Freude – und bringt mir weitere Freude ein; draußen auf dem Gang begegne ich meiner Zimmernachbarin:
»Was haben Sie für einen bezaubernden Hausmantel an! Diese heiteren Farben! Und wie gut sie Ihnen stehen!«
Wäre ich nicht angesprochen worden, hätte ich möglicherweise nicht gefragt, ob sie mit mir in den Garten gehen wolle:
»Aber gern. Zumal ich noch im Kiosk einkaufen wollte.«

»Der Kiosk hier im Haus – das ist doch eine treffliche Einrichtung!«
»Allerdings. Und leider nicht selbstverständlich. Dabei finde ich ihn so wichtig. Nicht nur, weil man Vergessenes kaufen oder eine kleine Lust befriedigen kann, vor allem, weil man schrittweise wieder anfangen kann, sich nach draußen zu orientieren: Welch ein Erfolgserlebnis, wenn die erste Exkursion vom Krankenlager aus gelungen ist: der Kauf einer Zeitung.«
»Ja – es sollte wirklich jede Klinik so einen Kiosk haben.«
»Genau. Und einen Friseur auch. Gestern war ich dort und fühlte mich gleich wieder viel gesünder. Da dachte ich, warum wird das Erdgeschoß eines Klinikums nicht als Ladenstraße konzipiert, vielleicht mit einem Kaffee und einem Restaurant, wo Nicht-Bettlägerige zum Essen hingehen könnten.«
»Ein glänzender Einfall! Könnte das Klinikpersonal entlasten, und es würde den Patienten guttun, nicht ständig im Krankenzimmer zu sein.«
»Aber wir müssen uns vorläufig mit dem Kiosk begnügen. Wollen Sie ein Momentchen warten, bis ich eingekauft habe?«
»Ja sicher.«
–
»So, da bin ich wieder. Mögen Sie Süßes? Ich brauche immer Nascherei zum Trösten, wenn ich was Saures habe schlucken müssen.«
»Mich hätte gestern und heute früh selbst eine Wagenladung voll der besten Pralinen der Welt nicht zu trösten vermocht!«
»Ja. Das kann ich nachempfinden. Ich bin nicht indiskret – nur, ich saß gestern im Flur, als Sie Besuch hatten. Na ja – bei genauerem Hinsehen liegt doch jedem ein unverdaulicher Brokken auf dem Magen, wenn er erst mal hier gelandet ist. Als es bei mir mit der Ehe zu Ende ging, war ich nicht fähig, etwas zu sagen und habe nur geheult, tagelang. Sie haben ihm wenigstens die Dinge alle noch gesagt, die er hören sollte.«
»Nur fürchte ich, daß er weniger mitbekommen hat als die Leute auf der Station. Ich muß furchtbar laut gewesen sein. Natürlich ist mir das peinlich – aber ich habe keine Kraft mehr gehabt, leise zu sein.«
»Ist doch klar. Aber jetzt haben sie es hinter sich.«
»Ich wollte, es wäre so. Aber ich glaube es nicht: Die Ehe ist auch eine Prestigefrage, und er kann den Konkurs nicht zugeben. Ich anerkenne die Vorteile, aber leide durch die Nachteile. Denn unsere Ehe liegt seit vielen Monaten auf der Intensivsta-

tion – obgleich man sehen muß, daß die Chancen für ein befriedigendes Leben mittlerweile gleich Null sind.«
»Ja – das Indielängezerren tut weh. Bei uns wurde ›aktive Sterbehilfe‹ geleistet. Im Koma hat die Liebe gekreißt – und meinen Krebs geboren. Das Leichengift einer Ehe ist kanzerogen.«
»Ärzte scheinen das weniger sicher zu wissen als Patienten. Übrigens hat mir dieses Gespräch jetzt eine bedeutsame Erkenntnis vermittelt, nämlich daß ich meine Ehe als ›Patientin auf Intensivstation‹ erlebe. Was ich da vorhin gesagt habe, muß direkt aus meinem Unterbewußtsein herausgerutscht sein. Dazu ist zu sagen, daß ich die Einlieferung eines Menschen in eine Intensivstation, von Ausnahmen abgesehen, ablehne: Statt den Tod als natürlichen Bestandteil des Lebens zu sehen, soll ein irrsinniger Maschinenpark den Kampf mit ihm aufnehmen – nur um schlußendlich doch eine klägliche Niederlage einzustecken.«
»Ja – Prof. Barnard schreibt in seinem Buch ›Gutes Leben – Würdiger Tod‹, daß Intensivstationen dazu gut seien, damit die Ärzte beweisen können, daß sie imstande sind, den Tod immer noch ein Weilchen hinauszuzögern. Dabei leben wir ja schon viel länger als unsere Vorfahren. Und sind auch nicht zufriedener.«
»Vielleicht gerade weil wir nicht mehr im Einklang stehen mit unserem Lebensprogramm – in dem zum Beispiel unser Tod vorgesehen ist – trotz aller Intensivstationen. Horror erfaßt mich, wenn ich daran denke, daß ich vielleicht mal dort enden werde!«
»Einen einzigen Krebsbefall hatte ich bis jetzt – aber es graut mir, wie Ihnen, bei der Vorstellung, mit allen möglichen Mitteln am sogenannten Leben erhalten zu werden.«
»Haben Sie eine Vorstellung, was Sie dagegen tun wollen? Es kann ja lange gehen und schmerzhaft sein –«
»Eben. Wie schwierig das ist, sich den Ärzten zu verweigern und dennoch ihre schmerzlindernden Mittel zu bekommen, das kann man aus dem Buch von Jo Roman erfahren ›Freiwillig aus dem Leben‹. Sie will deswegen das ›Exit House‹ gründen, in dem Fachleute den Menschen helfen, in den Freitod zu gehen. Aber diese Einrichtung gibt es noch nicht einmal in den USA – wo das Buch meines Wissens ein Bestseller geworden ist. Geschweige denn hier in Europa! Wo der Freitod noch bis vor kurzem eine ›strafbare Handlung‹ war und Beihilfe zum Freitod erst recht. Da darf zwar im Krieg der andere, gegen

seinen Willen, getötet werden. Aber mein eigenes Leben darf ich nicht beenden! Ich werde also von staatlicher, kirchlicher und gesellschaftlicher Seite praktisch entmündigt: Ich darf mit meinem Eigentum (mein Leben halte ich auf jeden Fall noch eher für mein Eigentum als für dasjenige von irgendwelchen Institutionen) nicht tun, was ich für angemessen halte! Andererseits wird durch die irrsinnige Aufrüstung ein weltweiter Selbstmord möglich gemacht. Und die das befürworten, klammern sich mit ihrem schlechten Gewissen an die Beibehaltung des Abtreibungsparagraphen und an die Einrichtung von Intensivstationen – wo in beiden Fällen die Lebenserhaltung äußerst fragwürdig ist. Aber wie kann man sich denn nur sicher dagegen ›schützen‹?«
»Ich habe die gleiche Angst wie Sie und bin deswegen in die DGHS eingetreten: Deutsche Gesellschaft für Humanes Sterben. Dort kämpft man unter anderem dafür, daß die ›Tötung auf Verlangen‹ straffrei wird. Ist das erreicht, kann der Patient um die Erlösungsspritze bitten und bekommt sie. Aber bis dahin muß man sich selbst helfen.«
»Das war das erste, worüber ich mir Gedanken gemacht habe, als ich erfuhr, daß ich Krebs habe. Ich sah mich im Geist krebszerfressen und unfähig, mein Leben zu beenden: Es gibt ja auf einen Selbstmord zehn Versuche. Und man will doch nicht wieder aufwachen, wenn man ernsthaft entschlossen ist, nicht mehr aufwachen zu wollen.«
»Mitglieder der DGHS können eine Anleitung zum ›selbstverantwortlichen Sterben‹ bekommen. Da aber die Beihilfe zum Selbstmord ein Delikt ist, muß man es selbst tun. Und zwar zu einem Zeitpunkt, wo man dazu noch fähig ist. Also muß man sich viel früher töten, als es eigentlich ›nötig‹ wäre, wenn die Hilfestellung legalisiert wäre...«
»Da kann man nur zutiefst empört sein über die Vermessenheit der Gesetzgeber, über mein Allerprivatestes zu bestimmen. Und vielleicht handeln sie nicht einmal im Sinne eines übergeordneten Gesetzes, wenn sie sich für Leben unter allen Umständen einsetzen. Es könnte ja auch sein, daß Intensivstationen GEGEN so ein oberstes Gebot verstoßen – gegen eine vielleicht vorgegebene Todesstunde. So gesehen, handelt jeder Arzt gegen einen möglichen Willen des Allumfassenden. – Wollen wir uns hier auf das Bänkchen setzen?«
»Gute Idee. Doch noch Mus in den Knochen. Aber schön, daß wir wieder im Freien herumlaufen können, was? Und die

warme Sonne! So richtig zum Vergessen allen Jammers, allen Eheleids, aller Intensivstationen. Jaa – das war eine Formulierung, die mir wirklich sehr zu denken gibt. Wenn ich konsequent wäre, müßte ich nun hier wie dort die Verfügung unterschreiben: ›in dubio pro morte‹. Das war es wohl, was mir mein Unterbewußtsein nahezulegen versucht hat – zumal nicht mehr sehr viel Zweifel geblieben sind, seit der letzten, lauten Auseinandersetzung – – fast kein dubio mehr – nur noch morte – –«

> *Konflikte werden uns erst bewußt,*
> *wenn wir uns leisten können,*
> *sie zu bewältigen.*
>
> (Maxie Wander)

Teilstrecke 45
8. Krankenhaustag – Abend
(Seelsorgerin vom Dienst)

Es klopft kaum vernehmbar. Ich rufe »Herein!«. Die Türe wird einen Spaltbreit geöffnet, gerade genug, um eine schmächtige, unscheinbare Frau hereinzulassen. Alles an ihr ist farblos, einschließlich der schmalen Lippen, die nun eine dünne, ausgeleierte Stimme entlassen: »Wann dürfen Sie heim?« »In drei Tagen.« »Dann haben Sie es ja bald geschafft.« »Das weiß man nie bei Krebs.« »Wir wollen an Gottes ewige Güte und Barmherzigkeit glauben«, kommt es wie aus einem Automaten herausgeschnellt und bringt mich in Harnisch: »Die scheint Millionen Krebskranken verschlossen zu sein!« »Ich wünsche Ihnen weiter alles Gute – und bete für Sie.«
Ob sie im Gebet so blaß und rachitisch ist wie im Gespräch mit mir? Ob ein solches Gebet Berge zu versetzen vermag?
Ich glaube an die Kraft des Gebets – wenn auch in anderer Form, als es mich die Kirche gelehrt hat: Ich glaube an die Kraft intensiver Gedanken.
Gedanken sind Schwingungen einer materiellen Substanz. Im Elektroenzephalogramm werden die Aktionsströme des Gehirns aufgezeichnet. Das EEG ist die fortlaufend photographisch aufgenommene Kurve der von der Kopfhaut ableitbaren elektrischen Wechselströme in der Großhirnrinde.
Elektrizität hat es schon immer auf der Welt gegeben – lange jedenfalls bevor der Mensch sie für sich einzusetzen imstande war. Hätte damals jemand geschwärmt von der Möglichkeit, mit einer unsichtbaren Kraft Maschinen anzutreiben, man hätte ihn zu den Geisteskranken gesteckt. Und heute? Wir haben gelernt, Elektrizität nutzbringend für uns anzuwenden. Eines Tages werden wir mit Sicherheit auch die Kraft unserer Gedanken einzusetzen verstehen.
Wenn heute unsere Gebete »erhört« werden, dann glauben wir an ein »Wunder« – aber ich glaube, daß das die Wirkung eines Gesetzes ist, deren erste, schwache Funktion wir heute nur andeutungsweise zu erkennen vermögen. So wie Elektrizität frü-

her mit Bernstein in Verbindung gebracht wurde, hypothetische Substanz, von der elektrische Wirkungen ausgehen sollten. Heute lächeln wir über jene Minimaleffekte.
Ich glaube also an die bewegende, lebendige, tätige Macht, die von dem Gebet ausgehen kann – sofern wir es »richtig machen«. Und wie man es »richtig macht«, wissen wir heute eben noch nicht – sowenig wie man einst wußte, wie man die Kraft der Elektrizität mobilisiert. Aber es gab sie – so wie es sie heute gibt –, und es gibt die Wirksamkeit der wollenden Gedanken, so wie es Elektrizität schon immer gegeben hat.
Beten bedeutet für mich: wollende Gedanken aussenden, mentale Kraft, und ich stelle mir vor, daß sie irgendwie atmosphärisch wirkt, vielleicht wie ein Magnet. Autosuggestion. Fernsuggestion.

Nach einem erfüllten Gebet erscheint die Welt verändert, aber nur Sie selbst waren es, der sich verwandelte, die Welt ist gleichgeblieben.
Jeder Gedanke hat eine Auswirkung. Ein Gedanke ist wie ein lebendiges Wesen, das nach Verwirklichung strebt.
Die Selbstverwirklichungstendenz eines Gedankens wächst mit seiner Klarheit und Konstruktivität.
(Erhard F. Freitag)

Jede Voreingenommenheit
ist eine Hypothek
die wir möglichst schnell
abtragen sollten
(Kyrilla Spiecker)

Wann immer wir denken, bauen wir aus unsichtbaren Substanzen etwas, das Kräfte an sich zieht, – uns zu helfen, uns zu schaden, dem Charakter der Gedanken gemäß, die wir ausgesandt haben. (Prentice Mulford)

Teilstrecke 46
9. Krankenhaustag – Vormittag
(Berndt)

Brrinn – brrinn – brrinn –
»Hier Anemone Sandkorn.«
»Hallo Mutter!«
»Ja – mein Sohn – ist das schön, von dir angerufen zu werden.«
»Ob es dir wieder besser geht? Du klingst gar nicht leidend.«
»Leiden ist auch eine Frage des Willens. Mein Leiden läßt sich ganz gut beherrschen. Ich bin zufrieden.«
»Da bin ich wirklich froh. Zweite Frage: Mache ich dir eine Freude, wenn ich dich abholen komme?«
»Berndt, das ist ein ganz liebenswertes Angebot. Ich freue mich darüber und danke dir sehr. Aber ich bin nicht so invalide, daß ich nicht im Zug nach Hause fahren könnte. Und wenn du mich am Bahnhof abholst, macht mich das genauso glücklich, als ob du mich hier abgeholt hättest, okay?«
»Okay, wird gemacht. Uhrzeit erfahre ich noch, denke ich. Hach – das ist gut, daß du bald wieder zu Hause bist.«
»Steckt in dem Seufzer ein Stück neuer Kummer mit dem Vater?«
»Nö – oder wahrscheinlich doch: Letzte Woche war er ja bei den Großeltern. Dort habe er endlich einmal wieder herzhaft lachen können, hat er gesagt. Denn bei uns würde ja nur noch in Konflikten gerührt – und ich sei mittlerweile genauso aufsässig wie meine Mutter und so. Aber ich wollte das jetzt gar nicht sagen – entschuldige.«
»Ich weiß ja, wie es ist.«
»Diese kontinuierliche Jammerberieselung, immer wenn er zu Hause ist, geht mir wahnsinnig auf den Wecker. Ich kann das nur aushalten, wenn du da bist.«
»Ich bin wirklich traurig, daß du nie ein herzlich gutes Verhältnis zu deinem Vater hast haben können.«
»Hmm – is schon mies. Aber er kann doch nur zu Hause so sein. Ganz undenkbar, daß er im Beruf so ist wie zu Hause: Er

hätte nicht diesen Erfolg. Ich kann ihn nur achten wegen des Erfolgs, den er draußen hat.«
»Wollen wir versuchen, uns darüber zu freuen, daß du aber das wenigstens kannst, hm?«
»Na gut. Aber es nervt mich schrecklich – und ich bin heilfroh, wenn er nächstens wieder verreist.«
»Wenn es so schlimm ist, werden wir ausführlicher darüber reden müssen und sehen, was man tun und ändern kann.«
»Wenn sich nichts ändert, kriege ich noch vor meinem zwanzigsten Lebensjahr mein erstes Magengeschwür!«
»Das darf natürlich nicht sein – nur jetzt am Telefon –«
»– kann man eh nichts machen. Aber es hat gut getan, es abzuladen. Ich freue mich auf übermorgen, Mutter, wenn du wieder heim kommst.«
»Ja, mein Guter, ich freue mich auch, wenn ich wieder bei dir bin. Und herzlichen Dank für deinen Anruf!«

Berndt!
Mein Sohn!
Mein Kind!
Ein warmes Glücksgefühl rollt durch meine Adern.
Die Schwangerschaft mit ihm habe ich als direkte Teilnahme am Schöpfungsgeschehen erlebt. Tief bewegt habe ich mein Baby aus den Händen des großen, lebenden Unfaßbaren entgegengenommen. Ich war eine glückliche Schwangere, Gebärende, Mutter. Ich bin eine glückliche Mutter. Unbehagen oder Trauer wurden zu keiner Zeit durch mein Kind ausgelöst – wohl aber durch seinen Vater, der selbstverständlich erwartete, daß ich den wenige Monate alten Säugling bei Fremden ließ, um in die Klinik eilen zu können.
Wem von beiden hätte die Mutter eher zugestanden?
Wieso gab es da nicht eine Mutter, die sich um ihr erwachsenes Kind kümmerte und eine Mutter, die sich um ihr eben erst zur Welt gekommenes Kind kümmern durfte?
Wo war jene Mutter? Jene mußte sich um Faschings-Geburtstags-Weihnachts-Hochzeits-Einweihungs-Jubiläums-Familien-Feste kümmern. Und ich war zu schwach, um mich für mein Kind freizumachen. Damals glaubte ich, es sei meine Pflicht, am Krankenbett zu sitzen, an das ich gerufen wurde – und ich war ja auch voller Kummer und Sorge –, und ich glaubte ja, daß das Ganze ein Ausnahmezustand sei, der durch wiedererlangte Gesundheit abgelöst oder durch den drohenden, vielleicht

schon nahen Tod beendet würde. Niemand konnte wissen, daß er gar nicht die Absicht hatte zu kommen – die UNHEILBAREKRANKHEIT nie wieder gehen würde.
Wenn ich damals gewußt hätte, was ich heute zu wissen glaube, hätte ich der überaus rüstigen und vergnügungssüchtigen Großmutter die Sorge um ihren erwachsenen Jungen übergeben und ich hätte mein Baby versorgt – und jedem Kind und jeder Mutter wäre Recht widerfahren. Aber wie die Dinge waren, hat keines der Kinder bekommen, was es gebraucht hätte.
Dennoch sieht es so aus, als hätte mein Kind keine zu schweren Schäden in jener Zeit genommen. Es sieht so aus, als hätte es alles, was wie Trauma gewirkt haben muß, so unwirklich erlebt wie Alpträume – und wie diese vergessen. So sieht es aus. Ich kann nur hoffen, daß es so ist. Ich kann nur wünschen, daß Berndt sich an meinem herzlichen Bemühen orientiert hat, eine liebende und gute Mutter zu sein. Trotz allem. Vielleicht »wußte« er, daß er geliebt wurde, und konnte deshalb die Fehler »verzeihen«, die ich mit ihm gemacht habe – sehr zu meinem ganz großen Kummer – und – wie ich meine – immer dann, wenn ich mit meinem psychischen Zusammenbruch rang, ausgezehrt von der Sorge um meinen Mann und enttäuscht durch seinen kraftstrotzenden Egoismus, mich unbesehen zu »verbrauchen«. Damals glaubte ich, nicht aufbegehren zu dürfen und daher zu können, und litt still, fraß das Unverstandene in mich hinein. Schon das war schlimm. Aber das noch viel Schlimmere: Nicht nur ich litt darunter, sondern mit mir und durch mich hatte dieses kleine Kind zu leiden, dessen Mutter ich war.
Das kam mir wieder voll und traurig zu Bewußtsein, als mir neulich das Tagebuch aus jener Zeit in die Hände fiel:

Berndt geht an unser bestes Möbelstück und verpaßt ihm ein paar Schrammen. Wütend schlage ich auf die kleinen Händchen, die das verbrochen haben! (Ich weiß, daß ich nicht strafen will, jedenfalls nicht so; aber es kommt über mich – es springt mich an wie ein wildes Tier – und ich falle um, kraftlos.) Ich lege das schluchzende Kind ins Bett. Es schläft sofort ein. Nach einer Stunde wacht es auf – bei bester Laune. Es spricht nicht mehr davon. Anderntags höre ich, wie Berndt mit seiner Puppe schimpft und sie gehörig geschlagen wird: »... da(r)f(s)t nich Möbel paputt machen, Ben sim(p)ft ...« Ich nutze die Gelegenheit, knie mich vor Berndt hin, nehme ihn in den Arm und sage:

»Jetzt hat die Puppe sicher gelernt, daß sie die Möbel nicht zerkratzen soll. Aber jetzt mußt du sie wieder lieb haben, denn jetzt tut sie es sicher nicht mehr.«Berndt hört andächtig zu. Dann geht er in sein Zimmer mit der Puppe unterm Arm und gibt ihr ein Küsschen. Ich kann fast wörtlich die Wiederholung dessen hören, was ich gesagt habe. (Ob er merkt, daß ich ihn doch lieb habe – ob ihn das beruhigt? Ob er weiß, daß ich ihn nicht schlagen will – und doch irgend etwas mich ihn schlagen macht?)

Mein Husten ist zwar etwas besser geworden, wahrscheinlich durch die Nervenberuhigungsmittel Librium und Nervophyll. Trotzdem war ich nochmal beim Arzt. Kein organischer Defekt. Diagnose: Neurose! NEUROSE!!! *Ich bin entsetzt! Früher habe ich auf solche Leute, die mit ihrem bißchen Schicksal nicht zurechtkamen, spöttisch und höhnisch heruntergeschaut! Sie verachtet! Nun muß ich mich selbst verachten, will ich konsequent sein! Und was geschieht jetzt??? Ich bin so schwach, daß ich den ganzen Tag nicht durchstehe, ohne mich immer wieder hinzulegen. Meine Nerven halte ich ausschließlich für mein Kind zusammen (Wolfgang ist auf einer Dienstreise). Aber auch für Berndt reichen sie nicht aus. Nichtigkeiten können mich so irritieren, daß ich wie von einem unsäglichen Schmerz gepeinigt laut aufschreien könnte! Und was nun? Psychotherapie!! Sicher hilft das, sagt der Arzt, aber die Behandlung wird lange dauern... Mein gutes kleines Kind! Ist es besser für dich, daß du ein Wrack als Mutter um dich herum hast oder daß du eine Zeitlang von ihr entfernt wirst, damit sie sich behandeln läßt?? Du mein gutes Mausel – mein geliebter kleiner Kerl ---*

Mein gutes, gutes Kind! Ich habe schon lange keine Zu-Bett-geh-Schwierigkeiten mehr mit dir. Im Gegenteil. Du scheinst dein Bettchen zu lieben. Nur ganz selten hast du mir mittags schon nach zehn Minuten erklärt: »Ben ausdeslaft.« Meist schläfst du auch mittags länger als andere Kinder. Und nachts sowieso. Du bist ein ruhiges und liebes Kind. Das wenige, was ich von dir verlange, tust du von ganz allein! Allerdings sorgst du auch dafür, daß deine Eltern tun, was sie tun müssen, also gehorchen: Beim Frühstück erinnerst du uns an unsere Pillen. Ich hätte das bestimmt oft vergessen, wenn du mich nicht daran erinnert hättest. Wirklich! – Danach spielst du stundenlang ganz brav mit diesem und jenem. Ganz lieb. So lieb bist du auch, wenn wir irgendwo zu Besuch sind oder wenn wir in die Klinik gehen, weil der Vater wieder dort ist: Ich muß kaum rügen oder verbieten.

Ach, du mein guter kleiner Käfer – ich weiß nicht, warum ich so ein liebes Kind habe: Ich habe es bestimmt nicht verdient! Ich kann das gar nicht fassen! Abends lädtst du deine Eltern ein, in deinem Zimmer an deinem kleinen Tischchen Platz zu nehmen: »Hinzitzen!«, holst aus dem Bücherregal im Wohnzimmer von deinem Bord eines deiner Bücher, bringst und legst es auf dein Tischchen, setzt dich und beginnst, uns zu erzählen, was auf den Bildern alles zu sehen ist. Wir müssen aufmerksam zuhören, sonst werden wir (zu Recht!) von dir gerügt. Und immer wieder stöhnst du dann vor Wonne: »Haach – alle susammen!« – Einzig mit dem Essen hast du manchmal deine Grillen! Aber die sollst du haben – ich hatte sie auch – und du sollst es nicht so schwer haben wie ich: Ich will, daß du Freude an den Mahlzeiten hast und behältst. – Abends, wenn du schläfst, schaue ich nochmal nach dir, bevor ich schlafen gehe. Dann stehe ich lange an deinem Bettchen und sehe mir dein Engelsgesichtchen an, wie du selig schlummerst, mein Kleinod! Und im Geist sehe ich dich als einen großen, erwachsenen Mann, weit weg von mir. Im Geist übe ich schon Abschiednehmen von dir, du geliebter Gast – und ich will die Zeit mit dir genießen – denn eines Tages wirst du flügge sein, und die Zeit bis dahin wird schnell verrinnen. Wo du sein wirst? Was du sein wirst? Du wirst das, was du selbst sein möchtest. Wirst du glücklich sein? Ach, mein kleiner Engel – wenn alle meine guten Wünsche für dich in Erfüllung gehen, wie glücklich mußt du dann werden! Wenn du einmal selbst kleine Bengel hast – ob du dann diese Blätter lesen wirst – vielleicht mit Vergnügen? Du mein gutes Mausel – so unendlich lieb habe ich dich – so unendlich lieb –

Seit Wochen sind dauernd die Hosen naß. Und Berndt weigert sich, etwas zu sagen. Warum bloß? Und wenn ich ihn auffordere, sein Pfützchen zu machen, zappelt er wild, sitzt dann endlich doch auf dem Töpfchen, aber ganz ohne Erfolg. Minuten später ist die Hose naß. Ich weiß, daß er es eines Tages ganz von allein lernen wird. Ich weiß, daß ich ihn nicht wegen der nassen Hosen strafen soll und auch nicht will. Ich weiß das alles. Trotzdem ärgere ich mich. Und daß das Ganze nicht klappt, ist ja nicht sein, sondern mein Versagen! Ich weiß das! Und ich bin ganz sicher, daß das Kind mich nicht absichtlich ärgern will. Und ich ärgere mich dennoch! Ich ärgere mich über mich! Es ärgert mich, daß ich mich ärgere! Es ist mir elend wie lange nicht. Ich schleppe mich von einem Tief ins nächste. Schwermut hängt wie eine ei-

serne Kugel an meinen Beinen – entsetzlich! Nachmittags ist es am schlimmsten. Ich dachte zeitweise, daß es den »Nerven« gut tut, wenn ich mich mittags hinlege – aber es zeigt sich, daß nach dem Hinlegen alles noch viel, viel schlimmer ist. Schauderhaft. Was soll ich denn nur tun??
So heute. Um drei stelle ich wieder fest: Hose tropfnaß. Zorn wallt auf. Aber es gelingt mir, Berndt ganz ruhig aufzufordern, seine nasse Hose auszuziehen. Dann gehe ich aus dem Zimmer. Ich merke, wie es in mir brodelt. So stehe ich minutenlang im Schlafzimmer – lehne an der Mauer und warne mich! Ich höre förmlich gewisse Seiten aus irgendwelchen klugen, pädagogischen Büchern zu mir sprechen – und ich verstehe – ich weiß, daß es ganz falsch ist, das Kind jetzt zu schlagen – überhaupt zu schlagen. Das weiß ich genau. Ich weiß, daß das alles nur verschlimmern würde. Ich weiß, daß es nur schaden kann – gar nichts nützen würde – nichts –
Nach einer Weile glaube ich, diese irre, sinnlose Wut erfolgreich bekämpft, also besiegt zu haben – und gehe ins Kinderzimmer. Dort beschäftigt sich Berndt seelenruhig mit der nassen Hose – ohne auch nur den Schimmer von Schuldbewußtsein –
Da bricht der Zorn so wild und zügellos über mich herein, daß ich das erschrockene Kind packe und wütend das blanke, so kleine Hinterteil verprügle – mehr und mehr –
Ich bin sicher, Berndt konnte überhaupt nicht fassen, um was es ging (wo ich es ja selbst kaum wußte), obgleich ich es prägnant und im Prügelrhythmus deklamiere: »Du-sollst-nicht-die-Hose-naß-machen-du-sollst-nicht-die-Hose-naß-machen!« Ein über das schuldlose Kind hereinbrechendes elftes Gottesgebot: DUSOLLSTNICHTDIEHOSENASSMACHEN!
Ich bin genauso verzweifelt wie das Kind! Das Unerklärliche hat mich genauso erfaßt wie das Kind! Ich weiß genau, daß diese und noch dazu diese Sorte von Strafe in keinem Verhältnis zur Missetat steht! Ich bin mir dessen genau bewußt – während ich weiterdresche! Und zwar mit aller mir zur Verfügung stehenden Kraft! So als hätte ich ein lebloses Stück Fleisch in den Händen! Irgendwann höre ich auf. Ein leichenblasses und verheerend schluchzendes Kind vor mir – –
In mir eine Stimme: »Und dieses Kind soll glauben, daß es von seiner Mutter geliebt wird?? Diese Mutter ist ein brutales Ungeheuer! Diese Mutter ist keine Mutter! Ein Un-Weib, das sich an dem hilflos ihr ausgelieferten kleinen Lebewesen abreagiert! Geballte Ladungen Zorn über dieses ahnungslose Kind schüttet –

obgleich dieser Zorn gar nicht dem Kind gelten kann – Anemone, wem gilt der Zorn??? Halt ein! Du gemeine Vergewaltigerin! Du mißhandelst das einzige auf der Welt, was du uneingeschränkt liebst! Nun nimm es in die Arme! Weine mit ihm über dich! Bitte ihn um Verzeihung!«

Aber ich nehme Berndt nicht in die Arme. Ich schleudere ihn in sein kleines Bett. Er schluchzt atemlos! Völlig entgeistert schauen mich seine verquollenen dunklen Augen an! So müssen Kinder ausgesehen haben, wenn sie von genagelten Soldatenstiefeln getreten worden waren! So müssen sie diejenigen angestarrt haben, die sie an die Mauern der KZs geschleudert haben! So müssen die Augen ausgesehen haben, denen unfaßbar Schreckliches widerfahren ist! So!

Ich sehe das. Und sage: »Scheusal!« – unklar, an wen das gerichtet ist. Dann gehe ich. Im Türrahmen drehe ich mich nochmal um: Berndt ist schon eingeschlafen. Wieder aufgewacht, scheint alles verflogen zu sein.

Nicht bei mir. So beschließe ich, um neuen Gefahren auszuweichen, spazierenzugehen. Berndt, sonst immer bereit, durch die Felder zu streifen, will jetzt nicht. Er weigert sich, wie ein Tier, das nicht zum Schlachthof will. Und eben, wie ein Tier, das doch muß, ziehe ich ihn an, gewaltsam und ohne ein Wort dazu zu sagen. Berndt zittert – vielleicht aus Angst. Angst vor dieser, seiner Mutter...

Dann gehen wir. Berndt gebrochen. Weinend. Ich schweigend. Es gießt in Strömen. Wie ein Tropenregen. Berndt jammert leise: »Ben nich gern pazieren gehn möchte.« Ich überhöre das. Es ist weit und breit kein einziger Mensch draußen. Als ginge mich das Wesen neben mir überhaupt nichts an, schleife ich es hinter mir durch den Wolkenbruch. Allmählich trippelt es willenlos durch den Schlamm. Immer noch schluchzend, aber leise schluchzend – in sich hineinschluchzend –

Nach etwa einer halben Stunde Marsch durch sumpfig nasse Felder meldet Berndt (aber fast wie in einem Selbstgespräch): »Ben danz naß is; danz viel Wasser in Suhen.«

So drehen wir um. Zwanzig Minuten später sind wir wieder zu Hause. Beide patschnaß. Bis auf die Haut. So naß wie nach einem Bad. Beide. Da sagt Berndt: »Jetzt Mami Hose naß macht und Ben Hose naß macht – nich slimm – Mami frisse Hose anzieht und Ben frisse Hose anzieht...«

Ist das eine Lektion, die er mir zu geben versucht? Der kluge, gute kleine Kerl? Ob er vielleicht den Vorfall wie ein Unglück, höhere Gewalt, Naturkatastrophe erlebt hat? Nicht als Folge einer nassen Hose? Mein Gott, mach, daß dieses Geschenk aus deiner Hand heute nicht zerbrochen ist! Ich will glücklich sein, solange er seine Höschen naß macht – denn so lange ist er mein kleines Kind – und erst danach wird er in die Welt hinausgehen – weggehen von mir: Ich will mich freuen über die nassen Bubenhöschen...

Tagelang sieht man, daß Berndt die »Unglücksstelle« spürt, vielleicht brennt es – jedenfalls setzt er sich ganz vorsichtig hin... Tagelang sieht man so etwas wie einen Bluterguß auf dem winzigen Popöchen... Wäre ich jetzt gezwungen, mit ihm zum Arzt zu gehen, würde dieser wohl fragen, was das ist... Ob diese Fingerabdrücke ausreichen würden für eine Anzeige wegen Kindsmißhandlung? Sicher! Vielleicht käme ich dann in eine Anstalt – so wären Mann und Kind befreit... für eine Zeit!
Aber Berndt bleibt gesund. Und so hat niemand je diese Fingerabdrücke gesehen... nur ich. Und vielleicht sieht sie einmal der Psychotherapeut meines erwachsenen Sohnes. Und er wird sagen: »Sie müssen in Ihrer frühen Jugend einmal ein schreckliches Erlebnis gehabt haben – ein Trauma...«
Ich könnte mich zerfleischen! Weil ich ja weiß, was ich tun oder lassen sollte – und weil ich eben trotzdem nicht anders konnte, als falsch und böse zu handeln. Ich bebe vor Angst vor mir selber, vor dem Schaden, den ich diesem geliebten Kind zuzufügen in der Lage bin. Über eine nasse Hose werde ich niemals mehr schimpfen – aber es gibt ja nicht nur nasse Hosen! Werde ich immer erst durch so eine abscheuliche Szene »zur Vernunft« kommen? Um Gottes Willen! Ich glaube, ich muß in Behandlung, ehe es zu spät ist...

Die Tage eilen ungenutzt dahin. Wieviele gute Stunden vergehen, die man mit Sinnvollem füllen könnte, die ich aber leer lasse! Ich habe einfach nicht die Kraft, mich aus dem lähmenden, zähen Moor herauszuziehen. Was ist das nur, was an meinen Kräften zehrt? Wo ich doch »gesund« bin?! Es ist eine schreckliche, eine unheimliche Krankheit –

Mein lieber Berndt!
Nun wirst Du entsetzt sein! Nun hat das schöne Bild, das Du von Deiner Mutter in Deiner Seele hast, eine häßliche

Schramme bekommen. Und wahrscheinlich bist Du traurig. Ich bin es auch.

Niemand hat je die Fingerabdrücke am »Tatort« gesehen. Niemandem habe ich davon berichtet. Doch: meinem Analytiker. Er und ich wissen davon. Nur er und ich. Ich weiß nicht, ob ich hundert oder vielleicht noch mehr Stunden gebraucht habe, um schließlich das Widerwärtigste aller meiner Geheimnisse preiszugeben: jene jähzornige ekelhafte Gewaltszene im Kinderzimmer!

Fast zwanzig Jahre liegt das nun zurück – und immer noch quälen mich jene Fingerabdrücke – vielleicht oder ganz sicher, weil der, der darunter gelitten hat, heute diese Hand streichelt... ohne zu wissen, was sie zu tun fähig war, weil er glaubt, sie sei nur zärtlich und liebevoll gewesen, ohne zu ahnen, daß sie auch roh und brutal war.

Aber wenn ich davon überzeugt bin, daß sich die Verlogenheit meines Daseins im Krebs konkretisiert hat, den es gilt, so schonungslos und radikal wie möglich zu entfernen (um einer möglichen Metastasierung vorzubeugen), dann muß ich auch jene Fingerabdrücke ans Licht zerren, dann muß ich auch diese letzte verschwiegene Ecke meines Inneren auskehren, reinigen – dann muß ich, wiewohl sich alles in mir dagegenzustemmen versucht und es mir großen Schmerz bereitet, ja sagen zur verbalen Heraustrennung auch dieses allerletzten, bis jetzt versteckt gehaltenen Schandflecks. Wenn ich davon überzeugt bin, daß falsches Schweigen kanzerogen ist und Aufrichtigkeit das Antidot, dann mußte ich mich zu dem vorliegenden Bekenntnis durchringen.

Das Bekenntnis einer Mutter, die es nicht verdient hat, einen so guten Sohn zu haben.

Berndt, wirst Du mir verzeihen, nachdem Du das alles gelesen hast? Habe ich seither ein genügend dickes Polster an liebender Zuwendung geschaffen, so daß die Monströsität von damals aufgefangen wird?

Wie sehr ich es hoffe.

Doch, ich glaube es.

Aber auch, wenn ich sicher wäre, daß Du mir niemals vergeben wirst, würde ich heute dieses Bekenntnis ablegen – um der Wahrheit willen, um wenigstens in meinem kleinen Land den Sieg über die Verlogenheit davontragen zu können. Ich will Wahrheit zwischen uns. Ich will, daß Du weißt, wie es war, Berndt.

Schon, damit Du niemals glaubst, Deine Mutter sei eine makellose Göttinnengestalt gewesen. War sie nicht. Allerdings (vielleicht sage ich das zu Deinem Trost – wahrscheinlicher zu meinem!): Es gibt sie auf der Welt nicht, diese engelsgleiche Menschenmutter! Kein Mensch hat so eine Mutter! Einzig Dein Vater hat so eine Mutter gehabt – glaubt er. Diese Idealfigur aus seinem Phantasiekabinett ist zu seinem Maßstab geworden, an dem er die Frauen mißt – und jede wird zwangsläufig für zu gering abqualifiziert... früher oder später. Wirklich glücklich scheint er mit keiner sein zu können – nur mit der, die es gar nicht gibt...

Ich möchte nicht, daß es Dir, mein Sohn, einmal so gehen wird. Und auch dafür soll dieses Bekenntnis, das abzulegen sehr hart für mich gewesen ist, gut sein.

Wenn ich Dir heute die Schatten gezeigt habe, die in Deinem Kinderzimmer waren, so darf ich Dir hier aber auch die Sonnenstrahlen zeigen. Und mein ehrliches Kindertagebuch enthält viel mehr Blätter, die mich froh gemacht haben, als ich es jetzt durchlas. Sie zeigen nämlich, daß Du sehr zu meiner Überraschung ein heiteres Gemüt behalten hast – obgleich Du die ersten sechs Jahre Deines Lebens mit mir herumzigeunern mußtest – immer dahin, wo gerade das Krankenhaus stand, in dem Dein Vater lag und in dem Du die onkologischen Stationen besuchen mußtest – zur Freude der zum Sterben verurteilten Patienten – sicher nicht zu der Deinen... Aber scheinbar hattest Du die Fähigkeit, ohne Schaden zu nehmen zwischen dem Szenarium des Todes und dem des Lebens hin und her zu pendeln. Erstaunlich fand ich das, was ich in jener Zeit notiert habe:

Ein ganzer Gauner ist er schon. Zu gerne läuft er barfuß. Da es Herbst ist, muß ich es verbieten. Nun läuft er schon wieder ohne Schuhe! Mit leicht drohender Stimme frage ich: »Mäusel, wo sind denn deine Schuhe?« Statt einer Antwort ruft er: »Ben mide, mide!« und springt in Mami's Bett unter die Decke. (Übrigens ein ganz beliebtes Spiel!) Ich muß seinen Einwand akzeptieren. Er bleibt eine Sekunde und kommt dann wieder hervorgekrochen. In der Küche höre ich kleine Tapsgeräusche näherkommen. Dann steht der Käfer wieder hinter mir. Mit Mühe gelingt es mir, ernstzubleiben beim Anblick der großen, schwarzen, leuchtenden Kinderaugen, aus denen der Schalk blitzt. Fast ganz ernst erinnere ich ihn wieder an seine Schuhe. Berndt macht kehrt und saust zu meinem Bett: »Mide – mide!« Ich stehe an der Küchentüre, da äugt vorsichtig das kleine Lockenköpfchen um die Ecke, eindeutig, um festzustellen, ob die Katze das Mauseloch noch gefährdet. Als er mich stehen sieht, reißt er nicht etwa aus, sondern macht ein ganz freches Spitzbubengesicht und sagt: »Gugug!!« Ich hasche ihn, drücke ihm ein Küßchen auf die Stubsnase – er lacht selig und läßt sich die Schuhe anziehen.

Mein kleiner Kasper: wenn ich ihn ins Bettchen lege (oder er selbst hineinplumpst), macht er seine Augen zu und sagt: »Psst – släft!« Dabei muß er selber lachen, denn es gelingt ihm kaum, die Augen zugekniffen zu halten! Natürlich mache ich das Spielchen mit und flüstere: »Psst, mein Kind schläft ja schon – psst, ganz leise, damit es nicht aufwacht«, dann decke ich ihn schön zu – und er strampelt plötzlich die Decke weg und freut sich über den gelungenen »Streich«!

Ich bin glücklich, wenn ich an Dein Kinderlachen denke! Und staune und staune, daß Du es hast beibehalten können trotz des kranken Vaters – und dann auch noch der kranken Mutter:

Am Samstag soll ich also nun weg. Langsam muß Berndt auf die Zeit meiner Abwesenheit vorbereitet werden. Ich fahre täglich mit ihm zu B., damit er dort immer vertrauter wird. Ach, mein kleines, liebes Eulchen …

Heute waren wir nochmal den ganzen Tag bei Tante B. Ich habe Berndt bei ihr gelassen und noch ein paar Besorgungen gemacht. Berndt blieb ganz fröhlich bei ihr. Zum Mittagschlaf brachte zwar ich ihn ins Bettchen (das genau gleiche, wie er zu Hause hat), aber B. war immer mit dabei und legte mit Hand an, gab ihm die »notwendige« Ovomaltine usw.
Während Berndt schlief, besprachen wir nochmal alles. Ich hatte einen Koffer mit Sachen von Berndt schon mitgebracht, die wir nun auspackten. Natürlich alle wichtigen Spielsachen und auch alle, die ich »für Notfälle« in einem »Geheimfach« vorrätig hatte. Kleider-, Essensfragen und Gewohnheiten wurden nochmal durchgegangen. B. schrieb alles genau auf. Am Abend fuhren wir wieder nach Hause. Als Berndt dann schlief, packte ich die letzten Sachen zusammen und ins Auto: Kindertischchen, Stühlchen, den Wandbehang über dem Bett. Ich wollte, daß er möglichst viel von seinem Zuhause in dem fremden Zuhause vorfinden soll.

Berndt war kaum aufgewacht, da stellte er fest: »Tisch weg, Stuhl weg!« Ich sagte: »Wir bringen die Sachen heute zu Tante B. Wir fahren wieder zu Tante B.«
Bei B. wurde alles ausgeladen. Berndt richtig ausgelassen zwischen all seinen Sachen. Dann knie ich mich vor ihn hin und erkläre ihm: »Berndt, die Mami verreist jetzt. Du bleibst bei Tante B. Mami macht eine große Reise. Dann kommt die Mami wieder.« Berndt: »Mami kommt bald wieder.« Ich: »Nein Berndt, die Mami kommt nicht bald wieder. Mami macht eine große Reise und kommt dann wieder.« Berndt läuft ganz geschäftig davon und kommt wieder mit einem kleinen Matchboxauto in der Hand: »Mami mit Auto spielen auf große Reise!« Ich hatte schon große Mühe, alles ernst, aber »fröhlichen Herzens« zu sagen, so daß das Kind merken mußte, daß ich länger wegzufahren gedachte, aber daß das doch nichts Schlimmes sei. Jetzt konnte ich die Tränen kaum noch halten angesichts des treuherzigen Abschiedsgeschenkes! Ich packte ihn kurz, gab ihm einen Dankeskuß, setzte ihn B. auf den Arm und lief nach flüchtigem Handschlag zum Auto. Berndt winkte immer noch ganz fröhlich – – und ich fuhr nur um die nächste Ecke, wo ich schluchzend anhalten mußte, weil ich nichts mehr durch die Tränen hindurch sehen konnte. Ich kam mir vor, als hätte ich mein Kind verraten! Einfach weil ich, vielleicht einer Laune wegen, zu einem Psychotherapeuten gehen will! Bin ich tatsächlich so kaputt, daß das sein muß? Oder ist es Einbildung? Habe ich mich zu leicht der Diagnose des Internisten ergeben: »Neurose«? Bin ich wirklich nicht in der Lage, mich selbst aus dem Schlamm zu ziehen, wie das Münchhausen getan hatte? Meinem Kind zuliebe? Oder ist es für das Kind besser, eine Weile bei jemand zu sein, der sich gesund fühlt, statt bei der eigenen Mutter, die die »Nerven« nur noch mit äußerster Mühe zusammenhält? Aber jetzt geht es ja wenigstens dem Vater gut. Und er will immer mal nach Berndt schauen gehen.
Ich habe alles getan, was ich tun konnte. Jetzt fühle ich mich wie ein zerbeulter Behälter mit Leck: alle Kräfte laufen aus...

Und so reiste ich am nächsten Morgen einem neuen Morgen entgegen. Neun ganze Wochen hast Du, mein gutes Kind, die Mami in Deutschland beim Psychotherapeuten gelassen. In dieser Zeit habe ich Dir jede Woche ein Päckchen und Briefe geschickt, die Dir B. vorgelesen hat, damit Du wissen solltest, daß ich an Dich denke und daß ich bestimmt wiederkomme.

Und ich habe ständig telefoniert, um zu hören, was Du machst und wie es Dir geht. Neun Wochen lang schien es Dir ganz gut zu gehen. Dann hast Du hohes, undefinierbares Fieber bekommen – ein Alarmruf – Deine Geduld war am Ende. Sofort habe ich alle Therapietermine streichen lassen und bin zu Dir geeilt. Natürlich wußte ich, daß ich Dich nach so langer Zeit nicht einfach so würde in den Arm nehmen dürfen:

Tatsächlich weicht er bei meinem Anblick spontan mehrere Schritte zurück. Ich bleibe ruhig in der mir zugewiesenen Entfernung. Berndt tut so, als spiele er intensiv mit seinen Autos. In Wirklichkeit arbeitet sein Gehirn sichtlich, und er schielt immer wieder zu mir herauf. Wahrscheinlich versucht er das Bild von seiner Mami mit mir zu vergleichen. Nach zwanzig Minuten wagt er einen ersten Annäherungsversuch: bringt mir seine neuen Spielsachen, eindeutig nur diejenigen, die ich nicht kenne. Dann plötzlich »fällt der Groschen«! Ohne irgendwelche Umschweife zieht er die selbstverständliche Konsequenz aus der Tatsache, daß nun die Mami eben wieder da ist, von der großen Reise zurück, und verkündet in bestimmtem Tonfall: »Mami, Papi, Ben alle susammen nach Hause!« Er sorgt für unaufhaltsames Pakken des Autos, indem er fleißig mithilft, seine Dinge im Gepäckraum zu verstauen. Dann drängt er zum Aufbruch: »Schlichi (Schlüssel) – Auto – fahren!« Wir halten es für richtig, diesem Wunsch auch nachzugeben. Papi setzt sich ans Steuer, Berndt auf meinen Schoß. Auf dem Weg nach Hause erfolgt die Rückeroberung der Mami: »Dort Motorrad, siehst du, Mami?« – »Schornstein – heiß, heiß, Rauch rauskommt, guck Mami!« – »Zug kommt, Lärm macht, hörst du, Mami?« – »Da – Zementmichmasine, siehst du Mami?« – »Mami« – immer wieder dieses Wort, was er neun Wochen nicht hat anbringen können! Ein paarmal lehnt er sich vorsichtig und zaghaft an mich, so, als wollte er probieren, ob das noch geht. Es geht! Ein zufriedener Wonneseufzer: »Mamii!«

Ja, ich war glücklich darüber, daß Du so schnell wieder zu mir gefunden hattest. Das war das allerschönste Geschenk, das Du mir hast machen können. Und zugleich war es ja auch eine Rehabilitation: war mein Gutsein und mein Liebhaben doch so viel größer und stärker gewesen als das verheerende andere ... Ich war ganz glücklich! Vor allem, weil Du es warst! Und die lange Trennung von Deiner Mami schienst Du doch im großen und ganzen recht gut verkraftet zu haben. Nur manchmal bekam ich etwas davon zu spüren, wie schlimm es für Dich trotz bester Vorkehrungen gewesen sein muß:

Berndt will in den Garten. Vorher verabschiedet er sich aufwendig: »Ich komme bestimmt wieder, bestimmt, bestimmt!«

Immer, wenn er hinausgeht: »Mami nich traurig sein: Ben gleich wieder da is!« Ich hatte ihn nicht so fürsorglich getröstet, wie er mich...

Neuerdings wacht er nachts auf oder ganz früh morgens. Dann muß er prüfen, ob ich auch da bin und kriecht anschließend unter meine Bettdecke. Sollte ich ihn in sein Bett zurückschicken? Es ist doch eine Art Liebeserklärung! Die kann ich nicht ausschlagen. Und ich bin ja auch glücklich darüber!

Du hast mich sehr glücklich gemacht, mein Sohn, und nicht gegeizt mit Liebesbeweisen:

Ich schreibe. Berndt: »Das heißt Mami und Papi und Bend und Mami und Papi.« Ein festgefügtes Familienbild: Das Kind ganz und gar umschlossen von der beschützenden Liebe der beiden Eltern. Berndt scheint das glücklich zu empfinden. Schön!

»Mami, du bist die allerbeste Mi der Welt – aber der Papi auch!« Zu Silvester bekommen wir ein besonderes Geschenk des Liebhabens: Aus seinem kleinen Süßigkeitenreservoir zählt er zweimal die genau gleiche Menge Bonbons ab, steckt sie in zwei Tüten und gibt sie uns: »Weil ich so froh bin!«

Er sitzt (mit neun Jahren noch immer) am liebsten auf meinem Schoß: Ich sage: »Die Welt ist so groß, und es gibt so viel Platz für dich.« Berndt: »Aber der allerschönste Platz ist der, wo du bist!«

Alle diese Glücksgeschenke habe ich mit großer Dankbarkeit entgegengenommen, und sie haben mich glauben gemacht, daß es nicht »zu spät« gewesen war, zu dem Seelen-Doktor zu fahren und mit seiner Hilfe die neurotischen Störungen abzubauen, diese irre Revolution in meinem Inneren auf konstruktive Wege zu lenken und den brodelnden Vulkan zu erkennen, der mich in Angst und Schrecken zu versetzen wußte, vor dessen eruptivem Feuerregen selbst das unschuldige, kleine Kind nicht sicher war: Er wurde entschärft, er wurde entmachtet und fast ganz stillgelegt. Und mit welchem gewaltigen Instrumentarium wurde das bewerkstelligt? Mit dem Wort.

Welch ein Wunder das ist, daß der Mensch, im Gegensatz zum Tier, plötzlich einmal beginnt, Worte nachzubilden, immer mehr Worte, und schließlich reden lernt! Und dieser Entwicklungsweg ist schon im befruchteten, winzigen Ei, schon im gesunden Embryo vorgezeichnet! Mit ehrfürchtiger Andacht beobachte ich, wie sich die unsagbar komplizierte Blume der Sprache entfaltet. Stilles Staunen erfaßt mich angesichts des Wunders, das sich in und an diesem Kind tut – an jedem normalen Kind . . .

Heute bekam ich eine komplette Übersetzung von einem dreijährigen Dolmetscher präsentiert: »Ida sagt ›no, no, non si tocca!‹, da(r)ft nich haben, sagt Ida.«

Jetzt hat er ein Repertoire von rund hundert Wörtern.

Wieviele Wörter mögen es inzwischen sein, die abrufbereit in Deinem Gehirn gespeichert sind? Und noch immer überrascht es mich zuweilen, wenn Du einen ungewohnten Begriff in das Gespräch einbringst. Genau wie damals ist mir das nicht selbstverständlich, sondern eben wunderbar. Sprechen können ist nicht nur technisch gesehen eine Großartigkeit, sondern auch geistig eine Höchstleistung des Menschen. Mit Freude höre ich Dich sprechen, mein Sohn. Du hast gelernt, Dich gepflegt, besonnen, gewählt auszudrücken. Ich bin glücklich, daß Du das Gespräch suchst und daß Du Ansätze dazu auf unseren gemeinsamen Spaziergängen im Wald oder am Strand der Nordsee hast finden können. Ob Du ahnst, wie sehr ich diese Wanderungen genossen habe – auch dann, wenn unser Gesprächsthema nicht angenehm war? Ob Du ahnst, wie positiv ich Deine emotionalen Ausbrüche erlebt habe, in denen Du Dich mit Gott und der Welt, mit Schule und Eltern auseinanderzusetzen versucht hast? Ob Du selbst hast erleben können, daß diese Auseinandersetzungen Deinen Reifungsprozeß gefördert haben, Dir wichtige Erkenntnisse über Dich selbst geliefert haben, Dein Empfindungsvermögen, Deine Gefühlsempfänglichkeit gesteigert haben und Dich fast immer zu einer Lösung oder mindestens Lockerung Deines Konfliktes geführt haben? Prentice Mulford hat Recht, wenn er in seinem Buch ›Unfug des Lebens und des Sterbens‹ schreibt: *Niemand zu haben, zu dem man frei sprechen kann, alle Defekte und feindlichen Fehler bei sich behalten müssen – das erzeugt zuerst Mangel an Mut, sie sich selbst einzugestehen, später einen falschen Stolz, der sich damit begnügt, zu scheinen, was er nicht ist. Solch ein Geist ist schließlich völlig unfähig, überhaupt einzugestehen, er habe einen Fehler, und wird endlich seinen eigenen Mängeln gegenüber total blind. Er stärkt sich unbewußt im Gefühl der Vollkommenheit, wird oberflächlich, arrogant und kritisch gegen andere. Er versteinert in seiner eigenen materiellen Überzeugung.*

Berndt, wie sehr ich Dir wünschen möchte, daß Du niemals die Fähigkeit verlieren mögest, Dich Konflikten zu stellen! Wie sehr ich Dir wünschen möchte, daß Du niemals die Bereitschaft zur verbalen Auseinandersetzung aufgeben wirst! Niemals! Denn in dem Moment, wo das geschieht, hast Du den Weg in die Einsamkeit angetreten: zunächst innerlich. Äußerlich schwimmt man dann noch ein Weilchen im Partyrummel mit – aber nicht lang; dann teilt sich die innere Isoliertheit der Umwelt mit: Sie ist das Festland, das zurückbleibt, wenn das Schiff ablegt... Nichts kann die immer größer werdende Distanz überbrücken, wenn das Schiff sein Funkgerät abgestellt hat... ich meine, den Willen zum Funkkontakt... ich meine, den Willen zum inneren Funkkontakt...

Berndt, wenn sich Dein Vater und Deine Mutter zu einer räumlichen Trennung entschließen, dann aufgrund der inneren Funkstille.

Das Juwel des Himmels ist die Sonne
das Juwel des Hauses ist das Kind
(Chinesische Weisheiten)

Teilstrecke 47
9. Krankenhaustag – Nachmittag
(Katalyse)

Brrinn – brrinn – brrinn
»Ja bitte? Hier Anemone Sandkorn«
»HalloAnemonewiegehts?«
»– – –«
»Hallo? Da ist wohl die Leitung blockiert?!«
»Vielleicht könnte man es so nennen. Ja.«
»Anemonewiegehts?«
»– – –«
»Hallo! Also da ist doch was mit der Leitung nicht in Ordnung.«
»Genauso ist es. Ich bin fassungslos. Ist es möglich, daß du wirklich nicht merkst, daß mit der ›Leitung‹ etwas nicht stimmt?«
»Ja – soll ich später nochmal anrufen?«
»Mein Gott – nein! Die Leitung, die zwischen uns kaputt ist, wird bis dahin nicht von alleine wieder heil.«
»Ach so, wieder eine Metapher. Ich dachte, die Telefonleitung –«
»Ich weiß. Zwar hat es vorgestern eine harte, die härteste Auseinandersetzung zwischen uns gegeben, aber du merkst nicht, daß die ›Leitung‹ zwischen uns kaputt ist.«
»Ich wollte nur hören, wann du entlassen wirst, sonst nichts.«
»Leider mit der Betonung auf ›sonst nichts‹.«
»Ich hatte nicht vor, die Diskussion telefonisch fortzusetzen.«
»Am liebsten würdest du sie gar nicht fortsetzen, oder?«
»Na, wer macht das denn schon gern?«
»Es war nicht die Frage, ob ›gern‹ oder nicht gern.«
»Sei doch nicht immer so pedantisch!«
»Du weichst aus, wie immer.«
»Himmel! Ich wollte doch nur –. Aber entschuldige. Ich vergesse immer wieder, daß du krank bist. Du hast so eine kraftvolle Stimme –«

»Man hat mich nicht an der Stimme operiert. Und beim Sprechen bewege ich nicht die Narben.«
»Jaja – schon gut. Aber du wirkst eben nicht krank.«
»Möchtest du, daß ich ein Schild umhänge: VORSICHT KREBS?«
»Sei doch nicht immer gleich so sarkastisch!«
»Wirklich eine entsetzliche Frau: ›immer pedantisch, immer sarkastisch‹. Du kannst einem leid tun. Weil du nämlich nicht merkst, daß du das provozierst. Mit diesem Anruf z. B. hättest du die Wahl gehabt, den Abgrund zwischen uns zu verkleinern oder zu vergrößern. Du hast ihn vergrößert.«
»Aber wieso denn nur?«
»Da bist du vorgestern von deiner Frau hier zur Türe hinausgeschmissen worden – und rufst heute an, als sei gar nichts gewesen. Du verhältst dich mir gegenüber so, wie man sich einer Geisteskranken gegenüber verhält: Man läßt sie reden – sie ist halt irre. Man greift keines ihrer Worte auf, man reagiert nicht, man erwidert nichts. Und wenn ihr Anfall vorbei ist, dann tut man so, als habe man den Anfall gar nicht bemerkt: ›HalloAnemonewiegehts‹. Ich wäre so glücklich gewesen, wenn du angerufen hättest, um zu hören, wie ich diese schreckliche Auseinandersetzung überlebt habe, oder um mir zu sagen, was sie in dir bewegt hat. Scheinbar wieder nichts. Zum ersten Mal in meinem Leben bedaure ich, daß die Jahre meines Lebens vergangen sind, in denen ich hätte eine eigenständige Existenz aufbauen können, denn jetzt wäre der Moment, wo ich mich unabhängig von dir machen würde. Das kann ich nun leider nicht. Aber ich habe auch keine zu großen Skrupel, die mir rechtlich zustehende materielle Unterstützung von dir anzunehmen – zumal ich auf dem zurückliegenden Weg ja auch meine Gesundheit verloren habe. Du hast mich in den vergangenen Jahren konkret ›gebraucht‹ – ich werde dich nun in Zukunft nur noch konkret ›brauchen‹: Dafür fordere ich sonst nichts weiter mehr von dir. Eigentlich solltest du jetzt erleichtert aufatmen.«
»Anemone – ich verstehe das alles einfach nicht.«
»Übermorgen komme ich nach Hause. Ich hoffe, es geht mir dann bald so gut, daß ich ruhig und sachlich erklären kann, weshalb ich es für besser halte, wenn wir uns trennen.«

Warum ist sie gegangen?
Was habe ich ihr getan?
Es bereitet mir fast theologische Qualen,
daß ich es nicht wissen kann...
Ich selber bin der ganze Grund
und krieg ihn nicht zu fassen.

(Botho Strauß)

Teilstrecke 48
10. Krankenhaustag – Vormittag (Parabel zur Phänomenologie der Liebe)

Meine Zimmernachbarin hat mir das Manuskript von der Geschichte gegeben, die »bestimmt kein Weihnachtsmitläufer geschrieben hat«. Mit jeder Seite zieht sie mich mehr in ihren Bann – und am Ende weiß ich, daß ich hier auf Gedanken gestoßen bin, die zum Ausdruck gebracht haben, was sich im Unterbewußtsein meinem Gefühl längst schon mitgeteilt hat: LIEBE macht Menschen gesund und Tote lebendig. Un-LIEBE macht Menschen krank – todkrank. Krebskrank?

GEBOREN VON DER JUNGFRAU MARIA

Alle Jahre wieder wird uns das verkündet, am 25. Dezember, dem Tag, an dem man bis zum Jahre 353 die Geburt des Sonnengottes Mithras feierte. Nachdem der Mithraskult mit Gewalt ausgerottet worden war, hat die Kirche – ohne historisch fundierten Anhaltspunkt – das Geburtsdatum ihrer »geschichtlichen Erscheinung« über das heidnische Sonnenwendfest gestülpt: Heute gilt das heiligste, das in der westlichen Hemisphäre uneingeschränkt anerkannt höchste Fest, das Fest der Feste, der Geburt von – Jesus Christus. Und um es noch herausragender werden zu lassen, wurde im 6. Jahrhundert die Adventszeit eingeführt: vier Wochen Vorfeier zur Weihnachtsfeier.

In dieser Zeit wird in allen Menschen, jungen und alten, eine diffuse Sehnsucht stimuliert, eine vielschichtige Spannung in jedem Mitglied unseres Kulturkreises in schwindelnde Höhen getrieben: »Macht hoch die Tür, die Tor macht weit! Es kommt der Herr der Herrlichkeit…«

Herrlichkeit.

Herrlichkeit bedeutet für jeden etwas anderes, für alle etwas, wonach sie sich sehnen, etwas, was sie nicht haben.

Vier Wochen lang wird die Phantasievorstellung von »Herrlichkeit« geschürt im geistig-moralisch-ethisch-religiösen Bereich und parallel dazu – vielleicht, weil das den Vorzug hat, greifbar, handlich zu sein, gewissermaßen als Unterbau dient – im materiellen Bereich. Vier lange Wochen werden wir dazu angehal-

ten, uns auf die Erfüllung von »Herrlichkeit« zu freuen. Vier Wochen Vorfreude. Vier Wochen lang werden unterschwellig alle unsere Sinne gereizt und mit Assoziationen verknüpft, mit Wunschvorstellungen verbunden, die im Verlauf der vierwöchigen Vorbereitungszeit und jedes Jahr neu und immer mehr anschwellen und schließlich jenseits aller Realisierung zu liegen kommen müssen. Endlich ist er dann da, der ersehnte, der so lang erwartete Tag!

*Millionenmal ertönt die fröhliche, selige, gnadenbringende Weihnachtszeit! Millionenmal der Aufruf: »*FREU-E-E, FREU-E DICH, OH CHRISTENHEIT!!*« Millionenmal jauchzen die Himmlischen Heere! Doch die Intonation dieses jubelnden Christenliedes ist nicht fröhlich: Auch wenn man es »freudig bewegt« anstimmt und nicht wie üblich, in kirchlich-pathetisch gemäßigtem Tempo, spürt man das versteckt Depressive in der Stimmführung: wenige Lieder drücken so sehr auf die Tränendrüsen wie »Oh du fröhliche«. Taschentücher werden naß – gerade an Weihnachten. (Karfreitag weint kaum jemand.) Die Zahl der Selbstmordversuche, ebenso wie die Zahl der Suizide ist in der Weihnachtszeit am größten...*

Denn die hochgepeitschten Erwartungen bleiben unerfüllt, leer – und machen den fröhlichen Christen innerlich niedergeschlagen. Die unverändert gleichbleibenden kirchlichen Versprechungen werden seit Hunderten von Jahren nicht gehalten. Und so wird die Zahl derer immer größer, die die Worte des Simeon nicht verstehen können, der nach der Begegnung mit dem Jesusknaben sofort weiß, was er darstellt, nämlich EIN LICHT, ZU ERLEUCHTEN DIE HEIDEN *(Lk 2,32).*

Überraschend allerdings, daß nicht nur wir uns schwer tun mit dieser Rede, sondern offenbar schon damals selbst die engsten Bezugspersonen des so bestaunten Kindes in der gleichen unerquicklichen Lage waren: SEIN VATER UND SEINE MUTTER WUNDERTEN SICH DES, DASS VON IHM GEREDET WARD *(Lk 2,33). Dabei könnte man doch annehmen, daß eine Frau, die vor und anläßlich ihrer Schwängerung mit einem Gesandten Gottes gesprochen (Lk 1,26–38) und die Frucht ihres Leibes vom Heiligen Geist empfangen hat (Mt 1,18), die dann nach ihrer Niederkunft den zweifellos ungewöhnlichen Besuch der Weisen bekommt und sieht, wie sie vor dem Säugling niederfallen und ihre Mitbringsel auspacken (Mt 2,11) – immerhin Gold, Weihrauch und Myrrhe – man könnte doch annehmen, daß eine solche Frau nichts mehr überrascht, am allerwenigsten aber die Fortsetzung des Außergewöhnlichen an und in diesem Kinde. Dem ist aber nicht so: Dieses Kind, das auf eine so mystisch strahlende Art in diese Welt gekommen sein soll, wird von seinen Eltern offenbar wie ein ganz gewöhnliches Kind behandelt, z. B. als es plötzlich verschwunden war (Lk 2,48). Die scheinbar ganz natürlichen Eltern rechneten nicht mit irgendwelchen Außergewöhnlichkeiten ihres Sohnes – und verstanden demzufolge auch nicht* DAS WORT, DAS ER MIT IHNEN REDETE *(Lk 2,50).*

Ob da nicht zwei verschiedene Dinge irrigerweise wie ein und dasselbe gesehen werden? Nämlich das Kind Jesus, bar jeglicher Auffälligkeiten, seine Eltern, ein völlig normales Ehepaar seiner Zeit auf der einen Seite – und auf der anderen Seite all das Wunderbare rings um die Figur Jesus herum, das sich wie ein roter Faden durch die Evangelien zieht, das seinen Niederschlag in zahllosen Gleichnissen findet. Und es erhebt sich die Frage, ob nicht Jesus selbst als Gleichnis verstanden werden muß, als Symbol:

DAS SYMBOL IST EINE VERDICHTETE REPRÄSENTATIVE GESTALTUNG DES GEMEINTEN, DIE, OHNE BLOSSES ABBILD ZU SEIN, DAS WESENHAFTE EINFÄNGT UND IN EINEM HÖHEREN SINNE GLEICHNISHAFT ZUR ANSCHAUUNG BRINGT. IM SYMBOL FLIESST IN REPRÄSENTATIVER GESTALT EINE OFT SCHWER AUSSCHÖPFBARE VIELFALT VON RATIONAL NICHT AUFLÖSBAREN BEDEUTUNGEN UND TIEFEN ZUSAMMENHÄNGEN RELATIV ANSCHAULICH IN EINES ZUSAMMEN. DAS SYMBOL HAT EINE AUFSCHLIESSENDE KRAFT UND BEDEUTUNG *(Brockhaus).*

Was sich überall in den Evangelien für das Symbol Jesus und für sein Wirken einsetzen läßt und was sich auch mühelos in die Weihnachts- wie in die Auferstehungsgeschichte fügt, wäre der Begriff LIEBE.

Wenn Jesus für LIEBE *steht, dann weiß man, was Simeon gemeint hat, denn* LIEBE *bringt in der Tat Licht in unser Leben,* ZU ERLEUCHTEN DIE HEIDEN, *und zwar in des Wortes doppelter Bedeutung, Gefühl wie Geist betreffend – wobei* HEIDEN alle sind, die ohne Christus sind, ohne LIEBE.

Wenn Gott der Schöpfer Himmels und der Erden ist – wie auch immer das gemeint sei –, dann ist er auf jeden Fall auch der Vater der LIEBE, *in der umfassendsten ihrer Wesenheit, als positive*

Motivierung für alles, was sich auf der Welt tut. Um sich zu verwirklichen, ist sie an einen Körper gebunden – hier vertreten durch Maria.

So gesehen gewinnen die an die verdutzte Jungfrau gerichteten Worte des Engels einen auch im Zeitalter wissenschaftlicher Forschung und Aufklärung zugänglichen Sinn: DER HEILIGE GEIST WIRD ÜBER DICH KOMMEN, UND DIE KRAFT DES HÖCHSTEN WIRD DICH ÜBERSCHATTEN, DARUM WIRD DAS HEILIGE, DAS VON DIR GEBOREN WIRD, GOTTES SOHN GENANNT WERDEN (Lk 1,35). Ein Sohn, der SEIN VOLK SELIG MACHEN (Mt 1,21) wird, durch dessen Anwesenheit ein armseliger Stall in himmlichem Glanz erstrahlt: Arme und Reiche, und selbst die Könige der Weisheit fallen vor ihm in die Knie. Das Erscheinen der LIEBE *in unserem Dasein ist EINE GROSSE FREUDE (Lk 2,10) und sie wird ALLEM VOLKE WIDERFAHREN.* LIEBE *bringt FRIEDEN AUF ERDEN UND DEN MENSCHEN EIN WOHLGEFALLEN (Lk 2,14). EHRE SEI GOTT IN DER HÖHE!*

Wo LIEBE *ist, ist Leben – und das wird so sein ALLE TAGE BIS AN DER WELT ENDE (Mt 28,20). Wenn Jesus für* LIEBE *steht, dann haben seine Wundertaten einen auch heute gültigen Wahrheitsgehalt, denn* LIEBE *kann STUMME (Mt 9,33) zum Sprechen bringen, BLINDE (Mt 9,29; Lk 18,42) sehend, LAHME (Lk 7,22) gehend, TAUBE (Lk 7,22) hörend machen; auf jeden Fall kann* LIEBE *die Menschen GESUND machen (Lk 9,6) und TOTE (Mt 9,18; Lk 8,52) zu neuem Leben erwecken – nicht im medizinischen Sinn freilich, sondern im übertragenen Sinn, genauso, wie uns das Neue Testament selbst zu verstehen gibt an jener Stelle, wo vom VERLORENEN SOHN die Rede ist: er WAR TOT UND IST WIEDER LEBENDIG GEWORDEN (Lk 15,24 und 15,32: Schriftstücke mit besonders wichtigem Inhalt werden gegengezeichnet!). Wenn TOT nicht Tod meint, müssen auch Stumm-, Blind- und Taubheit nicht so gemeint sein: sie können dem Bereich psychosomatischer Störungen zugeordnet werden.*

Psychotherapieerfolge haben oft den Anschein der WUNDERBAREN HEILUNG, die allein MIT WORTEN (Mt 8,16) erzielt wird. Was der Seelenarzt darüber hinaus dem Kranken entgegenbringt, ist etwas, was ihm vielleicht zeit seines Lebens gefehlt hat: Verständnis. Das aber ist ein nicht un-

wesentlicher Aspekt des Phänomens LIEBE *und heilt heute wie damals.*
Wie damals, so sitzen auch heute die seelisch Kranken verängstigt in ihrem Lebensschiff, das vom GROSSEN UNGESTÜM IM MEER (Mt 8,24) gepackt und gebeutelt wird, und sie rufen: HILF UNS, WIR VERDERBEN (Mt 8,25) – und VERWUNDERN (Mt 8,27) sich nicht wenig, wenn sie erleben, wie schließlich WIND UND MEER GEHORSAM IST. Es gehört zum Wunderbarsten in unserem Leben, wenn unser SCHIFFLEIN (Mt 8,24) in bösen Sturm geraten ist und jemand kraft seiner LIEBE DEN WIND UND DAS MEER BEDROHT *(Mt 8,26), so daß es unerwartet GANZ STILLE um uns wird und wir aufatmen können.* LIEBE *scheint Unmögliches zu vermögen – sollte sie nicht auch AUF DEM MEER GEHEN (Mt 14,26) können?*
Wenn Jesu Wirken für alles steht, was LIEBE *bewirken kann, versteht man auch, wie er aus Wasser Wein gemacht hat (Jo 2,11): Was den Wein vom Wasser unterscheidet, ist das Wirkende.* LIEBE *ist das Wirkende im gewöhnlich dahinfließenden Alltag; wo* LIEBE *ist, wird aus einfachem Wasser eine Köstlichkeit, also »Wein«. An dieser Wahrheit hat sich bis heute nichts geändert: sie OFFENBARTE SEINE HERRLICHKEIT (Jo 2,11), die herrliche Wirksamkeit der* LIEBE. *Diese zeigt sich auch in der Speisung der 5000 (Mt 14,15–21; Jo 6,15–21; Mk 6,32–44). In unserer vom Materialismus regierten Welt wird oft vergessen, was heute so wahr ist wie damals: DER MENSCH LEBT NICHT VOM BROT ALLEIN (Mt 4,4): Ungeliebte Kinder gehen zugrunde trotz guter Ernährung; geliebte Kinder gedeihen am kärglichen Tisch.* LIEBE *»verzaubert« das kleinste Nichts. Wo* LIEBE *ist, genügen ein bißchen BROT und ein paar FISCHE, um die Menschen satt zu machen: Die großen* LIEBE-*Spender unserer Zeit – Mutter Teresa in Indien etwa oder Albert Schweitzer – haben kaum mehr besessen und dennoch sehr viel mehr Menschen gesättigt, als dies an den üppig gedeckten Tischen der Reichen geschieht. FISCHE und BROT verteilt Jesus. Der Fisch ist das Symbol des Lebens; Brot ist ein Grundnahrungsmittel; ohne Brot kein Leben – ohne* LIEBE *kein Leben. ICH BIN DAS BROT DES LEBENS (Jo 6,48). ICH BIN DAS LICHT DER WELT (Jo 8,12).*
In Gleichnissen spricht Jesus: DENN MIT SEHENDEN AUGEN SEHEN SIE NICHT UND MIT HÖREN-

DEN OHREN HÖREN SIE NICHT (Mt 13,10). ES KOMMT ABER DIE ZEIT, DASS ICH NICHT MEHR DURCH SPRICHWÖRTER MIT EUCH REDEN WERDE, SONDERN EUCH FREI HERAUS VERKÜNDIGEN VON MEINEM VATER (Jo 16,25). Eines Tages also wird die körperliche Hülle, die den Namen Jesus trägt, entbehrlich, und die Menschheit wird das Geheimnis von der Kraft des Lebens, der Ur-Kraft, frei erfassen können. Bis dahin wird Jesus NOCH VIEL LEIDEN UND VERWORFEN WERDEN VON DEN ÄLTESTEN UND HOHENPRIESTERN UND SCHRIFTGELEHRTEN UND GETÖTET WERDEN *(Lk 9,22).*

Wenn Jesus aus der zeitlichen und örtlichen Begrenzung, in die ihn die Evangelien hineinzustellen scheinen, herausgenommen wird, wenn er als Träger einer Idee, als Code-Wort verstanden würde, als Synonym für LIEBE, *dann liegt Golgatha nicht irgendwo im verschwommenen Dunkel der Vergangenheit. Dann ist Golgatha überall, in jedem Menschen! Dann ist jeder Mensch in seinem kleinen, intimen Weltgeschehen irgendwo an der schmählichen Kreuzigungsszene beteiligt (Mt 27; Mk 15; Lk 23; Jo 19) in der Rolle, die er sich selbst wählt: die des Judas oder Pilatus, die der Kriegsknechte oder Hohenpriester, die des Nikodemus oder der passiven Zuschauer am Rand der großen Weltbühne. Hier und heute mag uns der Schauder ergreifen ob der alltäglichen Golgathaszenen …*

Aber nicht nur die Golgathaszene birgt in sich den Wahrheitsgehalt der greifbaren Gegenwart: Wenn Jesus für LIEBE *steht, dann steckt auch in der Auferstehungsgeschichte aktuelle, gegenwärtige Lebenswahrheit;* Und *SIE WERDEN IHN TÖTEN, UND WENN ER GETÖTET IST, SO WIRD ER AM DRITTEN TAGE AUFERSTEHEN (Mk 9,31; Mk 10,33; Lk 24,46).* LIEBE *kann gelitten haben, kann gekreuzigt, gestorben und begraben worden sein, kann niedergefahren sein in die Höllen unseres Daseins – aber wird wieder auferstehen von den Toten! Immer und immer wieder! Allen Golgathas zum Trotz! Jesus ist die Kraft, die* DEM TODE DIE MACHT GENOMMEN *(2. Tim. 1,10) hat – die* LIEBE *ist die Kraft, die uns vom inneren Tode befreit.*

Wo LIEBE *ist, ist Leben. Wo* LIEBE *nicht ist, ist* HEULEN UND ZÄHNEKLAPPERN *(Mt 24,51; Lk 13,28)* – GREUEL UND VERWÜSTUNG *(Mt 24,15)* – TRÜBSAL *(Mt 24,21). Wie wahr das ist!*

Die Vision von Haß und LIEBE *hat eines Tages den Gedankenkreis der Menschen tangiert und ihren Niederschlag in den mythologischen Dichtungen der Kulturen dieser Welt gefunden, so in der Bibel. Kristallisationspunkt der* LIEBE *ist in unseren Breitengraden die Figur Jesus. Er ist die personifizierte Idee der* LIEBE*; die Weihnachtsgeschichte die mythologische Darstellung der Geburt der* LIEBE*, empfangen, ohne zu wissen wie, halb Fleisch, halb Geist, ein Kind Gottes.*
Doch so, wie uns die Weihnachtsbotschaft gepredigt wird, hinterläßt sie immer mehr diffuse Bitternis, weil sie uns zu ewig Wartenden macht. Seit zweitausend Jahren wird uns das große Heil versprochen, aber die Verwirklichung in einen niemals zu überprüfenden Zeitraum jenseits unseres irdischen Lebens transferiert: Unbewiesene Behauptungen werden nicht dadurch überzeugender, daß man sie unermüdlich wiederholt! Dabei würden wir uns das noch gefallen lassen, wenn wir wenigstens jenes bestätigt fänden, was zu uns auf die Erde kommen soll: Friede und Herrlichkeit...
Wenn Jesus nicht der Mann ist, der vor irgendwelchen zweitausend Jahren geboren wurde, sondern die Bezeichnung für eine komplizierte Größe (wie der griechische Buchstabe Pi in der Mathematik), können wir lernen, sie gezielt in die Formeln des Lebens einzubauen. Dann liegt die Zeit der frommen Illusionen hinter uns, und vor uns liegt eine gewaltige Aufgabe, das traurige Brachfeld, auf dem die depressive Verdrossenheit unserer Gegenwart gedeiht, zu bestellen.
So gesehen könnte die Weihnachtsbotschaft wieder Kräfte mobilisieren, könnte Aufgabe für jedermann sein, Gegenwart – nicht nebulöse Zukunft beziehungsweise glorifizierte Vergangenheit – könnte sich hier und jetzt erfüllen: Nicht Jesus erlöst uns von dem Übel, sondern die Idee Jesus, LIEBE.
Das Evangelium ist ein intuitiv-poetisches Traktat über die LIEBE*, ein die gesamte Lebensweisheit umfassendes Gleichnis, ein faszinierendes Schriftstück, das furchtbar viel Leid auf die Welt gebracht hat – aber ebensoviel Glück in unser Dasein bringen könnte, wenn wir den Code der Weihnachtsbotschaft aufbrechen würden und sie von der primitiven Körperlichkeit befreiten:*
Nicht das Baby einer Jungfrau kann eine bessere Welt schaffen, wohl aber kann die bessere Welt geschaffen werden durch das, was da vom HEILIGEN GEIST *empfangen wurde, was die positiv wirkende Kraft hat – auch heute: Würden die Menschen*

nicht Devotionalien anbeten, sondern statt dessen die LIEBE, *dann würden sie überall aktuelle, tatsächliche Wunder erleben. Und würden sie nicht passiv die* LIEBE *nur anbeten, sondern sie aktiv in all ihren Spektralfarben realisieren, dann würden auch heute noch allerorten TOTE (Mt 9,18; Lk 8,52) lebendig werden. Niemand weiß, wie groß die Zahl der Krankheiten ist, deren Erreger die Anti-Liebe (im weitesten Sinn) ist. Aber* LIEBE *würde sie alle GESUND MACHEN (Lk 9,6). Und sie würde die himmlischen Prognosen erfüllen: FRIEDE AUF ERDEN UND DEN MENSCHEN EIN WOHLGEFALLEN (Lk 2,14). EHRE SEI GOTT IN DER HÖHE!!* *E. T.*

Der Geist, der allen Dingen Leben verleiht, ist die Liebe. (Chinesische Weisheit)

Das einzige Enzym, das im Leben Unverdauliches aufschließt, heißt Liebe.
(Kyrilla Spiecker)

Liebe *ist stark wie der Tod.*
(Hohelied Salomos 8,6)

Strebet nach der Liebe!
(1. Korinther 14)

Liebe *wirkt täglich Wunder*
(Phil Bosmans)

Liebe *ist die Sonne für die Seele.*
(Anemone Sandkorn)

Teilstrecke 49
10. Krankenhaustag – Nachmittag
(Letzte Visite)

»Ach, Frau Sandkorn – das tut mir aber leid – habe ich Sie offenbar aus tiefschtem Schlaf herausgerissen?!«
»Oh – der Stationsarzt –«
»Sie sind noch ganz weit weg, scheint mir.«
»– – Ich war alleine an einer steilen Felswand – unter mir gähnender Abgrund – und versuchte, mich von einem Punkt zum anderen zu hangeln – immer mit dem gähnenden Abgrund unter mir – ich hatte mörderische Angst – ich wollte nicht in den Abgrund stürzen – –. Vielleicht haben Sie mir das Leben gerettet, indem Sie mich von der gefährlichen Felswand befreit haben.«
»Vielleicht waren Sie gar nicht dabei abzuschtürzen, sondern sich selbscht in Sicherheit zu bringen, und ich habe Sie um ein Erfolgserlebnis gebracht!«
»Das glaube ich nicht. Ich fühlte meine Kräfte nachlassen! Ich fühlte, daß ich mich nicht mehr halten kann und es gleich zu Ende sein würde mit dem Sturz in die Tiefe. Ich krallte mich zwar mit letzter Kraft noch am Felsen fest, aber ich dachte: ›Wenn alle es schaffen, zu sterben, dann kann ich das sicher auch.‹«
»Und haben Angscht gehabt, weil Sie ganz allein waren zum Schterben?«
»Ich glaube nicht, daß es besser ist, einen Lebenden bei sich zu haben, wenn man stirbt: Es ist MEIN EIGENES Leben, das zu Ende geht – da muß ich ganz alleine durch – genauso, wie ich ganz alleine durch die Prozedur des Geborenwerdens hindurch mußte. Diese Prozedur wurde in meinem Fall abgekürzt durch eine Zange, die mich ins Leben hineinzog, in das ich sollte. Im umgekehrten Fall aber ist kein Lebender bereit, die Prozedur des Sterbens zu verkürzen und mich schneller in den Tod zu befördern, in den ich soll. Im Gegenteil: der Lebende an meiner Seite wird alles tun, um die Prozedur zu verlängern. Und das ist im Zweifel genau das, was ich nicht will. Und dann ist es ja nicht so, daß nur mir allein der Tod beschie-

den ist, während alle anderen davon verschont bleiben – sondern es ist einfach so, daß der Tod zu mir ein wenig früher kommt als zu den anderen – zu denen er sicher auch kommt. Nur haben die vielleicht noch nicht alles erlebt, was sie erleben sollten, und ich habe schon alles erlebt, was ich erleben sollte – und da hat man mir das restliche Stückchen Leben erlassen – Gnade – zeitliche Vorverlegung eines sicher eintretenden Vorgangs. Ich glaube auch nicht, daß der Sterbende Angst hat, in den Tod zu gehen: Der Lebende hat Angst vor dem Tod – und überträgt möglicherweise seine Angst auf den Sterbenden, was diesem keine Hilfe sein kann. Und ich weiß noch lange nicht, ob die Angst des Lebenden vor dem Tod nicht die Angst vor dem Verlust ist: Verlust des Freundes, Verlust der Geliebten, Verlust des Kindes, auf das er so viele oder alle seine Hoffnung und Erwartungen gesetzt hat; Verlust also einer Quelle, von der man die Erfüllung eigener Wünsche und Bedürfnisse erwartet hat. Und die Trauer um einen verlorenen, geliebten Menschen ist vielleicht gar nicht so altruistisch: ›Oh, der Arme!‹, sondern peinlich egoistisch: ›Ach, ich Ärmste!‹«

»Sie haben sich viel mit dem Tod beschäftigt – im Zusammenhang mit der Krankheit Ihres Mannes und mit Ihrer –«

»Ich habe mich schon viel früher mit dem Tod beschäftigt. Als ich neun war, starb ein Klassenkamerad von mir. Das war der erste Tote, den ich gesehen habe: Friedlich lächelnd lag er in seinem weiß-seidenen Sargbett, weiße Nelkengirlande, weiße brennende Kerzen im Halbdunkel. Feierlich und schön war das ganze – ich hatte überhaupt gar keine Angst. Herbert war genau so schlecht im Rechnen wie ich – und ich dachte: ›Sicher ist er froh, daß er die Mathearbeit am Freitag nicht mehr mitzuschreiben braucht!‹ Und als ich meine Arbeit zurückbekam, hatte ich eine glatte Sechs. Und ich dachte: ›Wäre ich auch schon tot, wäre mir das erspart geblieben!‹ Zugegebenermaßen habe ich gar nicht daran gedacht, daß der Tod des Jungen für die Eltern schrecklich gewesen sein muß – für den Jungen muß er es nicht gewesen sein, so lächelnd, wie ich ihn zuletzt gesehen hatte. Immer habe ich Herberts Lächeln vor Augen, wenn ich an Tod denke. Und daher glaube ich auf keinen Fall, daß er ›der Sünde Sold‹ ist. Der Tod ist ein Prinzip des Lebens – darum sterben auch Tiere. Wir haben zu Hause eine Voliere, in der ein Dutzend Vögel leben – und sterben. Und das habe ich ein paarmal beobachtet: Sie setzen sich in eine Ecke am Boden, schauen von da aus dem Treiben im Käfig noch eine Weile zu, legen das Köpfchen unter den Flügel und schlafen ein, um einfach nicht mehr aufzuwachen. Die anderen lassen sich scheinbar gar nicht von dem Geschehen stören – wenn ihre zehn Jahre um sind, dann machen sie es genauso. Und ich möchte es auch so machen... Ich kann und will nicht glauben, daß etwas so Kreatürliches, wie der Tod nicht etwas ganz Selbstverständliches sein soll – wie Atmung.«

»Sie haben auf jeden Fall eine sehr schöne Vorschtellung vom Tod. Versuchshalber habe ich mir mal ausgedacht, wie es wäre, wenn es keinen Tod gäbe – wenn jeder ewig leben würde. Es gäbe auf dem Globus schon lange nur noch Schtehplätze – es würden die Menschen ihre endliche Zahl individueller Ideen noch länger als jetzt im alten Topf herumrühren – es würden die Urururuuralten die Ururuuralten an der Verwirklichung des Fortschritts hindern, die Uralten und Alten wären vergleichsweise jung und warteten noch immer auf die Chance, das Leben nach ihren Vorschtellungen zu geschtalten – und die Jungen würden an der Aussichtslosigkeit – – ja, was würden sie? Das Wort ›zerschellen‹ hätte keinen Sinn – ein Ende gäbe es niemals – – und das wäre eine Hölle – und zwar eine lahme, eine tatenlose, eine langweilige Hölle, weil ja keiner motiviert wäre, jetzt und heute etwas zu tun; alles würde man noch in aller Ewigkeit tun können. Das wäre die sichere Voraussetzung für das absolute Chaos. Also gäbe es nicht den Tod – man würde ihn einführen müssen.«

»Dieser Gedankenexkurs hat mir sehr gut gefallen! Also bejahen wir den Tod. Allerdings denke ich bei Tod immer an ›Tod in Würde‹, an Tod, der wie Winterschlaf ist – endloser Winterschlaf vielleicht – an ein sanftes Abtreten aus dem Leben – dem vollen am besten – ich möchte den Tod haben, bevor der Krebs zum Beispiel nicht nur den Körper, sondern auch schon die Persönlichkeit zerstört hat – und ich habe große Angst, daß dieser Wunsch vielleicht nicht in Erfüllung geht, wenn ich da nicht nachhelfe. Deshalb bin ich Mitglied der DGHS – und weiß inzwischen, was ich tun muß, wenn mein Krebs unerträglich geworden ist und ich aufhören will zu leben.«

»Und jetzt haben Sie mir das gesagt, damit ich Bescheid weiß. Gut finde ich das. Gut finde ich Ihre sachliche, nüchterne, aber auch wohlwollende Auseinandersetzung mit dem Tod, auch

mit dem Freitod: Damit haben Sie alle Voraussetzungen getroffen, hundert Jahre alt zu werden! Und damit Sie diese hundert Jahre optimal genießen können, wollte ich Ihnen noch ein paar gute Ratschläge geben, bevor Sie entlassen werden. Daß Sie schon anfangen können und sollen, die Arme zu bewegen, immer wieder bis an die Schmerzgrenze, vorsichtig zuerscht, aber doch immer wieder – das wissen Sie ja. Leben mit dem, was kaputtgegangen ischt – aber auf keinen Fall sich davon kaputt machen lassen. Tapfer üben und immer wieder üben – dann werden Sie in ein paar Monaten soviel Beweglichkeit wiedererlangt haben, daß Sie sich eigentlich nicht wirklich eingeschränkt fühlen dürften. Aber das erfordert zähes Training – wie bei den Akrobaten –, sonscht bleibt der Bewegungsradius so begrenzt wie jetzt. Schwimmen ischt gut – in vierzehn Tagen können Sie damit beginnen. Und wenn wir die Fäden gezogen haben, dann sollten Sie sich einmal einer Narbennachbehandlung unterziehen. Suchen Sie ein Inschtitut auf, in dem Akupunkt-Massage durchgeführt wird. Narben können Schtörfelder sein, wenn sie den Energiefluß in den Meridianen unterbrechen. Die aus China importierte Akupunkt-Massage ischt eine Narbenbehandlung, bei der die Leitfähigkeit für die Lebensenergie wiederhergeschtellt wird – oder so ähnlich jedenfalls. Irgendwie wird die Energieversorgung harmonisiert – und das kann ja nur gut sein. Ja, und dann – sagen wir in einem halben Jahr – bekommt Ihr neuer Busen noch die Zierde einer Mamille tätowiert.«
»Ich habe keine Ahnung, tut das weh?«
»Überhaupt nicht. Kribbelt nur so ein bißchen. So, und zu all diesen guten Dingen noch das Beschte: Ich meine, wir können Sie getroscht morgen entlassen. Ischt das gut?«
»Das ist gut.«

Alles hat seine Stunde
und jedes Geschehen unter dem Himmel hat seine Zeit:
Eine Zeit zum Leben und eine Zeit zum Sterben,
eine Zeit zum Pflanzen und eine Zeit zum Ausreißen,
eine Zeit zum Töten und eine Zeit zum Heilen,
eine Zeit zum Bauen und eine Zeit zum Niederreißen,
eine Zeit zum Lachen und eine Zeit zum Weinen,
eine Zeit zum Trauern und eine Zeit zum Tanzen,
eine Zeit zum Steinewerfen und eine Zeit zum Steine-
sammeln,
eine Zeit der Umarmung und eine Zeit der Enthaltung,
eine Zeit zum Suchen und eine Zeit zum Verlieren,
eine Zeit zum Bewahren und eine Zeit zum Verwerfen,
eine Zeit zum Zerreißen und eine Zeit zum Zusammen-
nähen,
eine Zeit zum Schweigen und eine Zeit zum Reden,
eine Zeit zum Lieben und eine Zeit zum Hassen,
eine Zeit für den Krieg und eine Zeit für den Frieden.

(Prediger 3,1–7)

Teilstrecke 50
11. Krankenhaustag (Entlassung)

Schweißnaß hat mich ein Traum – Alptraum – mitten in der Nacht gemacht. Katastrophenstimmung: Menschen verlassen in Panik den Ort. Meine Cousine und ich bleiben. Vor unserem Haus explodiert eine Bombe. Clivia geht hinaus, kommt leichenblaß zurück: »Draußen liegt ein Toter; zerfetzter Schädel! Weißt du, wie man ihm das Gehirn aus dem Mund entfernt?« Ich sage: »Das wird nicht mehr nötig sein.« Es schaudert mich: Der Tote trägt eine Krawatte, die ich gekauft habe. Es schaudert mich. Da mußte der Schädel zerfetzen, damit das Gehirn sichtbar wurde. Ich kann mich nicht damit trösten, daß »Träume Schäume« sind, denn ich weiß, daß sie es nicht sind. Sie werfen Schlaglichter auf die Situation, in der man steckt. Was der Verstand nicht wahrhaben will, das zeigt uns der Traum. Ich wehre mich gegen dieses Traumbild. Ich habe mich gewehrt gegen das TOT-schweigen: »Frieden« – Leichenfrieden – Friedhof. Dort finden wir nicht zur Wiedervereinigung – jedenfalls nicht zu Lebzeiten. Dort ist der Tod. Tod der Beziehung.
Lange lag ich wach. Dann nahm mich der Schlaf doch wieder auf und in sein Traumland: Ein schlecht gefederter Bus holpert schaukelnd eine gefährliche Paßstraße mit mir herunter. Eine unfreiwillige Fahrt mit unbekanntem Ziel. Speiübel ist mir. Irgendwo, weit weg, mein Mann. Ex-Mann. Ex-Mann?
Ich stehe auf – mache mich fertig – gehe auf den Flur – bleibe vor der Lithographie stehen, die mich gleich am Ankunftstag gefesselt hatte: Ein fast schwarzer Berg; ein schmaler Pfad schlängelt sich steil aufwärts; oben steht eine Burg in strahlendem Sonnenlicht.
... da gaben sich PIM und MIP die Hand und beschlossen, den dunklen Berg des Schweigens zu überwinden, um zu dem hellen Ort zu gelangen, wo es sich leicht und frei atmen läßt, weil die Luft glasklar und sauber ist...
Ich kaufe die Litho. Bedanke mich reihum. Abschied. Das Taxi

ist da. »Zum Bahnhof, bitte.« Dort der Zug. Ein Fensterplatz im Abteil.

Gedankenlandschaften gleiten vorbei. Ich fahre in ein Tal hinein. Es wird tiefer und tiefer. Dunkle Schluchten. Scharfkantige, feindliche Abgründe. Wilde, böse Wasser stürzen in die Tiefe: Schäumende Kaskaden negativer Lebensmomente, die mich verletzt, zerschlagen, gedemütigt haben. Unbehagen erfaßt mich. Eine unsichtbare Hand zerrt mich in den Strudel zurückliegender Emotionen. Wieder bäumt sich alles in mir auf! All das Geschluckte, alles Ungebliebt-, Unverstandensein verdichtet sich tumultuös zu einem Klumpen, der mich zerreißen will!! Und plötzlich weiß ich, daß es darum geht, ihn nicht länger in mir liegen zu lassen: Ich packe ihn und schleudere ihn in die düstere Gedankenlandschaft hinaus. Echolos prallt er an den schroffen Granitwänden ab. Sie schweigen. Ist es ein Schweigen aus Loyalität mit dem Angeklagten? Soll ich zugrunde geschwiegen werden?? Mit den allerletzten Reserven meiner Kräfte brülle ich sie an: ICH LASSE MICH NICHT TOTSCHWEIGEN! ICH WILL LEBEN!!!

Erschöpft lehne ich mich zurück. Das innere Landschaftbild verwandelt sich langsam. Ein endlos scheinendes Aneinander von trübseligen Steinhaufen:

    DU GIBST MIR NICHT
    WAS ICH VON DIR HABEN WILL
ICH GEBE DIR NICHT
WAS DU VON MIR HABEN WILLST
    DU SIEHST NICHT MEINE VERZWEIFLUNG
ICH SEHE NICHT DEINE GEBRECHEN
    DU DENKST NUR NOCH AN DICH
ICH DENKE NUR NOCH AN MICH

Unvermittelt gehen die schattigen Hügel in Flachland über. Nebelschwaden behindern die Sicht. Schemenhaft liegen da zwei Inseln. Hätte der Tod, dieser ständige Begleiter im Leben, nicht eine sie verbindende Brücke schlagen müssen? Ich hatte geglaubt, daß uns der mahnende Todesfinger hätte lehren müssen, bewußt zu genießen, was uns geblieben ist; das kleine Glück im Alltag, der so unselbstverständlich ist, weil der Tod ihn uns einfach wegnehmen kann. Aber jetzt, wo er uns unerwartet viel Zeit geschenkt hat, verwenden wir sie nicht für uns – sondern gegen uns. Fassungslos sehe ich, daß wir achtlos das Lebensgeschenk wegwerfen, wie überfütterte Kinder ihr Pausenbrot. Nein! NEIN, ich will es nicht achtlos wegwerfen, mein

Lebensgeschenk! Mutig sehe ich hinaus! Wehmütig. Liegt da nicht doch der Steg zwischen den beiden Inseln? Wie oft schon war ich ganz sicher, ihn gesehen zu haben. Und fand ihn nicht. War ich einer Luftspiegelung aufgesessen? Es ist gefährlich in der Wüste, einer Fata Morgana entgegenzulaufen: Man läuft und läuft und läuft – die Kräfte werden immer weniger – der Durst immer stärker – und schließlich bricht man zusammen. Und wird man nicht rechtzeitig gefunden, ist das Leben vorbei – einer Fata Morgana zum Opfer gefallen... Mir passiert das nicht, ich habe die Geländekarte studiert: Die Verbindungsbrücke zwischen den Inseln ist die Spiegelung einer geliebten Wunschvorstellung. Unter den gegebenen Umständen kann sie auch nicht gebaut werden.

Die gegebenen Umstände. Und auch, wenn eine objektive Analyse sie ganz anders darlegen würde, ich habe sie so erlebt – und so, wie ich sie erlebt habe, haben sie mir den Krebs beschert. Nach H. Stierlin: *das letzte Element einer langen Kette belastender Ereignisse.*

Und will ich dem Krebs nicht erliegen, muß ich die kanzerogenen Stoffe aus meinem Leben entfernen. Deshalb muß meine Zukunft anders aussehen als meine Vergangenheit. Mein Leben muß anders werden. Es muß ein GESUNDES LEBEN werden! Ob der Krebs von heute die Schwindsucht von gestern ist? Sie grassierte in lichtlosen, muffigen Räumen. Auf Psychoebene übertragen: Wo die Sonne innerer Offenheit scheint, in der klaren Luft der Wahrhaftigkeit kann man frei und tief durchatmen und bleibt gesund. Wer aber mit seinem Konfliktstoff eingesperrt leben muß in einer ungelüfteten, dunkelmodrigen Kammer, der kann das Opfer der Schwindsucht werden – der Krebskrankheit. Ich muß für mehr Licht sorgen, mehr Wahrheit. Denn jede Lüge vergrößert die Krankhaftigkeit des Lebens. Und wer weiß, vielleicht ist der viele Krebs auf dieser Welt auskristallisierte Verlogenheit. Sie vergiftet unser Dasein. Und sie tötet die Liebe. Wo keine Liebe ist, kann keine Gesundheit sein, keine echte Harmonie.

In dem Buch ›Mars‹ von Fritz Zorn liest man, daß Krankheit *nicht als URSACHE, sondern als FOLGE einer Disharmonie beschrieben und behandelt werden muß.* Man wird krank, weil man falsch lebt, nämlich: *in einer chronischen Unverhältnismäßigkeit zur eigenen Umgebung und daher auch zu sich selbst.*

Bei C. Simonton, ›Wieder gesund werden‹, heißt es, Krebs sei *das Ergebnis von Unfreundlichkeit sich selbst gegenüber.*

Ganz sicher trifft das für mich zu. Daß Schmerzen eine sinnvolle Aufgabe haben, ist bekannt: Sie schützen uns, indem sie uns warnen. Für mein Verständnis ist auch der Krebs eine Art Alarmglocke, die – mich jedenfalls – dazu bringen will, besser auf mein Wohl zu achten, als ich das ohne sein Warnsignal bis jetzt getan habe. Denn ich bin nicht dazu erzogen worden, mich selbst zu lieben – im Gegenteil. Ich bin dazu erzogen worden, meine Eltern zu lieben. Und Luther spezifiziert: »Wir sollen Gott fürchten und lieben, daß wir unsere Eltern und Herren (!) nicht verachten noch erzürnen, sondern sie in Ehren halten, ihnen dienen, gehorchen, sie lieb und wert halten.« Mein Mann wurde zum »Herrn und Gebieter« und ich habe ihm »gedient« – auch noch als das weit über meine Kräfte hinausging. Praktisch, dieses vierte Gebot, für die »Gebieter« dieser Welt – aber mir hat das den Krebs eingebracht. Und will ich ihm nicht erliegen, muß mein Leben anders werden.
Muß ICH anders werden!
Es war bequem, die Eltern, die Gesellschaft, den Ehemann verantwortlich zu machen für das eigene Un-Glück, aber sie haben sich mir zuliebe nicht geändert: Ich hatte keine Macht, sie dazu zu bewegen.
Die anderen kann ich nicht ändern – wohl aber mich. Das Vergangene nicht – wohl aber das Jetzt. Und ich habe die Macht, das Recht, ja vielleicht sogar die Pflicht, es zu tun: Ich baue ein neues Jetzt. Gedanken und Erkenntnisse haben einen Bauplan geschaffen. Den werde ich Schritt für Schritt verwirklichen. Bis dahin nehme ich mir die Schonzeit, die mir mein Krebs »gewährt«. In dieser Zeit will ich lernen, mich selbst zu lieben wie meine Nächsten.
Ich werde mich auf den Weg machen zu dem hellen Ort, der da oben auf dem schwarzen Berg liegt. Die kleine Lithographie ist die Postkarte aus dem Wunschziel. Und ich werde sehen, welche Wege dort hinführen. Topographie studieren. Das »topographische Werk« von P. Mulford z. B.: ›Unfug des Lebens und des Sterbens‹:
... der Habitus des Gemüts ist es allein, der Gedeihen, Schönheit und Freude herbeizieht... Nur wer seine verbrauchten Schalen abwirft, vorwärtsblickend ins Neue, den fliegt junges Leben an mit jungen Gedanken, und diese materialisieren sich auch den neuen, ihnen korrespondierenden Körper... Übel jeglicher Art soll nur solange gedacht werden, als erforderlich, es auszumerzen: bleibt doch auch keiner länger in einer Senkgrube als abso-

lut zur Reinigung vonnöten... das letzte erlittene Unrecht hat so schnell wie möglich aus dem Gedächtnis zu verlöschen, nicht immer wieder zu neuem Scheinleben mesmeriert zu werden durch Brüten, Grübeln...
Ich habe gebrütet und gegrübelt und das Vergangene in einen Wortleib eingebunden. Ihn werde ich jetzt beerdigen und fortan nicht *um der Vergangenheit willen hadern.*
Ja, und dann erteilt mir Herr Mulford noch einen ganz persönlichen Rat: *Ist Trennung für uns und andere besser, so wird das spirituelle Gesetz, sobald wir ihm vertrauen, diese Trennung leicht, allmählich, ohne schmerzlichen Riß zustande bringen.*
Gut, ich will der Kraft des spirituellen Gesetzes vertrauen. Und wirklich, es nimmt mich in seine Arme. Langsam erfaßt mich ein tiefes Gefühl der Zufriedenheit. Die Zufriedenheit der Entspannung.
Eine ganze Weile habe ich nicht mehr in die Gedankenlandschaft hinausgesehen. Nun bemerke ich, daß sie sich verändert hat: Offene Weite breitet sich vor meinen Augen aus, sonnenbeschienene, heitere Wiesen, auf denen Tausende und Abertausende goldstrahlende Löwenzahntaler liegen. Lautlos trägt mich mein Zug ins Ungelebte...

Manchmal fühle ich mich wie ein Baum, von dem fast alle Blätter abgefallen sind. Aber jetzt habe ich keine Angst mehr, weiß ich doch um meine Kraft, neue Blätter zu treiben. (Kristiane Allert-Wybranietz)

Glauben sollst du das, was noch nicht ist, damit es werde. (Elisabeth Haich)

Über Vergangenes mach dir keine Sorge – dem Kommenden wende dich zu. (Chinesische Weisheit)

Nachwort

Wie die Autorin zu Anfang dieses Buches schreibt, wissen wir über die Ursachen von Krebskrankheiten noch so gut wie nichts Genaues. Wir wissen nur, daß hier viele Faktoren auf unterschiedlichen Ebenen in komplexer Weise aufeinander einwirken. Dazu gehören auch, davon bin ich überzeugt, psychosoziale Faktoren. In dieser Überzeugung bestärken mich sowohl meine klinischen familientherapeutischen Erfahrungen als auch neuere Forschungsergebnisse. Dabei denke ich etwa an Erkenntnisse der Immuno-Psychologie, einer rasch wachsenden wissenschaftlichen Disziplin, die aufzeigt, wie psychosoziale (oder wenn man will: seelische) Faktoren auf unser Immunsystem und damit auf die Abwehr- und Selbstheilungskräfte unseres Organismus einzuwirken vermögen.
Zu den psychosozialen Faktoren, um die es hier geht, zählt insbesondere auch die Weise, wie wir uns selbst und unsere nächsten Menschen wahrnehmen und unsere Beziehungen zu diesen gestalten. Wir müssen etwa fragen: Stellen wir hier eine jeweils gute Balance zwischen Nähe und Distanz, zwischen Durchsetzungs- und Hingabebereitschaft her, eine Balance, die sich wiederum in einem entspannten und überwiegend freudigen Lebens- und Körpergefühl bezeugt?
Fakten dieser Art gelten in den Naturwissenschaften oft als »weich«. Sie lassen sich schwer beschreiben, messen und nachprüfen. Hier, meine ich, liegt daher der besondere Wert von Berichten, in denen uns Betroffene schildern, wie sie ihre Krebskrankheit erlebten, wie sie sich damit auseinandersetzten, was ihnen – in ihrer Sicht – geschadet, was ihnen geholfen hat. Dadurch gewinnen wir Daten einer Art, mit denen sich die naturwissenschaftliche Medizin zwar schwer tut, die wir jedoch nicht ausklammern dürfen, wollen wir in der Verhinderung und Behandlung von Krebsleiden Fortschritte erzielen. Die Autorin des »Signal« legt uns einen solchen Bericht vor. Ihr wurde klar, daß ihr Brustkrebs ein »zu Materie gewordener Konfliktknoten« war, und sie schreibt »war!«, denn im Augenblick, da

dieses Buch in den Druck geht, ist sie »im Vollbesitz wiedererlangter Lebensfreude«.
Das Wiedererlangen ihrer Lebensfreude erlebt sie selbst als Resultat der analytischen Entwirrung ihres seelischen Konfliktknotens. Das beschreibt aber wohl nur einen Aspekt der von ihr erbrachten Leistung. Denn diese Entwirrung konnte wahrscheinlich nur gelingen, weil sie ihr Verhalten und ihre innere Landkarte, das heißt ihre Sicht ihrer selbst, der ihr wichtigen Menschen und ihre Beziehung zu diesen, änderte. So wie sich die Krebskrankheit als Ausdruck und Folge eines negativen psycho-bio-sozialen Zirkels verstehen läßt, läßt sich auch deren Überwindung heute als Ausdruck und Folge eines positiven Zirkels sehen. Und am Anfang eines solchen positiven Zirkels scheint oft ein Entschluß, eine Entscheidung zu stehen. Einen möglichen Hinweis auf einen solchen Entschluß können wir vielleicht einer Stelle des Buches entnehmen, an der die Autorin schreibt: »Ich habe mir vorgenommen, bewußt alles zu genießen, was positive Empfindungen hervorzubringen vermag.«
Dieses Buch ist aber nicht nur lesenswert, weil seine Autorin sich ungewöhnlich offen mit sich selbst, mit ihrer nächsten Umgebung, ihrer Vergangenheit, Gegenwart und Zukunft auseinandersetzt, weil sie darin Fragen und Themen aufgreift, die häufig angst- und schambesetzt sind. Es liefert darüber hinaus interessante Einblicke in die vielschichtigen – wiederum positiv wie negativ bewertbaren – Beziehungen zwischen Patienten und denen, die von Berufs wegen angehalten sind, krebsgefährdeten und krebskranken Menschen zu helfen.
Ich wünsche dem Buch eine weite Verbreitung, vor allem bei Betroffenen und ihren Angehörigen sowie all denen, die auf die eine oder andere Weise an der Erforschung, Verhütung und Bekämpfung von Krebsleiden beteiligt sind.

Helm Stierlin

Quellenvermerk

Bickel, Margot, »Erfroren«, aus: M. Bickel/H. Steigert, Pflücke den Tag, Freiburg 1981.
Mit freundlicher Genehmigung des Herder Verlages, Freiburg.

Cardinal, Marie, »Schattenmund«, München 1977.
Mit freundlicher Genehmigung des Verlages Rogner & Bernhard, München.

Celan, Paul, »Die Schwermutschnellen hindurch«, aus: Atemwende, Frankfurt/M 1967. © Suhrkamp Verlag Frankfurt am Main 1967.
Mit freundlicher Genehmigung des Suhrkamp Verlages, Frankfurt am Main.

Escher, M. C., »Luft und Wasser«, aus: Grafik und Zeichnungen, München 1962.
Mit freundlicher Genehmigung des Verlages Moos & Partner, München.

Flemming, Hans-Curt, »Vorsatz«, »Es riecht nach Aufbruch«, »Mein Gesicht«, »Meine vage Hoffnung«, »Deine Tür«, aus: Ein Zettel an meiner Tür, Stuttgart 1982.
Mit freundlicher Genehmigung von Hans-Curt Flemming, Stuttgart.

Meister, Ernst, »Wie es einer«, aus: Ausgewählte Gedichte 1932–1979, Darmstadt und Neuwied 1979. © 1979 Hermann Luchterhand Verlag, Darmstadt und Neuwied.
Mit freundlicher Genehmigung des Hermann Luchterhand Verlages, Darmstadt und Neuwied.

Mulford, Prentice, »Unfug des Lebens und des Sterbens«, Frankfurt am Main 1977.
Mit freundlicher Genehmigung des S. Fischer Verlages, Frankfurt am Main.

Paz, Octavio, »Morgen«. © Suhrkamp Verlag Frankfurt am Main
Mit freundlicher Genehmigung des Suhrkamp Verlages, Frankfurt am Main.

Richter, Horst-Eberhard, »Der Gotteskomplex«, Reinbek 1979. © 1979 by Rowohlt Verlag GmbH, Reinbek.
Mit freundlicher Genehmigung des Rowohlt Verlages, Reinbek.

Schwäbisch, L./Siems, M., »Anleitung zum sozialen Lernen für Paare, Gruppen und Erzieher« (rororo Sachbuch Nr. 6846), Reinbek 1974. © 1974 by Rowohlt Taschenbuch Verlag GmbH, Reinbek.
Mit freundlicher Genehmigung des Rowohlt Taschenbuch Verlages, Reinbek.

Spiecker, Kyrilla, »Brotkrumen«, »Salzkörner«, Würzburg 1980/1983.
Mit freundlicher Genehmigung des Echter Verlages, Würzburg.

Szczesny, Gerhard, »Du kannst essen, um dich zu ernähren«, aus: Ein Buddha für das Abendland, München 1976.
Mit freundlicher Genehmigung von Gerhard Szczesny, München.

Thiemann, Hans, »Im Atelier des Aktmalers«, aus: Leben und Werk, Hamburg 1977.
Mit freundlicher Genehmigung des Hans Christians Verlag, Hamburg.

fi 26/7

Psychologische Ratgeber

Roger L. Gould
Lebensstufen
Band 3316

Theodor Hellbrügge
Das sollten Eltern heute wissen
Über den Umgang mit unseren Kindern.
Band 3331

Wolfgang Hölzle
Krankheit als Neubeginn
Bewußter leben nach dem Herzinfarkt.
Band 3360

Maja Langsdorff
Die heimliche Sucht, unheimlich zu essen
Band 3354

Ranne Michels/Rainer Kippe
Guter Hoffnung
Wie wir die Angst vorm Kinderkriegen überwanden
Band 3315

Steffen-Luis Neuendorff/Jürgen Schiel
Al-Anon: Selbsthilfe für Angehörige von Alkoholkranken
Band 3361

Nossrat Peseschkian
Der Kaufmann und der Papagei
Orientalische Geschichten als Medien in der Psychotheraphie
Band 3300

Gerd Reiber
Eltern helfen lernen
Band 3319

Fischer Taschenbuch Verlag

fi 8/8b

Psychologische Ratgeber

Barbara Sichtermann
Leben mit einem Neugeborenen
Ein Buch über das erste halbe Jahr
Band 3308

Reinhart Stalmann
Psychosomatik
Wenn die Seele leidet, wird der Körper krank
Band 3332
Guten Tag, Traurigkeit
Band 3242

Tine Thevenin
Das Familienbett
Geborgenheit statt Isolation
Band 3337

Sven Wahlroos
Familienglück kann jeder lernen
Band 3302

Christian Rainer Weisbach / Simone Ehresmann
Reden und Verstandenwerden
Band 3352

Edward Whelan / Barbara Speake
Hilfe für geistig Behinderte
Erziehung zur Selbständigkeit
Band 3311

Gerlinde M. Wilberg
Zeit für uns
Ein Buch über Schwangerschaft, Geburt und Kind
Band 3307